이 책에 쏟아진 찬사들

창업과 경영의 선배이자 스타트업을 시작하는 사람들의 멘토로서 권도균 대표가 들려주는 생생한 이야기들이 담긴 이 책에서 독자들은 경영의 철학과 실질적인 해답을 읽을 수 있다. 스타트업을 꿈꾸는 예비 창업자들 그리고 창업을 시작하고서 길을 잃은 초기 경영자들에게 꼭 이 책을 읽어보길 권한다.
_ **스티브 J & 요니 P** (패션디자이너, 스티브 J & 요니 P 창업자, CEO)

경영과 기업가 정신에 관한 책들이 많지만, 스타트업에 관련된 책은 적다. 그렇기에 스타트업을 직접 창업하고 경영했고, 다양한 스타트업들을 만나고 경험한 저자의 에세이들은 그 자체로 의미가 있다. 스타트업의 성공은 비정형적이고, 기업가 정신에 정답은 없지만, 스타트업과 기업가 정신에 관하여 고민하고 생각해볼 주제를 던져주는 것만으로도 이 책은 읽어볼 가치가 있다.
_ **장병규** (네오위즈·첫눈 창업자, 본엘젤스 벤처파트너스 대표)

이 책은 쉽게 읽을 수 있다. 그러나 쉬운 글 사이에는 매우 묵직한 지혜가 배어 있다. 기존의 경영 이론과 치열한 겨루기도 한다. 무릎을 치게 하는 통찰이 자주 등장한다. 지식과 경험을 오랜 사유로 숙성시켜야만 나올 수 있는 글이다. 이 책은 마땅히 피터 드러커의《경영의 실제》옆자리에 자리해야 할 것이며, 아마 그렇게 될 것이다.
_ **김도현** (국민대학교 경영학부 교수, 창업지원단장)

이니시스, 이니텍의 성공 경험을 바탕으로 쓴 이 책은 스타트업을 위한 애정 어린 조언이 가득하다. 폭 넓은 레퍼런스와 실질적인 스타트업 사례, 거기에 스타트업 생태계에서 20년 넘게 활동해 온 저자의 다양한 경험이 짜임새 있게 녹아 있다. 스타트업을 꿈꾸는 이라면 당연히 읽어야 할 필독서임에 틀림없다.
_ **이희우** (IDG Ventures Korea 대표, 경영학박사)

'한국형 Y 콤비네이터'를 만들어 다양한 스타트업들에 투자하고 멘토링하면서 많은 글을 읽고 사유한 핵심 지식들이 이 책에 담겨 있다. 단순히 이론과 주장에 그치는 것이 아니라 곳곳에 저자 자신이 겪었던 경험과 최근 사례들이 담겨 있어 이해가 쉽고 공감이 된다. 창업자뿐 아니라 기업에서 일하며 좀 더 의미 있는 성과를 내고 싶은 모든 이에게 이 책을 권한다.
_ **조성문** (《스핀 잇 (SPIN IT)》의 저자, 빅브레인랩 대표)

이 책을 읽어 내려가며 계속 놀라고 있는 중이다. 첫째 이 책에 내가 고민했고 현재 고민 중인 문제들이 전부 담겨 있기 때문이며, 둘째 이 책이 덩그러니 답만 주기보다는 경험 없이는 얻을 수 없는 다각화된 시각으로 이슈를 고민할 수 있도록 가이드라인을 제시해주기 때문이다. 셋째가 가장 놀라운데, 평상시 책 한 권을 읽는 데 최소 몇 주가 걸리는 내가 한자리에서 이 책을 다 읽어가고 있다는 것이다!
_ **차영준** (ODK Media CEO 겸 공동 창업자)

이 책에서 일관되게 강조하는 것처럼 나 역시 사업의 초기 성패는 창업가의 경영 능력에 달려 있고, 때문에 경영진은 배우는 자세로 부지런히 본질과 핵심을 좇아야 한다는 가르침을 받아왔다. 마이리얼트립을 시작한 지 만 3년이 지나가는 시점에서 되돌아보면 이제야 왜 그리 경영의 중요성을 강조했는지 조금은 이해할 것 같다.
_ **이동건** (마이리얼트립 CEO)

스타트업을 운영하면서 수많은 위기가 있었고, 중요한 기로에 섰을 때마다 멘토링을 받았다. 간혹 조언을 얻고도 시간이 지나면 또 잊어버리고 잘못된 길을 가는 경우가 있었는데, 이제는 이 책을 옆에 두고 자주 읽으면서 더 좋은 결정을 내릴 수 있게 됐다. 사소한 결정들이 모여 사업의 성패를 가르는데, 이 책이 큰 도움이 될 것이다.
_ **채효철** (번개장터 개발사 ㈜퀵켓 CTO)

이 책을 읽으며 저자가 지난 5년간 후배 창업가들에게 해준 진심 어린 조언들을 다시 한 번 되새길 수 있었다. 오랜 사업 경험과 스타트업 멘토링 내용이 집약되어 예비 창업가뿐 아니라 서비스를 운영 중인 창업가에게도 명심하고 고민해야 하는 내용이 담겨 있다. 이 책은 냉철하게 자신을 돌아보고 기업가의 본질에 대해 생각하게 한다.
_ **김현석** (번개장터 개발사 ㈜퀵켓 공동 창업자)

저자는 창업가에게 두 가지 질문을 한다. "고객은 왜 당신의 제품을 사용하는가?" "사람들은 왜 당신의 제품을 사용하지 않는가?" 이 책에는 사업의 본질과 방향성이 일치하길 바라는 집요한 질문들이 고스란히 녹아 있다. 그 질문과 함께 창업의 출발선에 서길 바란다. 그러면 저자는 또 물을 것이다. "당신의 '고객'은 누구인가?"
_ **장영석** (번개장터 개발사 ㈜퀵켓 이사)

이 책에서 나온 것처럼 가설을 검증하는 린 스타트업 방법론은 매우 중요하다. 수많은 가설들을 만들고 증명하는 과정에서 단기간에 많은 유저를 모을 수 있는 방법을 배우게 된다. 리스크를 줄이고자 한다면 이 책의 일독을 권한다. 저자의 조언은 제품의 완성도를 높이는데 100일 정도 앞당겨주는 역할을 한다.
_ **최정우** (브릿지모바일 CEO)

'스타트업'이라는 단어도 모르고 사업을 시작했을 때 막막했던 순간들이 기억난다. 이 책은 어떤 것을 배우고 고민하고 실행해야 되는지에 대한 선배 창업가의 조언을 담고 있다. 사업을 하면서 배움이 멈추는 순간 기업도 제자리걸음을 걷게 된다는 것을 깨달았다. 이 책은 사업에 대한 '배움'을 시작하기에 너무나 바람직한 책이다.
_ **전지훈** (언니의파우치 개발사 라이클 CEO)

지난 시간 동안 정말 많은 시행착오들을 겪었고, 여전히 지금도 시행착오들을 겪으면서 뼈저리고 또 아프게 성장해 나가고 있다. 이 책이 처음 창업할 때 존재했고 그때부터 지금까지 계속 참고서로써 활용할 수 있었다면 지금보다 더 큰 기업인으로 성장했을 텐데 하는 아쉬움이 있다. 이 책을 창업 초기에 접하게 되는 후배들이 부럽다.
_ **양준철** (온오프믹스 창업자, CEO)

저자가 수많은 강연과 멘토링에서 끊임없이 강조하는 내용들이 잘 정리된 책이다. 창업과 기업가에 대한 막연한 환상을 걷어내주는, 항상 마음에 담아두고 되돌아보고 싶은 조언들이 가득하다. 이 글들을 가까이에 두고 종종 찾아본다면 잘못된 방향으로 질주하려는 초보 기업가의 본성을 억누르는 데에 큰 도움이 될 것이다.
_ **조윤형** (진인웍스 창업자)

창업자로서 이 책의 내용 중 가장 가슴에 와 닿은 부분은 바둑을 인용한 "두 집은 내놓고 사업을 하라!"는 것과, "경영자는 항상 마지막을 준비할 수 있어야 된다!"는 것이다. 경영의 기본을 되새기게 하는 이 책은 창업가가 어려움에 직면할 때마다 가까이에 두고 꺼내 봐야 할 꼭 필요한 가이드북이다.
_ **이걸우** (줌마슬라이드 제작사 ㈜모비틀 CEO)

사업은 인생의 가장 어려운 선택 중 하나다. 집념과 노력 그리고 실력 없이는 선택하지 않는 것이 좋다. 또한 사업은 장거리 레이스다. 작은 성공에 쉽게 들뜨지 말고 끊임없이 미래를 보며 나아가야 한다. 길고 외로운 사업의 여정에 이 책은 중요한 지침서가 될 것이다. 마치 이야기를 옆에서 듣듯 쉽게 읽히지만, 페이지마다 놀라운 성찰과 긴 배움이 있다.
_ **이주형** (엔벗 공동 창업자, CSO)

권도균의 스타트업 경영 수업

스타트업을 스타트하는 최고의 실전 전략

ⓒ 권도균, 2025

펴낸날	2판 2쇄	2025년 12월 15일
	2판 1쇄	2025년 7월 15일
	1판 1쇄	2015년 8월 5일

지은이   권도균
펴낸이   손현승

펴낸곳   유씨북스
출판등록   제2014-000279호
공급처   (주)에스케이커뮤니케이션스
주소   (10402) 경기도 고양시 일산동구 중앙로1261번길 59, 902호 (장항동)
전화   070-8238-1410
팩스   070-4850-8610
이메일   ucbooks@naver.com

ISBN   979-11-970224-6-3 (03320)

이 책은 저작권법에 따라 보호받는 저작물이므로 무단 전재와 복제를 금합니다.
이 책의 일부 또는 전부를 이용하려면 반드시 사전에 저작권자와 유씨북스의 동의를 받아야 합니다.
책값은 뒤표지에 적혀 있습니다. 잘못된 책은 구입하신 곳에서 바꾸어 드립니다.

권도균의
스타트업
경영 수업

HOW TO START A STARTUP

스타트업을 스타트하는 최고의 실전 전략

권도균 지음

유씨북스

강의를 시작하며

이 책의 내용은 창업가들에게 멘토링 혹은 공개적인 강의에서 했던 이야기들로 주로 구성되어 있다. 후배 창업가들을 가르치기 위한 이야기였지만 사실 이 지식의 대부분은 그들이 나에게 가르쳐준 것이다. 이런 의미에서 볼 때, 이 책에 소개되는 이야기의 소유권은 내게 있지 않다.

스타트업 창업가들을 가르치고 돕는 일을 하겠다고 시작했지만 정작 나는 스타트업 창업가들이 무엇을 모르고 무엇이 필요한지 처음에는 알지 못했다. 내가 가진 지식과 경험은 이미 거대한 공룡이 되어버린 회사를 경영했던 것이었고 그런 지식으로는 스타트업을 돕고 가르치기에 적절하지 않았다. 지난 6년 가까이 수천 명의 스타트업 창업가들을 만나 수만 시간을 그들과 함께 고민하고 씨름하는 과정에서 가장 많이 배운 사람은 바로 나였다. 그간 배우면서 쌓아온 지식을 정리해 이 책에 담았다.

투자가 무엇인지도 몰랐던 1990년대 말, 나 스스로 초보 사업가였음에도 불구하고 벤처 버블 열풍에 휩쓸려 상당히 큰 규모의 벤처 투자를 했다. 투자에서도 꽤 성과를 봤지만 불과 2~3년 만에 나의 본업은 투자가 아니라 '사업'이라는 것을 깨닫고 즉시 투자를 중단했다. 본래 하려던 사업인 보안과 전자 지불 서비스에 매진했고, 그 결과 회사는 빠르게 성장해 보안과 전자 지불 분야에서 국내 1위 자리를 이어갔다. 2008년, 경영하던 모든 회사들을 매각했고 매각 자금의 일부를 후배 창업가들을 키우는 일에 사용하기로 결정했다.

당시에는 스타트업에 '돈'을 투자해주는 것이 가장 큰 도움이 될 것이라 생각했다. 그러나 돈을 투자하는 것은 도움이 되긴 하지만, 스타트업 성공의 핵심은 경영의 지식과 지혜에 있으며 이 부분이 채워지지 않은 공백이라는 것을 깨닫게 됐다. 그래서 돈의 투자뿐만 아니라 경험과 지식을 포함한 나의 시간까지도 후배 창업가들에게 투자하기로 결심했고 2010년 1월, 스타트업 인큐베이터인 프라이머(primer.kr)를 설립했다. 동시에 창업가 출신 지인들에게 후배 창업가들을 함께 돕자고 요청해 파트너십으로 스타트업 인큐베이팅을 시작했다.

그간 나는 5개의 회사를 설립했고, 10년 동안 100퍼센트 생존하는 기업으로 키웠으며, 하나도 어렵다는 코스닥에 두 개의 회사를 연속 상장시켰다. 또한 카드밴^{VAN} 전문 업체를 730억 원의 기업 가치로, 당시 〈포춘〉 250위의 미국 기업에 매각하면서 총 4000억 원이 넘는 기업 가치를 만든 경험이 있기에 후배 창업가들을 잘 가르칠 것이라 자부했다. 하지만 프라이머를 운영하면서 그 자부심이 얼마나 알량했던 것인지 채 1년도 지나지 않아서 알게 됐다. 내가 가르치고자 했던 대부분은 사실 큰 회사에나 필요한 것이었고 초기 스타트업들에게는 오히려 짐이 되거나 틀린 조언이었다. 스타트업 경영에 대해 안다고 자부했지만 사실은 병아리 시절을 다 잊었다는 것을 상기시킬 뿐이었다. 물에 빠져서 허우적대다가 살아남은 사람에게 수영을 어떻게 배웠느냐고 묻는다면 수영을 터득한 방법을 기억해낼 리가 없다. 물을 잔뜩 먹어 정신이 혼미한 상태에서 죽지 않으려고 허우적거린 기억밖에 없을 것이다. 물에 빠졌을 때, 손목은 어떤 각도에서 물을 헤쳤고, 호흡과 리듬은 어떠했는지 논리적이고 구조적으로 재정리할 수가 없다. 필사적으로 허우적대던 중에 어쩌다 물에 뜨고 살아났을 뿐이다. 이와 유사하게 창업가 출신의 멘토들 역시 막상 후배 창업가들을 가르치려 할 때 스타트업 경영에 대해 아는 것이 없다는 것을 알아차린다.

이 책에 기술된 이야기들은 대부분 후배 창업가들이 무엇을 모르고 있고 무엇을 알아야 하는지 나 스스로에게 알려주는 것에서 시작되었다. 후배 창업가들을 가르치고 돕는 것에서 출발했지만 정작 배운 사람은 나였다. 가르치는 자리에서 고통의 소리를 들었고 그들의 실수를 이해하며, 내가 무엇을 공부해야 하고, 무엇으로 그들을 도울 수 있을지 알게 된 것이다. 그렇게 배운 것으로 가르치는 선 순환 고리가 형성되며, 스타트업은 나의 스승이면서 나의 제자가 되었다. 이런 경험을 통해 배운 것을 다시 여러 후배 창업가들에게 돌려주고자 책으로 정리하게 된 것이다.

운동을 배울 때 우리 몸의 본능적 반응을 거슬러야 좋은 결과를 얻는다는 말이 있다. 골프를 배울 때 '공을 멀리 보내려면 힘을 빼라'는 이야기를 귀가 따갑도록 듣는데, 이와 일맥상통한다. 스키를 배울 때도 넘어지지 않으려면 몸을 뒤로 젖히지 않고 앞으로 숙여야 한다. 운동의 영역뿐만 아니라 효용성 있는 진실은 의외로 상식이나 통념과 반대된다. 세상이 통념대로 동작하면 얼마나 좋을까? 아쉽게도 세상은 그럴듯한 이론과 스토리와는 동떨어진 곳으로 흐르는 경우가 많다.

스탠포드대학교의 스티브 블랭크$^{\text{Steve Blank}}$ 교수는 '스타트업은 대기업의 축소판이 아니다'라고 이야기했다. 맞다. 대기업의 방식을 무조건 따라해서는 안 된다. 스타트업이 하는 일과 방향은 대기업과 완전히 달라야 한다. 특히 무에서 유를 만들어내는 스타트업 경영의 영역은 본능적이고 통념적인 것과는 더 극명하게 반대 속성을 가진다. 듣고 이해하고 알았다 하더라도 막상 골프채로 공을 치는 순간에는 온몸에 힘이 들어가 자연스런 스윙을 하지 못하듯이, 스타트업 경영도 이론은 잘 알더라도 실전에서는 본능과 통념으로 돌아가버린다. 아는 것이 힘이 되지 않는다. 우리의 행동과 의사 결정은 형상기억합금과 같이 잘못된 본능을 따른다.

대학에서 학문으로 정립된 경영학 이론의 대부분은 대기업 경영을 중심으로 연구하고 정립한 것이어서 스타트업에서 적용할 내용이 많지 않다. 최근 스타트업 경영에 대한 이론적 정립이 이루어지고 있다. 이 책은 경영 이론서는 아니지만 스타트업이 꼭 알아야 하고 생각해야 하는 주제를 평이한 글로써 전달하려고 한다.

이 책은 〈전자신문〉의 정지연 부장이 스타트업 경영에 대한 칼럼 연재를 제안하면서 시작되었고, 그의 탁월한 편집 덕분에 무사히 기고를 마칠 수 있었다. 총 81개의 칼럼과 함께 후배 창업가들에게 못다한 이야기들을 추가해 책으로 묶을 것을 제안한 박지현 기획자의 지혜롭고 성실한 도움으로 원고를 써 나갔고, 물심양면 지원을 아끼지 않은 출판사 덕분에 이 책을 완성할 수 있었다. 그리고 언제나 내 옆에서 응원하고 격려해주며 든든히 자리를 지켜주는 아내의 도움이 없었다면 지금의 나는 물론, 이 책도 나오지 못했을 것이기에 사랑의 마음을 담아 이 책을 바친다.

차례

강의를 시작하며 7

1강 문제는 경영이야, 바보야!
창업자에게 경영은 왜 중요한가?

문제는 경영이야, 바보야! 16 | 대기업 경영 이론과도, 서양의 룰과도 다르다 19 | 우연인 듯 우연 아닌 우연 같은 기회 22 | 지루한 프로세스를 따르는 일 25 | 신규 사업도 스타트업처럼 시작하라 28 | 사업과 고객에 대해 성급히 예단하지 마라 31 | 떠날 때를 생각하고 시작하라 33

2강 창업은 선택이 아니라 필수다
스타트업이 가르쳐주는 것들

모두에게 기업가 정신이 필요하다 38 | 창업을 경험하라 42 | 깨달음은 겸손을 낳는다 45 | 직장은 최고의 창업사관학교 49 | 무엇을 하고 살았는지 돌아보라 55 | 사업하기 좋은 날은 없다 58 | 참을 수 없는 창업의 욕구 62 | 잘 모르면 쉬워 보인다 65 | 자유롭게 장점을 취하라 68 | 가짜로 진짜를 만들 수 없다 74

3강 기업가 정신과 창업가 자질
누가 스타트업 경영자가 되는가?

지금의 논리와 시스템을 허물어라 78 | 자신만의 이타적 사명을 가져라 80 | 낙관주의, 주도성, 책임감, 결과 중심적 사고 84 | 두려움과 게으름과 관료화를 이겨내라 89 | 대리처럼 현장에서 일하라 93 | 제품 속에 가치를 담아라 95

4강 스타트업은 아이디어에서 출발하지 않는다
누가 실패하는 창업으로 가는가?

아이디어는 그냥 아이디어일 뿐이다 98 | 모두가 '세계 최초'를 외친다 101 | 특정한 고객의 특정한 문제에 집중하라 103 | 불만에 가득 찬 고객을 찾아라 106 | 우리의 고객은 어디에 있는가 110 | 솔루션이 아닌 문제를 찾아라 112 | 없으면 안 되는 것, 고객이 고통스러워하는 것 115 | 딸은 유행을 사고, 엄마는 품질을 산다 118

5강 흐르는 강물에 배를 띄워라
창업을 했다면 성과를 만들어라

모든 것을 측정하고 또 측정하라 122 | 사업 가설이 동작하게 하라 125 | 반응이 없으면 미련 없이 버려라 128 | 흐르는 강물에 배를 띄워라 131 | 사업하지 말고 사업 준비를 하라 134 | 우물 안에 갇히지 마라 139 | 형용사에 속지 마라 141

6강 지금, 당장 시작하라
스타트업의 강력한 에너지

오늘 할 일을 지금 결정하고 당장 시작하라 144 | 스스로를 속이지 마라 146 | 전진하고 있다고 오해하지 마라 149 | 현재와 연결된 변곡점을 만들어라 152 | 디지털 유목민으로 살아라 155 | 공동 창업자 계약을 맺어라 158 | 협상과 계약은 신중하게 하라 162

7강 이윤보다 고객을 사랑하라
스타트업 마케팅 전략

작은 틈을 파고들 날카로운 무기를 만들어라 166 | 통로를 관찰하고 또 관찰하라 169 | 바로 앞에 있는 고객부터 만족시켜라 172 | 마케팅보다 사랑과 정성을 담아라 176 | 고객을 숫자로 파악하지 마라 179 | 편집광처럼 고객에게 집착하라 182 | 가격표만 바꿔도 혁신이다 184

8강 직원이 아닌 협력자를 구하라
누구와 함께 어떻게 일할 것인가?

지속적인 매출 이익이 발생할 때까지 혼자 가라 188 | 서로에게 어울리는 상대를 찾아라 191 | 사람은 변하지 않는다 194 | 자기 일을 하면서 부하의 일을 도와주는 사람 198 | 경력과 명성 뒤의 실력을 보라 202 | 북극성이 조직을 이끌도록 하라 204 | 믿고 함께 일한다는 의미를 전달하라 212 | 조직 키우기와 직원 늘리기는 별개다 215

9강 실패로부터 배워라
스타트업 경영자가 하지 말아야 할 것들

'첫 번째 성공 증후군'을 주의하라 220 | 패기와 열정 뒤에는 미숙함과 교만이 있다 223 | 내가 틀렸을 가능성을 받아들여라 227 | 그들의 찬사는 잘 모른다는 표시다 229 | 조직은 말보다 실행으로 이뤄진다 231 | 직원들의 본업을 방해하지 마라 233 | 평화로운 의사 결정은 틀렸다 235 | 기업 문화는 암묵적 규율이다 237

10강 지식의 배움에서 행동의 배움으로

스타트업 경영자가 반드시 해야 할 것들

수집, 측정, 분석보다 설계가 우선이다 242 | 숫자의 의미를 파악하라 248 |
행동으로 답하게 물어보라 251 | 하지 않을 것을 결정하고 절제하라 255 |
아메리카 드림에서 깨어나라 258 | 유효한 학습을 계속해라 261

11강 비전보다 생존이 우선이다

스타트업 위기관리

돈의 힘으로 일하려 하지 마라 266 | 대기업에 기대지 마라 270 | 돈을 버는
것에서 출발하라 274 | 초심을 잃어버리지 마라 277 | 투자는 빚이다 279 |
부채도 빚이다 282 | 비전보다 생존이 우선이다 286

12강 성공이 기다리고 있다

사업의 본질에 다가서라

고객의 관점으로 사업을 정의하라 290 | 회원 수는 목표가 아닌 수단임을
잊지 마라 294 | 창업가여, 바람피우지 마라 297 | 잘될 것, 잘되는 것, 잘된
것 299 | 뿌리가 있는 사람은 넘어지지 않는다 302 | 청개구리 창업자가 성
공한다 304 | 사장의 윤리는 회사를 비추는 거울이다 307

용어 해설 311
주석 312
참고 문헌 315

1강

문제는 경영이야, 바보야!

HOW TO START A STARTUP

창업자에게 경영은 왜 중요한가?

문제는 경영이야, 바보야!

글로벌 스타트업이 나오지 못하는 이유

'문제는 경제야, 바보야(It's the economy, stupid)!'는 걸프전 승리 이후 최고의 지지율을 기록하던 현직 대통령 부시의 재선을 막고 클린턴을 새 대통령으로 만든 1992년 미국 대선 캠페인의 슬로건이다. '문제는 경영이야, 바보야!'로 패러디해봤다.

한국에서 구글이나 페이스북 같은 세계적인 IT기업이 나오지 않는 이유를 기술 문제, 시장 규모의 문제, 심지어 모국어가 영어가 아니기 때문이라고 말한다. 정말 이런 것들이 글로벌 기업과 한국 기업의 경쟁력 차이를 설명하는 중심 원인일까? 아니다. 진짜 문제는 '경영'이다.

한국 기업들의 기술은 뛰어나다. 아이디어와 열정도 누구 못지않다. 근면하게 일하는 몰입도도 높다. 그래서 한국 스타트업^{Startup}(신생 회사)들은 초기에 불같이 성장한다. 외국 기업이 시도하지 않은 제품이나 서비스도 가장 먼저 만들기도 한다. MP3 플레이어도 그렇고 인터넷 전화의 효시인 다이얼패드^{Dialpad}와 소셜 네트워크의 효시인 싸이월드^{Cyworld}도 그런 예다. 그러나 지속적으로 성장해서 세계적인 기업으로 변신하지 못하는 것은 결국 경영의 무지와 미숙함 때문이다. 경영은 기술과 사람과 언어와 시장 규모의 약점을 극복하고 자원의 능력을 극대화하는 능력이다. 경영은 자본을 흡인하는 능력도 가진다.

2010년 일본항공^{JAL}은 20조 원이 넘는 부채를 안고 기업 회생을 신청했다. 일본 정부는 78세의 교세라^{京セラ株式会社} 창업자 이나모리 가즈오$^{いなもり かずお}$를 회장으로 영입했고, JAL은 약 1000일 만에 도쿄증권거래소에 다시 상장하며 살아났다. 이렇듯 경영은 다 망해가는 회사를 회생시킬 수도 있고, 반대로 잘나가던 기업을 하루 아침에 위기로 몰아넣을 수도 있다. 기업의 발전과 성장은 오로지 경영의 소산이다. 기업의 진짜 문제는 '경영'에 있는 것이다. 현대 경영학의 아버지 피터 드러커는 "가장 중요한 것은 경영이며, 좋은 경영은 경제적인 발전은 물론 사회적 화합까지 가져온다."고 했다.

나는 뒤늦게 골프를 배웠는데, 초기에는 연습장에 자주 나가고 코치의 자세 교정을 열심히 따라 하려고 노력했다. 그러다가 보기^{bogey}(1라운드를 90타 전후로 치는 것) 정도의 실력이 되자 연습장에 잘 가지 않게 됐다. 내 스타일과 이론이 생기고 몸이 굳어지면서 코치의 교정은 잔소리처럼 들려 듣기 싫고 따라 하지도 않게 된 것이다. 그 결과 나의 골프 실력은 아직도 보기 플레이를 벗어나지 못하고 있다.

스타트업 창업가들의 경영에 대한 태도도 이와 비슷하다. 조금만 성장하고 안정되면 검증된 경영의 원칙이나 더 큰 그림을 본 선배들의 이야기를 따르기보다 자신의 제한된 경험에서 오는 직관대로 경영하고 싶어 한다. 지속적으로 배우려는 자세를 가지기보다 금방 가르치는 자가 되고 만다. 나와 다른 경험과 능력을 가진 사람과 함께 일하는 것을 불편해하면서 내 말 잘 듣는 사람과 일하고 싶어 한다. 능력 있는 사람에게 권한을 나눠주기보다 권력을 독점해 내 생각과 능력의 틀에 회사를 가두고 만다. 이렇게 수년간 초보적인 생각으로 엉뚱한 시도를 하다 후회하며 그때 선배들의 말이 맞았다고 이야기해보지만, 이미 회사는 성장 동력을 잃고 경쟁 회사 혹은 대안 제품에게 선수를 빼앗긴 후다. 그래도 기회가 없는 것은 아니지만 기존의 운영 방식에 적응한 조직은 변화하기 어려운 상태로 고착되어 변화에 더 어려워진다.

《젊은 베르테르의 슬픔》,《파우스트》와 같은 불후의 명작을 남긴 괴테도 "누구나 자기가 최고라고 생각한다. 그래서 많은 사람들이 이미 경험한 선배의 지혜를 빌지 않고 실패하며 눈이 떠질 때까지 헤매곤 한다. 이 무슨 어리석은 짓인가. 뒤에 가는 사람은 먼저 간 사람의 경험을 이용하여, 같은 실패와 시간 낭비를 되풀이하지 않고 그것을 넘어서 한 걸음 더 나아가야 한다. 선배들의 경험을 활용하자. 그것을 잘 활용하는 사람이 지혜로운 사람인 것이다."라고 말했다. 괴테는 잘 알려지지 않았지만 문학뿐 아니라 바이마르공화국을 경영한 재상이기도 하다.

사회 경험도 없고 창업의 역사도 짧은 스타트업이 초기 성장을 달성하고 자본을 유치한 후에 꼭 필요한 것은 시간과 경험을 가진 능력 있는 사람들의 수혈이다. 단계별로 자신보다 더 큰 사람을 품어야 한다. 심지어 공동 대표를 하거나 대표이사를 잠시 양보해도 괜찮다. 회사 지배 구조에 몇 가지 안전장치만 하면 자신이 창업자이자 대주주로서 최종적인 결정권을 가지고 있을 수 있다. 결국은 회사와 창업자인 자신 모두에게 이익이 된다.

경영은 지식에 기반을 두지만 근원적으로 '지혜'다. 지혜는 경험의 산물이다. 운동 능력과 의사결정을 제어하는 반사 신경과 비슷하게 책이 아니라 경험으로부터 습득하고 누적되는 속성을 가진다. 한국 경제의 미래를 열고 싶은가? 좋은 회사를 넘어 위대한 회사를 만들고 싶은가? 그러려면 다른 어떤 것보다 중요한 경영을 배우자.

대기업 경영 이론과도,
서양의 룰과도 다르다

스타트업 경영은 다르다

학교에서 배운 경영학 이론으로 스타트업을 운영하면 뭔가 잘 맞지 않는 것을 자주 경험한다. 개발자나 디자이너와 비교해 경영학을 전공한 공동 창업자가 회사에 기여하는 것이 기대에 미치지 못하고 오히려 창업 팀의 짐이 되는 경우를 자주 본다. 실리콘밸리에서 스타트업의 기업 가치를 산정하는 농담 같지만 함축된 의미를 지닌 오래된 계산법이 있다. 신생 기업인 스타트업의 경우 아직 제품도 완성되지 않았고 매출도 없으므로 일반적인 방식으로는 기업 가치를 매길 수 없다. 그래서 나온 게 '팀 구성원에서 개발자 1인당 10만 달러를 더하고, 경영학이나 MBA 출신 1인당 15만 달러를 빼는 방식'[1]의 계산식이다. 물론 IT·소프트웨어 분야에 한정된 농담처럼 하는 이야기지만 시사하는 바가 크다. 왜 그럴까? 스타트업에는 경영학 지식이란 필요 없고 단지 열정과 도전 정신으로 열심히 하면 되는 것인가?

21년간 창업을 경험하고 스탠포드대학교에서 경영을 가르치는 스티브 블랭크 교수는 '스타트업은 대기업의 작은 모형이 아니다(Startup is not just a smaller version of larger companies)'[2]라며, 대학에서 가르치는 경영학 이론들은 스타트업이 아니라 대부분 대기업을 위한 것이고 스타트업을 위한 경영 이론은 달라야 한다고 말한다.

스타트업에게 경영 이론이 불필요한 것이 아니라 적합한 경영 이론이 없었던 것이다. 대기업의 사업은 이미 검증된 비즈니스 모델과 제품을 가지고 어떻게 잘 '실행'하느냐에 초점이 맞춰져 있다. 스타트업에서는 비즈니스 모델이 불확실함을 인정하고 그 자체를 검증하는 '과정'이 사업의 본질이다. 다시 스티브 블랭크 교수의 스타트업에 대한 정의를 들어보자.

"스타트업은 탐색을 위한 임시적인 조직이다."

여기서 탐색이란 바로 비즈니스 모델을 검증하는 과정을 말한다. 많은 창업가들이 제품 개발 능력, 창업경진대회 입상, 언론의 조명, 공공기관의 인증을 받는 것을 비즈니스 모델의 검증 과정으로 자주 오해한다. 고객을 많이 모으거나, 영업을 통해 매출이 일어나기 시작하면 이를 성공으로 오해한다. 진짜 사업은 '아직 시작도 안 한 것'이라는 것을 모른다.

스타트업을 운영하는 방법은 과거 규정된 적이 없는 완전히 새로운 영역이다. 최근 들어 스타트업 경영에 대해 이론적인 정립이 이루어지고 있다. 핵심을 먼저 시작하고 고객의 반응을 통해 진화하며 성장하는 린 스타트업과 같은 방법론이나 고객 개발, 마케팅 방법 등이 스타트업 경영 환경에 적합하게 개발되고 있다. 그러나 이런 스타트업 경영 이론은 비단 벤처기업뿐 아니라 대기업이 신규 사업을 추진할 때나 공공 부문이나 교육, 비영리단체 등에서도 공통적으로 적용할 수 있다.

스타트업 경영 이론은 미국 실리콘밸리에서 먼저 시작했고 발전했다. 그것에서 열심히 배워야 한다. 실리콘밸리를 단지 베끼고 번역하고 찬양하는 것에 만족하며 머무르지 말고, 한국 문화와 현실에 맞게 발전시켜야 한다. 모방은 창조의 어머니이지만 모방에서 끝나면 창조는 없다. 배우되 자신의 경험으로 다시 만들어야 진짜 자기 것이 창조된다. '신토불이身土不二'처럼 경영도 문화와 강하게 연결되어 있다. 외국의 이론과 한국의 경험이 어우러진 한국만의 스타트업 경영학을 가르쳐야 할 때가 왔다. 서양은 사물을 볼 때 하나하나 각각의 객체를 개별적으로 인식하는 데 반해 동양은 사물의 전체를 아울러서 보고 통합적으로 보는 경향이 있다.[3] 마찬가지로 서양의 스타트업은 구체적인 시장이나 필요를 채우는 부품과 같은 좁은 영역의 제품이나 서비스에서 출발하지만 동양은 여러 기능을 통합해 하나의 제품으로 만드는 것을 더 선호한다. 인수 합병M&A이 활발한 실리콘밸리에서는, 특정 회사의 제품이 그 자체로는 독자적으로 생존할 수 없는 단편적인 제품임에도 불구하고 다른 회사들에게 요긴한 기술이나 기능을 제공하는 것만으로 시장을 개척하고 사업을 활발히 전개할 수 있다. 하지만 환경이 다른 동양적 기업 문화에서는 완결된 제품이나 서비스가 아니면 비즈니스를 지속하기 어렵다.

　글로벌 기업들이 마케팅 전략의 일환으로 프레임frame을 짜서 보급한 마케팅 메시지가 경영 이론처럼 포장된 것들로부터 진짜를 걸러내야 한다. 기술 표준도 하나의 프레임이다. 구글의 기술 오픈 정책 역시 시장의 헤게모니를 장악하기 위해 유리한 고지를 선점하려는 프레임이다. 이제는 한국도 스타트업 경영을 이야기할 만큼 경험과 전략이 축적되었고 훌륭한 창업가도 많아지고 있다. 자신의 몸에 딱 맞는 운동복을 입고 경기에 나서는 창업가들을 꿈꿔본다.

우연인 듯 우연 아닌
우연 같은 기회

스타트업 경영의 첫걸음

우리가 아는 성공한 기업의 비결은 매우 간단하게 묘사되곤 한다. 도전 정신, 열정, 어려움을 극복하는 불굴의 의지, 지혜, 노력, 타이밍, 창의와 아이디어, 혁신적인 기술과 같은 범주를 벗어나지 않는다. 기업을 시작해서 성공의 반열에 오르기까지 열정을 가지고 도전하지 않고서야 가능하겠는가? 사업에 어려움이 어찌 없겠는가? 아이디어와 의지를 가지고 신념으로 관철하려고 노력하지 않겠는가? 하지만 여기에는 무엇인가 핵심이 빠지고 진실이 반영되지 않았다는 느낌이 든다.

성공한 기업의 첫 번째 사업 아이템이 무엇이었는지 아는 사람은 많지 않다. 첫 번째 사업 아이템 스토리는 앞서 이야기한 프레임에 속하지 않고 재미있지 않아서 기삿거리도 되지 않아 신문이나 잡지에도 잘 등장하지 않는다. 그래서 알려지지 않았고 잘 모른다.

다음카카오^{Daumkakao}의 전신인 다음커뮤니케이션 창업 스토리에는 조금 슬픈 사연이 있다. 전산학을 전공한 이재웅과 사진을 전공한 박건희는 고등학교 동창이었으나 서로 잘 알지 못했다. 1993년 프랑스 유학 시절에 만나 친해지면서 웹 관련 회사를 공동 창업하기로 한다. 이들은 이듬해 말에 한국으로 돌아왔고, 다음커뮤니케이션을 공동 창업했다. 인터넷과 예술의 만남답게 초기에 추진했던 사업은 사이버 갤러리였다.[4] 이 아이디어는 창업 당시 대단히 진보적인 아이디어였으나 번개같이 망했다. 박건희 공동 창업자는 창업하던 해 말, 과로로 인한 심장마비로 안타깝게 생을 마감했다. 다음커뮤니케이션은 창업 후 수년 동안 어려움을 겪다가 사내 개발 팀에서 프로젝트로 만들었던 한메일Hanmail이 성공하면서 최고의 포털 사이트로 발돋음할 수 있었다.

네오위즈Neowiz의 첫 번째 사업 아이템을 기억하는가? '푸시 서비스Push Service'라 불리는 사업이었다. PC의 스크린 세이버에 날씨나 뉴스 등 정보를 보여주는 아이디어로 오늘날 스마트폰의 잠금 화면에 각종 서비스를 넣겠다는 스타트업과 같은 사업 아이디어였다. 놀고 있는 PC의 바탕 화면에 정보를 보여주는 훌륭한 아이템이었지만 역시 번개같이 망했다.

엔씨소프트NCsoft가 처음부터 게임을 만드는 회사였을까? 리니지Lineage 개발을 엔씨소프트가 처음 시작했을까? 아니다. 엔씨소프트는 게임 사업으로 창업한 것이 아니었다. 리니지를 개발하던 다른 회사가 어려워져 헐값에 인수했는데 대박이 나는 바람에 게임 회사로 성공하게 된 것이다.[5]

성공한 기업들의 비결을 냉정하게 이야기해보라고 한다면 많은 경우 '소 뒷걸음질 치다 쥐 잡았다'고 말할 수 있겠다. 어쩌면 우연한 기회의 산물이라고도 할 수 있다. 그러면 성공한 기업의 경영자들은 행운에 무임승차한 것일까? 아니다. '소 뒷걸음질 치다 쥐를 잡아' 성공의 기회를 맞이했던 더 많은 창업자들이 그 잡은 쥐를 제대로 요리하지 못해 망했다. 성공한 기업의 경영자들은 소위 '뒷걸음질'도 끈기 있게 잘했다. 그들은 예기치 못한 시장 반응에 기민하게 움직여 그 의미를 이해했고, 그래서 소비자 니즈에 맞출 수 있었던 것이다. 그리고 '잡은 쥐'를 잘 요리해서 성공이라는 결과물로 만들어낸 경영을 했다는 점에서 위대하다.

성공의 시작점은 '뒷걸음질'과 '쥐 잡기'와 같은 우연처럼 보이는 활동의 산물인 것은 사실이다. 그러면 스타트업 경영의 원리는 '운'과 '우연'인가? 아니다. 우리가 배워야 하는 것은 그 우연처럼 보이는 활동의 성공률을 높이는 과학적 방법과 그에 대한 연구다. 땅굴을 찾기 위해 혹은 유정油井을 찾기 위해 신중하고 꼼꼼히 땅속에 탐침을 박으면서 탐색하는 과정과 같다.

우연처럼 보이는 기회가 내 손에 들어왔다 나갔다 하고 있을 때 그것이 성공의 시작점이라는 것을 알아보는 눈을 가져야 한다. 영웅적인 활동과 실행이 아니라 지극히 지루하고 반복적이며 끝이 없어 보이는 탐침 활동의 연속이 바로 불확실한 미래로 점프하는 창업가의 성공 자질이다. 이것이 스타트업 경영의 첫걸음이자 바로 린 스타트업의 방법이다.

지루한 프로세스를
따르는 일

가설을 검증하는 린 스타트업 경영

오늘도 수많은 창업가들이 풍운의 꿈을 안고 창업의 전선으로 뛰어든다. 인터넷에서 본 스티브 잡스의 획기적인 제품 설계 이야기나 페이팔 마피아(paypal mafia)인 피터 틸(Peter Thiel)이나 일론 머스크의 스토리를 읽고 감명 받아 창업자가 되겠다는 결심을 했을지 모른다. 창업과 새로운 사업의 개척이 영화와 같은 스토리처럼 이루어진다면 얼마나 재미있을까? 그 속에 진실의 알갱이는 있겠지만 이런 이야기 대부분은 상상의 산물이자 신화다. 신화는 신화를 만들어야 하는 사람들의 필요에 의해 창조되고 유통된다. 단편적이고 특수한 사례를 가지고 확대 해석하고 스토리를 입히면서 일반화하면 정말 그럴듯한 신화가 만들어진다. 하지만 나는 과거 20년 동안 훨씬 더 혹독하게 도전이 실패하는 사례들을 직접 지켜봤다. 촉망 받던 수많은 창업가들이 넘어지고 깨어진다. 그래도 여전히 열정을 가지고 도전하고 창의성을 발휘해 불굴의 의지로 노력하면 성공한다는 신화는 계속된다.

이 시대가 요구하는 창업은 좋은 머리나 재능을 타고나거나 운이 있어야만 할 수 있는 것이 아니다. 창업은 사람과 아이디어를 연결하고 정해진 틀을 벗어나고자 시도하고 이뤄나가는 하나의 과정이며 새로운 가치를 창조하는 기회이다. 에릭 리스$^{Eric\ Ries}$는 《린 스타트업$^{Lean\ Startup}$》에서 이렇게 말했다.[6]

"성공과 실패를 모두 경험하면서 정말 중요한 것은 지루한 일임을 알게 되었다. 스타트업 성공은 좋은 유전자의 결과나 시기, 장소 때문이 아니었다. 올바른 프로세스를 따름으로 얻어지는 것이다. 따라서 배울 수 있는 것이고, 다르게 표현하자면 가르쳐줄 수 있다는 말이다."

'린 스타트업'이란 용어는 에릭 리스가 처음 사용했다. 이는 스티브 블랭크 교수가 자신의 고객 개발 방법론을 적용할 것을 조건으로 에릭 리스의 회사 IMVU(3D 소셜 네트워크)에 투자했고, 이 방법론 위에 애자일 개발 방식$^{Agile\ Software\ Development7}$ 등이 더해져 만들어진 방법론이다. '린'이라는 용어는 도요타 자동차회사의 린 제조$^{lean\ manufacturing}$에서 차용했다.

스티브 블랭크 교수는 린 스타트업의 원리를 세 가지로 정의했다.

첫째, 창업가 스스로가 가진 것은 '실험해본 적 없는 가설'뿐이라는 것을 받아들이고 제품이나 사업계획서를 만들기보다 자신의 사업의 가설이 무엇인지를 먼저 규정한다.

둘째, 사무실에 앉아서 탁상공론하지 말고 사무실 밖으로 나가 잠재 고객을 만나서 가설을 검증하는 과정, 즉 고객 개발을 한다.

셋째, 애자일 개발 방식을 따라 MVP$^{Minimum\ Viable\ Product}$(최소 기능 제품)[8]를 만들어 이를 통해 고객의 문제점을 하나씩 해결하고 고객의 반응을 확인하며 배우는 과정을 반복적으로 수행하면서 점진적으로 발전한다.[9]

앨리스테어 크롤$^{Alistair\ Croll}$과 벤저민 요스코비츠$^{Benjamin\ Yoskovitz}$는 《린 분석$^{Lean\ Analytics}$》에서 스타트업은 제품을 만들고 있는 것이 아니라 '어떤 제품을 만들지 알아내기 위해 도구를 만들고 있는 것이라고 생각해야 한다'고 이야기한다. 제품을 만드는 것이 아니라 어떤 제품을 만들지 확인하기 위한 활동이라는 관점은 무엇을 해야 하고 무엇을 하지 않을지 구분하도록 도와준다.

내가 개발하고 6년 넘게 운영하는 린 스타트업 교육 코스인 스타트업랩(Startuplab.co.kr) 과정에도 잠재 고객과 고객 가치를 정의하고, 그 가설별로 최소 10~20명의 잠재 고객을 직접 만나서 가설이 유효한지 확인하는 과정을 우선적으로 수행하도록 되어 있다. 실전 사업에서는 제품 개발에 앞서 두세 달 동안 최소 200명 이상의 잠재 고객을 만나서 질문하고 배우는 것이 기본이다.

린 스타트업 방법은 신규 창업을 하는 소규모 회사에서만 적용할 수 있는 것은 아니다. 불확실한 가정을 가지고 새로운 일을 시작하려는 모든 조직이 사용할 수 있다. 대기업이나 공공 조직이나 비영리 조직들에서도 배우고 사용할 수 있는 방법론이다.

'돌다리도 두드리며 건너라'는 선현의 지혜가 아직도 이야기된다. 오래전부터 린 스타트업의 원리를 이해하고 실천해서 검증되었기 때문에 속담의 형태로 계속 전해지는 것이 아닐까?

신규 사업도
스타트업처럼 시작하라

대기업도 린 스타트업을 배운다

대기업뿐 아니라 모든 기업에는 오래된 신화가 있다. '신규 사업'이라고 하는 신화다. 모든 회사가 신규 사업을 추진하지만 성공하는 경우는 드물다. 거기에 소진한 자금만 모았어도 상당한 규모의 현금성 자산이 되었을 것이다. 내가 창업했던 회사들의 8년차 임원 워크숍에서 발표할 자료를 만들려고 그동안 추진했던 신규 사업이라는 명목으로 쓰고 성과가 없었던 돈을 합산해보았다. 놀랍게도 수백억 원에 달하는 것을 발견했다. 벤처기업이건 대기업이건 신규 사업이라는 희망 고문은 계속된다. 왜 그럴까? 힘든 기존 사업에서 도망치고 싶다는 생각이 신규 사업이라는 신화를 계속 창조해낸 것이다. 내가 하는 이 일은 힘든데 다른 길은 평탄해 보이는 착시 현상도 이에 일조한다. 현재 내가 하고 있고 잘 아는 이곳의 혁신은 어렵게 느낀다. 고통스럽다. 자연스레 눈이 다른 곳으로 돌아가는 것이 인간의 속성이다.

    피터 드러커는 이렇게 조언한다.[10]

    "가장 중요한 금기 사항은 기존 사업의 경영관리 부문과 기업가적 사업 부문(신규 사업)을 혼합하지 않아야 한다는 것이다. 기업가적 부분을 절대로 기존 경영관리 부문의 한 구성 부분으로 맡겨두지 마라. 기존의 사업을 운영하고 이익을 올리고 최적화를 추구하는 책임을 지고 있는 사람에게 혁신적 사업을 맡기지 마라. (사실) 그것은 거의 실패를 보장하는 것이다. 양다리 걸치기 식의 기업가가 성공하기는 드물다."

신규 사업이 쉽지 않기 때문에 이를 성공적으로 이룰 수 있다는 다양한 이론들이 생겨나지만, 그것을 따라 다양한 시도를 해본들 결과는 신통치 않을 것이다. 신규 사업을 추진할 때 조직과 예산의 권한을 완전히 독립하고 자율적으로 운영해야 조직의 창의성이 발휘될 수 있다는 가설에 바탕을 둔 시도들도 많았다. 물론 대부분 잘 안되었다. 그 이유에 대해서도 다양한 이론이 등장한다. 알 만한 유명한 IT회사들이 독특한 브랜드의 간판을 내걸고 신규 사업 조직을 만들어 수년간 많은 돈을 투입하고도 효과를 보지 못했다. 도대체 기존의 조직에서 신규 사업을 성공적으로 추진하는 방법은 없는가?

대기업은 언제나 개혁의 대상으로 등장한다. 대기업 역시 스스로 개혁의 주도자 혹은 시장 파괴자가 될 수도 있다. 누구보다 더 혁신하고 시장을 파괴하며 새로운 사업의 시장을 열 수 있는 기회와 기득권을 가지고 있으면서 그것을 시도조차 하지 못하고 기존 사업에 안주하고 만다. 나는 과거에 다니던 직장의 연구소에서 부동의 1위 PC통신 서비스를 인터넷 기반으로 바꾸는 기술을 연구 개발해서 사업부에 제안했다. 하지만 인터넷 기반으로 바꾸면 당장 매출이 줄어든다는 이유로 인터넷으로의 전환을 포기했고, 1990년 초 1조 원의 기업 가치로 투자를 제의 받았던 사업은 채 10년이 안 돼 인터넷 때문에 흔적도 없이 사라졌다. 세상에 '만일'은 없지만 그래도 만일 그때 PC통신 서비스가 인터넷 기반으로 전환됐다면 그 사업은 지금의 네이버 위치에 있을 가능성이 있다. 파괴는 당장의 단기적인 희생을 요구하지만 더 큰 시장이

주는 보상을 장기적으로 누릴 기회를 획득하는 창조적인 행동이기도 하다. 당장의 단기적인 희생을 감수하지 못하는 대기업은 항상 혁신의 먹잇감이 될 수밖에 없고, 억지로 시장을 지키기 위해 무리수를 두며 욕을 먹는다.

신규 사업의 실패를 단지 신규 사업 조직과 권한의 독립성 문제로만 보는 것은 좁은 시각이면서 무책임하고 무지한 경영이기도 하다. 진짜 문제는 신규 사업을 실행할 경영적 방법을 찾지 못했기 때문이다. 비록 대기업은 검증된 시장에서 실행하는 것에 집중하지만 신규 사업 팀의 경우 시장을 찾고 검증하는 조직이기 때문에 스타트업 경영의 방법을 적용해야 한다. 즉 스타트업과 동일하게 린 스타트업 방법으로 접근해야 한다. 에릭 리스는 오랫동안 대기업에 린 스타트업 방법을 가르치고 컨설팅하고 제품에 적용해 상당한 성과를 냈다. 시대가 바뀌고 있다. 속도와 시장 적응 능력 없이 기존에 해왔던 대로 자본과 유통으로 시장을 주도하는 영역은 점점 사라진다. 대기업도 린 스타트업을 배우고 제품과 서비스에 적용하는 방법을 배워야 한다. 소프트웨어가 세상을 삼키며 빠른 속도로 변화하고 있기 때문이다.

사업과 고객에 대해
성급히 예단하지 마라

스타트업 경영은 배움의 길이다

투자자의 모든 질문에 척척 답을 해내는 스타트업 CEO가 제일 신뢰하기 어렵다. 자주 받았던 질문일 수도 있지만 들어보면 대부분 즉흥적 대답인 경우가 많다. 관료적인 조직에서 생존하는 데 필요한 능력일 수도 있지만 창업이나 스타트업 세계에서는 감점이다. 그 즉흥적인 대답에 덧붙여서 '고객이 이렇게 이야기했다', '설문 조사 결과가 이렇다'는 등의 약간 과장된 스토리를 보태어 신뢰성을 높이려 한다. 설문 조사를 이 자리에서 직접 확인할 수 없다는 것을 알기 때문에 자신 있게 말할 수 있다. 또 혹시 과장이 드러나더라도 작은 모순 한두 개에 불과하니 잠깐 착각했다고 하면 그만이라고 생각하는 것 같다.

시간을 가지고 양파 껍질을 벗기듯 한두 단계 더 깊이 파고들어 질문하면 앞뒤가 안 맞고 얽히며 대답이 구차해진다. 처음부터 한 번 확인해본 후에 알려주겠다고 말했으면 본전은 건졌을 텐데 신뢰의 본전도 다 잃어버린다. 경진대회 심사장이나 국책 과제 평가장 같은 곳에서는 시간이 부족해 깊게 파지 못하기 때문에 이런 임기응변은 장점이 될 수도 있지만, 스타트업 세계에서 투자를 받는 투자자 앞에서는 치명적인 단점이 된다. 계획대로 사업이 잘된다고 강조하면서 숫자도 비틀고 예외적인 사례로 과장하는 CEO를 보면 안타깝다. 언론 인터뷰에서는 그렇게 해야 할지 모르겠지만 그것을 반복하다가 보면 본인조차 거기에 속게 되고, 이미 부풀려진 실적과 겉모습을 유지해야 할 수밖에 없는 함정에 빠지게 된다. 이것은 사업에 있어서 가장 큰 해악이다.

사업이 성장할수록 고객이 '왜 자사의 제품 혹은 서비스를 쓰는지' 알기가 더 어려워진다. 첫째는 제품에 핵심과 상관없는 기능들을 추가해 측정 변수가 복잡해졌기 때문이고, 둘째는 데이터를 열심히 분석하지 않아도 성장하니까 단편적인 해석에 만족하며 CEO가 게을러지기 때문이다. 대부분 그저 피상적인 쉬운 답에 도취된다. 희박한 근거를 가지고도 고객의 마음을 다 꿰뚫어 보듯이 이야기해도 지금은 성장하는 것처럼 보이니 누구도 문제를 제기하지 않는다. 이렇게 시간을 보내는 동안 사업의 대들보가 보이지 않는 곳에서부터 썩어 들어가고 있다는 것을 알지 못한다.

사업과 고객에 대해 성급히 예단하지 마라. 성급히 쉬운 해석으로 추론하려 하지도 마라. 쉬운 답을 취하면 편안함과 안정감은 느끼겠지만 그 너머에는 오류의 절벽이 기다린다. 질문 자체를 계속 붙잡아라. 미해결 상태의 불안을 견뎌라. 개똥철학으로 아는 척하며 고객의 생각과 상황을 미리 재단해서 요리하지 마라. 설익은 과일을 미리 따면 먹지도 못하고 익지도 못하게 만든다.

'몰랐는데 새로 알게 된 것', '내가 잘못 생각했던 것', '예상치 않았던 성공과 실패의 현상들로부터 배운 것'을 주로 얘기하는 CEO에게서는 건강한 미래가 보인다. 지금 아는 것도 '지금까지' 알아낸 것에 불과하다. 스타트업 경영은 연구자의 길이자 실험하는 길이며, 배움의 길이다.

떠날 때를 생각하고
시작하라

엑시트 경험을 쌓아야 한다

60세가 되면 회사에 출근하지 않고 여생을 편안히 즐기겠다고 이야기하고도, 70세가 되어서 아무도 반기지 않는 회사에 여전히 출근하는 회장님 이야기를 종종 듣는다. 회사에 평생을 바쳐 온 상황은 이해하지만 안타까운 모습이다. 회사를 경영한 것이 아니라 회사라는 감옥에 갇혀 평생을 살아서 개인의 인생이 없었던 것은 아닐까?

창업자가 회사를 매각하지 않고 수십 년을 경영할 수도 있다. 그러나 회사의 성장과 발전에 걸림돌이 되는 창업자도 많다. 회사는 대주주, 경영자와는 독립적이면서 지속적으로 혁신하고 발전할 기회를 가지는 독립된 개체다. 회사가 망해 문을 닫는 것은 개인 재산의 손실일 뿐 아니라 국가와 사회 공공의 손실이다. 코스닥 상장까지 했음에도 불명예 퇴진하는 창업자가 많다. 초심과 겸손함을 잃고 영원히 잘할 수 있을 것 같은 착각과 욕심으로 무리한 신규 사업 추진과 확장에 열을 올리다가 넘어진다. 회사를 사적인 소유물로 생각하고 지나친 욕심을 부리다 엑시트^{exit}(투자 회수)의 타이밍을 놓친다. 국내에서는 회사를 매각하는 것에 대해 아직 부정적으로 보는 시각이 많다. 과거 비정상적인 인수 합병과 주가 조작의 어두운 기억들이 중첩되기 때문이다. 그러나 창업자가 회사를 떠남으로써 회사에 더 좋은 결과를 만드는 경우도 많다. 그렇기에 창업자는 회사의 미래와 개인의 인생이 이별할 때가 언제일지 생각하고 준비해야 한다.

중국 최대의 전자상거래 회사 알리바바Alibaba를 창업한 마윈马云은 2013년 5월 알리바바 CEO를 퇴임하는 연설에서 이렇게 말했다.

"제가 생각하기에는 사실 그것은(알리바바가 잘된 이유가) 믿음 때문인 것 같습니다. 우리는 믿음을 선택했습니다. 십 년 후에 중국이 훨씬 좋아질 것이라고, 동료들이 나보다 더 잘할 것이라고, 중국의 청년들이 우리보다 훨씬 잘해낼 것이라고 믿었습니다. (중략) 당신이 실패하지 않을 거라고, 늙지 않을 거라고, 혼란에 빠지지 않을 거라고 말할 수 없습니다. 실패하지 않고, 늙지 않고, 혼란에 빠지지 않는 유일한 방법은 청년들을 믿는 것입니다. 그들을 믿는 것이야말로 미래를 믿는 것입니다. 그래서 저는 다시 알리바바의 CEO가 되지 않겠습니다. 돌아오지 않기를 바랍니다. 돌아와봐야 큰 의미가 없습니다. 당신들이 훨씬 더 잘하고 있을 테니까요!"

이 연설의 제목은 '창업주가 회사를 떠나지 못하면 그 회사는 건강할 수 없다(创始人如果离不开公司, 公司就不可能健康发展)'였다.

내가 만든 용어가 있다. '포스트 엑시트 경험'이라는 말이다. 대주주와 경영자로서 회사를 경영하다 보면 자연스럽게 모든 관심사가 회사의 이익에 초점이 맞춰진다. 후배 창업자들을 돕는다며 벤처 투자할 때도 투자하는 벤처의 성공보다 이를 통해 어떻게 하면 내가 운영하는 회사 사업에 도움과 이익이 될까를 우선적으로 고려하게 된다. 그러나 엑시트 후에는 감정과 관점이 달라진다. 더 중립적이고 객관적인 관점으로 접근할 수 있다. 재무적 이익보다 더 높은 가치에 의미를 둘 수 있게 된다. 나의 이익보다 후배 창업자들의 이익과 성공을 우선하게 된다. 나는 2010년에 스타트업 인큐베이터인 '프라이머Primer'를 창업하면서 회사의 미션을 만들었는데, 다음과 같다.

'기업가 정신을 가진 사람을 발견하고, 큰일에 도전할 수 있는 기회를 제공하여, 그들의 성공을 돕는다.'

후배 창업가들에게 투자하고 경영을 가르치고 돕는 첫 번째 목표를 나 혹은 프라이머의 이익이 아니라 후배 창업자들의 성공에 둔 것이다. 당시 프라이머 파트너이자 주주들 모두 이에 동의했고 지금까지 계속되고 있다. 창업자의 엑시트는 단지 회사의 주식을 팔아 개인이 큰돈을 버는 것보다 더 큰 사회경제적 자산을 비축하는 과정이다. 두 가지 자산이 이 사회에 비축된다. 하나는 엑시트한 경험이 풍부한 경영자이다. 더 이상 회사에 매여 있지 않고, 더 이상 개인과 주주와 회사의 이익에만 매여 있지 않는 자유로운 경영자들이 사회에 축적된다. 그들의 경영 경험과 지식 그리고 열정이 자유롭게 사회에 기여할 준비가 된다. 또 하나는 엑시트한 돈이다. 이 돈 역시 다른 어떤 돈보다 자유로운 돈이다. 금융기관에 있는 돈과 같이 반드시 운영해서 이자를 돌려줘야 하는 의무가 있는 돈이 아니다. 회사에 갇혀 있는 돈처럼 주주들에게 수익을 돌려줘야 하고 회사의 미래 위험을 방지하는 곳에 투자해야 하는 목적에 제한된 돈도 아니다. 자유로운 사람과 자유로운 돈은 의미를 추구하는 곳으로 흘러가기가 쉽다. 사회에 의미를 추구하는 사람과 돈이 많아진다는 것은 그 사회에 건강한 자산이 쌓이는 것이다.

한 사람의 천재적인 창업자가 큰 회사를 일으키고 오래 경영하는 모델은 급변하며 경쟁이 치열한 지금의 세계 경제 환경에서는 경쟁력이 없다. 국가 경제의 운명을 우연한 천재의 발현에 걸며 기다릴 수 없기 때문이다. 천재의 '단독 플레이'에 의존하지 않고, 재능 있는 사람을 발견해 자본과 경영의 지혜를 더하는 '팀 플레이'가 바로 대안이다. 이것이 바로 실리콘밸리 창업 생태계의 비밀이기도 하다. 모든 것을 다 갖춘 천재는 많지 않지만, 한두 가지 탁월한 재능을 가진 사람은 많다. 아쉽게도 자본과 경영의 지혜가 우리에게는 아직 부족하다. 엑시트 한 창업자들의 자본과 경영의 지혜는 재능의 잠재력을 극대화하며 환상적인 팀플레이를 만들 수 있다. 이별이 있어야 새로운 시작이 있다.

2강

창업은
선택이
아니라
필수다

HOW TO START A STARTUP

스타트업이 가르쳐주는 것들

모두에게
기업가 정신이 필요하다

내가 창업을 권하는 이유

〈뉴욕타임스〉 칼럼니스트 토머스 프리드먼^{Thomas L. Friedman}의 글을 읽은 가까운 지인은 SNS에 이런 글을 남겼다.

"점점 '고급 기술-고임금' 직종뿐이다. 중간이 사라지고 있다. 우리만 해도 편하게 '취직(find a job)'을 하던 세대였지만, 우리 아이들은 스스로 '창직^{創職}(invent a job)'을 해야 하는 세대다. 그렇다면 아이들을 더 이상 '입시 준비생'으로 만들면 안 된다. '혁신 준비생'으로 키워야 한다. 비판적 사고(critical thinking), 협업(collaboration), 소통(communication)의 3C가 학문적 지식보다 더 중요하다. 호기심을 키우고, 위험을 감수하고, 스스로 지식을 찾아보게 만드는 동기부여가 무엇보다 중요하다. 그런데도 우리는 아이들이 관심도 없고, 굳이 알 필요도 없는 것들을 매일 가르치고 시험을 치르게 한다. 구글을 보면 다 알 수 있고 시험 치고 나면 다 까먹는 것을 말이다."

과거에는 기업에 근무하는 사람들이 스스로를 '회사 사람'으로 여기고 '삼성맨, 엘지맨'으로 자신과 기업을 동일시했다. 기업에 소속되면 사회적 지위가 보장되고 본인 의지에 따라 은퇴할 때까지 회사에 남아 있을 수 있었다. 하지만 이제는 평생직장이나 안정적인 직업이라는 개념이 사라지고 있다. 세계 경제 대국이던 미국과 일본조차 지방정부가 파산해 공무원과 교사들이 직장을 잃고 있다. 비정규직 제도만으로도 고통스럽지만 미래는 고용 없이 성장하는 기업들이 더 많아져 고용 자체가 줄어들 것이다. 애플, 구글만 해도 한국에 지사가 없고 직원이 없을 때도 한국에서 엄청난 고객을 확보하고 수익을 챙겨갔다.

유튜브의 경우, 한국에 지사도 없었던 상태에서 한국 사람이 만든 콘텐츠를 한국 사람이 시청하는 곳에 한국 회사가 돈 내고 광고를 게재하게 하는데도 이 전체 과정에서 정작 한국 기업은 단 1원의 수익도 올리지 못했다. 해외 기업인 유튜브가 한국인을 고용하지도 않고, 한국에 세금도 한 푼 내지 않는 상태로 수익을 전부 가져가는 사업 구조가 가능했다.

산업이 성장한다고 고용이 늘어나거나 세수가 늘어나지 않는 복잡한 상황이 미래에 더 많아지고 가속화될 것이다. 로봇이 일자리를 빼앗는다고 이야기하는데, 로봇만 막으면 되는 일이 아니라 정작 산업 전 분야에 고용이 필요 없는 시대가 오고 있다.

이런 현실을 불평만 하고 있을 수는 없다. 프리드먼이 지적한 것처럼 우리의 아이들과 젊은이들을 '취업 준비생'이 아니라 '혁신 준비생'으로 성장시켜야 하는데, 나는 그 핵심 방법이 바로 '창업 경험'이라 생각한다. 실업률을 인위적으로 낮추기 위한 단견적인 정책으로써 창업을 유도하는 것이 아니다. 변화하는 세상을 스스로 헤쳐 나가는 내공을 기르는 데 창업 경험만 한 좋은 도구가 없기 때문이다. 젊을 때 하지 않더라도 어차피 대다수의 직장인들은 40대, 50대에 마주할 수밖에 없는 현실이다.

하버드대학교는 과거에 수영을 필수로 요구했던 적이 있고, 코넬대학교는 오늘날에도 수영을 필수과목으로 정해서 졸업 전에 반드시 통과하도록 요구하는 전통이 있다.[11] 물에 빠져 죽지 않는 안전한 방법은 물가에 가지 않는 것이 아니라, 어렸을 때 수영을 가르쳐 물에 빠져도 스스로 헤쳐 나올 수 있도록 가르치는 것이다. 대학에서 기업가 정신 수업을 도입하는 경우가 많아졌다. 좋은 현상이다. 그러나 수영을 교실에서 책과 이론으로 가르치는 것만으로 수영을 배웠다고 할 수 없듯이 나는 모든 대학에서 최소 한 학기는 창업을 경험할 수 있는 창업 실습 수업을 개설하기를 권한다. 이를 이수하지 않으면 졸업하지 못하도록 하면 더 좋겠다. '창업과 창의성'에 대해 가르치는 이론 교육도 중요하지만 창업을 진짜 경험하도록 설계한 창업 교육이 필요하다. 경영학도 이론 교육만으로 부족하다는 비판 때문에 경영대학원 수업에 케이스 스터디^{case study}로 보완해왔다. 하지만 케이스 스터디만으로는 변화하는 현대 산업사회에 필요한 실질적인 지식을 제공하지 못한다는 비판이 있다. 2013년 하버드대학교 경영대학원^{MBA}에서 필드^{FIELD}(MBA 신입생 전원으로 하여금 창업을 필수 과목으로 이수하도록 요구하는 프로젝트)를 도입한 것은 경영학에서조차 창업 실전 경험을 통해 배워야 한다는 것을 인정하기 시작했다는 뜻이다.[12] 필드는 팀별로 초기 사업 자금 3000달러를 학교에서 지원 받아 전원이 창업을 실제로 해보는 필수 이수 코스다.

나는 2010년부터 대학에게 '창업 실습' 과목 개설을 주장했다. 하버드대학교는 MBA 학생 전원에게 창업 실습 과정을 필수로 이수하도록 했지만, 나는 한국의 모든 학부 대학생이 최소 한 학기는 전공과 상관없이 창업 실습 과정을 거치도록 필수과목으로 채택하기를 권한다. 이는 현실 세계와 이반된 중·고등·대학교 교육에 새로운 생명력을 불어 넣을 것이다. 거액을 들여 1년씩 다녀오는 해외 어학연수도 좋지만 그보다 돈도 적게 들고 훨씬 더 큰 것을 배우는 효과가 바로 창업 경험을 통해 있을 것이라 믿는다.

나는 한 학기 동안 창업 실습 과목을 이수하도록 하자고 주장하지만 실제로 더 강력한 제도를 운영하는 학교도 있다. 캐나다 최고의 대학 중 하나인 워털루대학교다. 이 대학은 4년 동안 6번의 4개월짜리 코업 학기^{co-up term}를 이수하도록 요구한다. 즉 24개월 동안 현장 실습이나 창업과 같은 현장 프로그램에 참여하고 그것을 학점으로 이수하게 한다. 그래서인지 실리콘밸리 IT기업이나 창업가들 중에는 워털루대학 출신들이 많고 평판도 좋다.[13] 다행히 국내에도 기업가 정신 이론 과목 외에 내가 만든 창업 실습 '엔턴십' 코스를 정식 학점 수업으로 도입하는 학교가 하나둘씩 늘어나고 있다. 아직은 선택 과목이지만 조만간 특정 학과 혹은 특정 학교의 필수 이수 과목이 되는 날이 올 것이다.

창업 경험은 이론 교육과 더불어 현실 세계를 이해하고 배우는 교육의 중요한 한 축이다. 모든 사람이 다 사업가가 될 필요는 없지만 모든 사람들이 다 현실 세계를 이해하고 기업가 정신을 경험한 사람이 될 필요는 있다. 그것이 바로 학교에서 사회에 들어가기 전에 가르쳐야 하는 중요한 지식 가운데 하나이다. 내가 창업 경험을 대학에서 수업을 통해 할 수 있게 하고 졸업하기를 권하는 이유다.

이제는 불확실한 위험을 피해 숨을 수 있는 안전한 곳이란 없다. 불확실한 미래를 준비하는 가장 좋은 방법은 안전한 곳으로 피신하는 것이 아니라 불확실한 환경에서 살아나는 방법을 배우는 것이다.

창업을
경험하라

기업가로서의 자신을 발견하는 법

미국 최대 온라인 신발 쇼핑몰인 자포스^{Zappos}를 매각해 1조 3000억 원을 번 토니 셰이$^{Tony\ Hsieh}$라는 30대 중반의 실리콘밸리 창업가가 있다. 그가 라스베이거스 구도심지 한 구획 전체를 사들여 벤처 단지를 조성한 '다운타운 프로젝트'가 언론에 소개됐다. 수천억, 수조 원을 번 창업자가 어떻게 어려움을 이기고 성공적인 회사를 만들게 되었는지, 앞으로 또 어떤 멋진 프로젝트를 할 것인지에 관해 이야기를 들으면 감동의 물결이 넘쳐난다. 이런 내용은 블로그와 신문 기사로 멋지게 포장돼 다시 유통된다. '역시 창업이야!', '나도 할 수 있어!' 수많은 사람들의 마음속에 욕망과 성공의 희망이 메아리치며 울려 퍼진다.

    이런 창업 무용담에 이끌려 돈과 성공의 추구를 목표로 했던 창업가들이 회복할 수 없이 훨씬 심하게 실패하는 것을 자주 본다. 사업은 도박과 매우 유사하다. 일확천금을 노리거나 요행에 의존하는 무모한 도전을 하며 현실을 고려하지 않고 성공만 바라보고 기대한다. 겉으로는 사업처럼 보이지만 사실 도박을 하고 있는 사업가이다. 돈을 많이 벌거나 유명해지기 위해 창업하려는 것은 어리석은 일이다. 스티브 잡스는 사업의 목적을 돈에 둔 적이 없다고 이야기한 바 있다.

"돈은 불가능하게 보이는 아이디어에 투자할 수 있게 해주며, 무언가를 할 수 있게 해주는 훌륭한 수단이긴 하다. 그러나 회사, 조직원들, 우리가 만들었던 제품 그리고 그 제품들이 사람들에게 어떤 가능성을 열어주느냐가 가장 중요한 것이며, 돈에는 큰 관심을 갖지 않았다."

물론 이윤 추구나 명예욕이 무조건 나쁘다거나 가지면 안 된다는 말이 아니다. 다만 그것이 첫 번째 목적이거나 유일한 목적이 될 때는 길을 잃고 타락하게 된다. 도박과 사업은 겉보기에는 다른 것처럼 보이지만 내면으로는 매우 유사한 속성을 가지고 있어서 앞으로도 이 둘을 자주 비교하게 될 것이다.

톰 크루즈가 열연한 영화 〈엣지 오브 투모로우 Edge of Tomorrow〉(2014)에 등장하는 파렐 상사는 카드 게임을 하다가 발각된 부하 병사들에게 카드를 한 장씩 씹어 먹는 벌을 주면서 왜 카드 게임을 금지하는지 말하라고 한다. 병사는 '우리의 운명은 우연으로 결정되지 않고 우리가 개척하는 것이기 때문'이라고 복창한다. 도박과 사업의 차이가 이것이다. 사업은 과학적인 접근과 노력의 결과로 성공을 이루는 것이고, 도박은 우연에 기대서 노력 이상의 성공을 추구하는 것이다.

대다수의 창업은 실패한다. 사업은 망하기 위해 한다고 정의해도 틀린 말이 아닐 것이다. 예외적으로 소수의 경우만이 생존하고 성공한다. 모든 창업가들이 자신은 예외에 속할 것이라고 기대하지만 현실은 반대에 속한다. 그러면 왜 창업하나? 목표가 실패인가? 아니다. 그럼 성공하기 위해? 그것도 아니다. 젊은이들에게 있어서 창업의 목적은 '경험'이어야 한다. 사실 젊은 시절에 창업하는 사람들의 상당 수는 사업가가 아닐 것이다. 그 경험을 통해 본인이 사업가 자질을 갖추지 않았다는 사실을 발견하는 것도 목표가 될 수 있다. 어쩌면 이것이 바로 인생에 있어서 정말 큰 것을 발견하고 배운 것일지 모른다.

　창업 경험은 책이나 학교 공부, 시험과 면접을 통해서도 확인하기 어려운 자신을 발견하기 위한 것이다. 스스로를 잘 알지 못한 많은 사람들은 직장 생활을 하면서 '내가 제2의 스티브 잡스일지 모르는데 여기서 이런 대접을 받는다'고 생각한다. 그래서 주어진 현실에 충실하지 못한 채 10년, 20년의 소중한 인생을 낭비하며 살 위험에 처한다. 만일 젊은 시절에 '내가 스티브 잡스가 아니라는 것'을 발견한다면 그런 낭비의 위험에서 일찍 벗어날 수 있다.

　나와 오래 같이 일한 친구가 들려준 이야기가 있다. 해외 유학을 했고 정말 능력 있는 친구다. 금융기관에서 일하면서 다른 사람들의 돈을 운영하면 항상 많은 수익을 내서 돈을 벌어주었다고 한다. 그런데 정작 자신의 돈을 주식에 투자하거나 운영하면 망하더라는 것이다. 그래서 본인은 근로소득으로 먹고 살아야 하는 인생이라는 결론을 내리고 나이가 들어도 열심히 회사 일을 해야 한다고 했다. 농담처럼 하는 이야기지만 시사하는 바가 크다. 창업 경험을 통해 배우는 것도 이와 비슷한 결론에 도달할 것이다.

　창업의 목적이 경험이라고 해서 불성실하게 접근하고 최선을 다하지 않아도 된다는 말은 아니다. 설사 실패하더라도 자아를 발견했으면 성공해서 돈을 번 것보다 더 큰 것을 얻은 것이다. 이제 자기의 길을 가면 된다. 공무원이건, 교사이건, 직장인이건, 예술가이건 혹은 자영업자이건 그 길이 자신의 길이라는 것을 알고 걷는 사람의 인생이야말로 진짜 행복한 성공의 길이 될 것이다.

깨달음은
겸손을 낳는다

창업 경험을 통해 얻는 것

내가 회사를 운영할 때 소위 '갑'이었던 거래처 임원들을 퇴직 후에도 가끔 만났다. 그제야 '중소기업 사장들은 정말 대단한 사람'이라는 이야기를 공통적으로 한다. 퇴직 전 우리 회사와 거래할 때는 "왜 회사를 그 정도밖에 운영하지 못해? 이렇게 저렇게 하면 회사를 더 키울 수 있는데?", "당신 회사 내가 다 먹여 살리고 있어, 내 말만 잘 들으면 큰 회사 만들어줄게." 등과 같은 회사 경영에 대한 이야기를 많이 해주었지만 대부분 중소기업과 사업의 현실에 맞지 않은 것이었다. 그러나 퇴직한 그들이 직접 회사를 만들어 운영하거나 혹은 이런저런 일을 직접 시도해본 후에 다시 만나게 되면 대기업 임원이었을 때와는 정반대의 이야기를 한다.

　우리는 경험한 후에야 알게 되는 것들이 많다. 창업의 목적을 경험이라고 할 때, 그 경험을 통해 처음 알게 되는 것은 '세상은 만만한 것이 아니라는 것, 빈틈이 없다는 것, 내 능력이 생각보다 대단한 것이 아니라는 것, 그동안 큰소리치던 것이 착각이라는 것, 무림에는 감춰진 고수가 많다는 것' 등등이다.

동네에서 20년 동안 장사하는 10평짜리 허름한 중국집에서 짜장면을 먹으면 '인테리어도 현대적으로 바꾸고 브랜드도 예쁘게 디자인하고 적극적으로 온라인 마케팅을 해서 프랜차이즈를 모으면 크게 성공할 수 있을 텐데 왜 이렇게 밖에 하지 못하나?'라고 생각한다. 그러나 퇴직금으로 식당을 창업하고 2~3년 만에 문을 닫은 경험을 해본 후에는 그 허름한 중국집 주인아저씨가 알고 봤더니 재야에서 은둔하고 있던 무림의 고수였다는 것을 깨닫는다. 동네 뒷골목 허름한 식당이라 하더라도 그 자리에서 10년, 20년을 생존하는 것이 얼마나 어려운 일이며 또 얼마나 대단한 능력의 결과라는 것을 자신이 경험해본 후에야 알게 된다.

아쉬운 것은 이런 사실을 40대, 50대에야 비로소 깨닫게 된다는 것이다. 늦은 시기다. 깨달아도 이미 사고를 지배하는 두뇌와 행동을 지배하는 몸이 화석화되어 깨달은 것을 행동으로 옮기기 어려워진 후이다. 만일 젊었을 때 이런 눈이 열리면 그 이후 인생을 살 때 무엇을 해야 할지, 어떤 자세로 살아야 할지 완전히 다른 관점을 가지게 될 것이다. 현재와 주어진 환경에 대해 겸손한 자세로 충실하게 사는 법을 배우게 될 것이다.

겸손이 미덕이라는 것을 알지만 진짜 겸손한 사람이 되기는 어렵다. 하지만 경험을 통해서 깨달음의 눈이 열리면 가능하다. 깨달음은 아는 것보다 더 많이 알게 하고, 아는 것에서 오는 힘보다 강하고 사람을 빠르게 성장시킨다. 아는 것이 지식을 습득하고 학문을 하는 데 유용하다고 한다면, 깨달음은 지혜로써 삶을 살아가는 데 반드시 필요한 배움의 한 축이다. 깊고 넓은 지식은 과학과 사회를 발전시키는 데 꼭 필요하지만 사람이 함께 살아가는 데 있어서 도움이 되지 않는 것도 많다. 학교에서 배우는 많은 것들은 사회에 나와서 학자가 되지 않는 한 더 이상 사용하지 않는 것이 더 많다. 학교에서 지식을 가르쳐야 하지만 경험을 통해 배우게 하는 것도 놓치지 않아야 한다. 대학의 역사를 돌이켜보면 학생과 교수 사이에 이루어지는 교감을 통해 지식보다 경험을 통해 보고 배우는 것이 더 많았다. 대학이 상업화되고 규모가 커지면서 학생 숫자가 많아지고 대량으로 쉽게 교육생을 평가해 배출하기 위해 시간이 많이 걸리는 경험을 가르치는 일은 뒷전으로 밀려나게 됐다.

내가 운영하던 회사의 직원이 퇴사를 하고 여자 친구와 함께 빵집을 개업했다. 장사가 잘되는 좋은 위치에 있는 빵집을 인수했기 때문에 개업 이후 실적은 좋았다. 공교롭게도 6개월 정도 지난 시점에 중동에 전쟁이 나면서 전 세계 경제가 냉각되고 한국 경제도 나빠져서 빵집 운영이 어려워졌다. 그래서 재입사를 요청했고 다시 채용됐다. 재입사한 그 직원은 더 이상 이전에 근무했던 그 사람이 아니었다. 다른 직원들이 회사에 대해 불만을 이야기하거나 경영진에 대해 부정적으로 이야기하면 회사가 그렇게 할 수밖에 없는 이유를 설명하며 사장 혹은 경영자의 관점에서 이야기했다.

그는 회사 혹은 윗사람에게 잘 보이기 위해 그런 이야기를 한 것이 아니었다. 빵집을 운영하면서 아르바이트 직원을 고용해 일을 시켰는데 그들이 왜 그렇게 일을 못하는지, 원하는 대로 일을 안 하는지 정말 마음에 안 들었다고 했다. 일은 제대로 하지 않으면서 급여는 꼬박꼬박 받아가는 것처럼 보여서 미웠다고 고백했다. '두세 명의 아르바이트생으로도 이렇게 속이 썩는데 수백 명의 직원을 데리고 회사를 운영하는 사장님은 얼마나 속이 썩었을까' 하는 생각이 들었다고 했다. 가게 앞으로 걸어오는 누군가의 발소리가 들리면 저절로 귀가 쫑긋해지고 가슴이 뛰면서 저 사람이 가게로 들어올까 아니면 그냥 지나갈까 노심

초사하게 되더라고 한다. 그러다가 그냥 지나가면 순간 실망감으로 가슴이 아팠다고 얘기했다. 그런 식으로 하루에 수백 번의 좌절과 실망감을 겪으며 빵집을 운영했던 경험은 직장 생활을 하면서는 절대로 볼 수 없는 것을 보는 눈을 열었다고 한다. 그는 창업으로 '거거거중지 행행행리각去去去中知 行行行裏覺(가고 가고 가는 가운데 알게 되고, 행하고 행하고 행하는 속에 그 뜻을 깨닫게 된다)'을 몸소 체험한 것이다. 이것이 창업 경험을 통해 얻는 백만 불짜리 눈이다.

직장은 최고의
창업사관학교

직장 생활을 열심히 해야 하는 이유

강의에서 자주 받는 질문이 있다.

"저는 대학생이고 창업하고 싶은데 지금 바로 창업하는 것이 좋을까요? 아니면 직장 경험이나 사회 경험을 한 후에 창업을 하는 것이 좋을까요? 어느 쪽이 성공 가능성이 높나요?"

성공 가능성이 가장 높은 창업을 들라면 나는 당연히 직장 경험을 통해 배운 것들로 창업하는 경우를 꼽는다. 직장 경험이나 사회 경험을 하지 않은 채 시작하는 사업은 시행착오의 위험이 더 높다. 그래서 앞에서 이야기했듯이 성공한 창업가들의 첫 번째 사업 아이템조차도 많은 경우 잘못된 아이템이었고 번개같이 실패할 수밖에 없었다. 두 번째, 세 번째 새로운 사업 아이디어를 시도하고서야 회사가 자리를 잡기 시작한다. 물론 그때까지 회사가 망하지 않고 생존해 있어야만 가능한 일이다.

이와는 다른 길을 걷는 경우도 있다. 나의 창업이 그런 경우다. 나는 컴퓨터를 전공하고 컴퓨터 관련 회사에서 10여 년을 엔지니어와 연구원으로 일했다. 다양한 분야의 개발과 연구를 했지만 직장 생활 마지막 3~4년간은 인터넷과 전자 상거래, 전자 지불 분야 그리고 전자 지불을 만드는 데 필요한 기술인 암호 관련 연구를 했다. 정말 재미있게 열심히 일했다. 그랬더니 관련 분야의 기술, 제품, 회사 등에 대해 정통하게 되었고 앞으로 이 시장이 어떻게 변화할지, 무엇이 필요한지 알게 되었다. 그러다가 회사에서는 제약이 많아 할 수 없는 일을 직접 시도하기 위해 회사를 만들어 내 생각과 계획대로 제품을 만들었다. 회사를 창업하면서 만든 첫 번째 제품과 첫 번째 서비스들이 그 원형을 유지하며 20년 가까이 지난 지금도 주력 사업으로 남아 있다. 다른 부가 제품들이 추가되었지만 사업의 근간이 바뀌지는 않았다. 내 창업의 진짜 원동력은 바로 직장에서 배운 것과 경험이다. 그래서 창업의 첫 번째 시도가 시행착오를 겪지 않고 바로 자리를 잡을 수 있었던 것이다.

나는 직장을 '창업준비학교'라고 부른다. 중·고등학교와 대학교는 사회를 준비하는 곳이다. 돈을 내고 배우는 곳이다. 그러나 직장은 돈을 받으며 특정 산업과 경제와 기술을 배우는 곳이다. 회사를 위해 성과를 내고 성과를 내기 위해 노력하면서 얻는 지식의 최대 수혜자는 회사가 아니라 바로 '나'다. 회사는 학교와 다르게 이론을 배우고 시험을 통해 평가 받는 곳이 아니다. 회사는 실행을 하고 결과로 평가 받는 진짜 학교다. 학교에서 성실하지 않았던 학생들은 졸업 후 진로에서 선택의 폭이 좁아진다. 회사라는 학교도 마찬가지다. 회사라는 학교에서 성실히 학습하고 좋은 결과를 만들어낸 학생(회사원)은 다른 회사에서 더 높은 연봉을 제시하며 스카우트 제의를 받기도 한다. 회사에서 자신이 담당하는 제품이나 산업에 정통한 지식을 습득하면 그 분야에서 선두가 될 기회가 있다. 이런 직장인들이 회사에서 몰입했던 분야에서 창업하면 그 첫 번째 아이템으로 성공할 가능성이 매우 높아진다. 창업준비학교에서 우등생이기 때문이다.

내가 대기업과 합작으로 창업한 회사를 창업 5년 만에 미국 〈포춘〉이 평가한 세계 250위의 글로벌 기업에 매각한 적이 있다. 미국 회사들은 사업체를 인수하는 경우 기존의 창업자나 경영진들에게 일정 기간 함께 일하도록 요구한다. 나도 1년 반을 미국 회사의 한국 지사장 자격으로 함께 일했다. 이들과 함께 일하면서 주변 사람들에게 나는 이렇게 이야기했다.

"참으로 감사하다. 내게 다른 사업을 잘하라고 큰돈 주면서 우리 회사를 사줘서 고맙고, 나에게 높은 연봉 주면서 세계적인 기업의 경영 시스템을 가르쳐줘서 너무 고맙고, 또 1년에 수십 번씩 다양한 사람들이 자신들의 비용으로 한국까지 와서 나에게 '최고급 비즈니스 영어를 개인 과외' 시켜줘서 덤으로 고맙다."

농담으로 하는 말이 아니었다. 진짜로 그 시기에 나는 엄청난 배움과 경험을 얻었기 때문이다. 한국 회사의 직장 경험과 창업 경험만 했던 나로서는 글로벌 기업들의 경영 방식을 회사 내부에서 함께 경험해 보고 배우는 정말 신선한 기회였다. 외국의 유수 대학에 유학하면서 수억 원의 학자금을 내고 MBA 학위를 받으며 배우는 것보다 더 값진 살아 있는 배움이었다. 그때 배우고 알게 된 많은 지식들이 지금도 후배 창업가들을 돕는 데 큰 밑거름이 되고 있다. 물론 그때 개인 교습 받아 일취월장한 영어 실력 덕분에 해외에서 살 수 있을 만큼의 영어를 구사하게 되었다.

나는 '목구멍이 포도청'이라는 말을 정말 싫어한다. 특히 젊은이들이 이런 이야기를 하는 모습을 보면 슬퍼진다. 벌써부터 직장 학교에서 배움을 통해 얻을 수 있는 모든 희망을 접고 스스로를 '먹고 사는 문제'라는 감옥에 가둬버리면 진짜 희망이 없는 인간이 되기 때문이다. 아직 시간도 많고 기회도 무궁무진하다. 지금 조금 힘들고 뒤쳐져 있더라도 역전의 기회는 아직 많다.

직장을 다니는 진짜 이유는 무엇인가? 내가 몸담은 직장에 대해 애정을 가지고 기여하고 스스로 계속 성장하면서 이 직장에서 자신의 꿈을 실현하는 것이 첫 번째 목표다. 물론 모든 사람이 같은 목표를 가질 수는 없다. 평생직장이라는 환경은 급속히 사라지고 있기 때문이다.

어떤 사람들은 직장 자체가 궁극의 목표가 아니라 미래의 일을 준비하면서 배우는 '학교'로서 회사에서 일을 하기도 한다. 식당을 개업하기 위해 비슷한 업종의 식당에 3~6개월 동안 급여도 받지 않고 무상으로 설거지 같은 일을 하면서 식당 일을 배우는 것과 같은 원리라고 할 수 있다. 다만 직장에서는 급여도 받으면서 일을 배우는 것이 다를 뿐이다. 만일 나중에 그 분야의 한 영역에서 창업할 생각을 가지고 있다면 회사를 다니면서 더 많은 사람을 만나고 하나라도 더 배우고 경험하고 알고 싶어 해야 한다. 시키지 않은 일에도 관심을 가지고 조사하고, 남들이 하기 싫어 하는 것도 먼저 알아보고, 힘든 도전도 해보면서 나중에 창업을 했을 때 얼마나 어려울 것인지를 미리 가늠해볼 수 있는 실험장이 바로 지금 다니고 있는 직장이다. 이것이 바로 직장을 다니는 두 번째 이유가 될 수 있다. 그러므로 좋은 직장을 찾지 말고 좋은 일(아이템)을 찾아야 한다.

'내가 다니는 회사 혹은 맡은 업무가 관심 분야가 아닌데 회사의 안정성과 명성 혹은 높은 급여 때문에 계속 다니고 있는 것이 아닌가?'라는 의문이 든다면 그 직장을 빨리 그만두고 관심 분야의 일을 할 수 있는 회사로 옮겨야 한다. 급여가 줄어드는 것이 고민인가? 회사가 크거나 유명하지 않아서 고민되는가? 이런 이유들로 현재의 직장에 연연해 계속 다니는 것은 소탐대실하는 어리석은 결정이다. 시간과 인생이라는 가장 비싼 보물을 허비하는 일이다. 항상 현재보다 미래를 생각하고, 미래에 무게중심을 두고 결정해야 한다. 현재의 번듯함이 미래에 더 긴 고통을 가져올 것이다. 현재의 풍족함과 편안함이 미래에 더 긴 부족함과 불편함을 가져올 것이다. 더 큰 도전은 인간 수명이 연장되면서 그 미래가 상상을 초월할 만큼 더 길어질 가능성에 있다는 것이다.

직장을 다니는 이유가 무엇이건 하는 일에서 미래의 비전을 발견하고 그것에서 탁월한 역량을 가질 수 있도록 집중하며 열심히 일할 수 있는 것이어야 한다. 이것이 바로 회사 일을 열심히 해야 하는 이유이다. 회사를 위해서가 아니라 바로 자신의 미래를 위해서 일을 열심히 해야 한다.

확고히 좋아하는 일이 무엇인지 아직 분명하지 않은가? 급여가 줄고, 더 작은 회사로 옮길 만큼 확신이 없는가? 자신의 진로에 대해 분명한 철학이 아직 없는가? 그래서 아직 어디로 나아갈지 길을 알 수 없는가? 그렇다면 한 가지 길을 알려주겠다. 그것은 현재 다니는 직장과 거기서 주어진 환경과 일에 충실하는 것이다. 대학 입학 시험 성적에 맞춰서 지원했다가 합격해서 공부한 전공 분야이거나, 어쩌다가 합격해 다니게 된 직장에서 일방적으로 맡은 업무이건 상관없이 그 일을 진짜 열심히 해보라. 몰입해보라. 충실하며 최선을 다해보라. 일의 의미를 발견하려고 노력해보라. 이 사회에 있는 모든 일에는 그것이 범죄이거나 사회 윤리에 위배되지 않는 한 다 의미도 있고 재미도 있다. 거기에 미래의 희망이 있다. 어쩌다가 주어진 분야라 하더라도 그 속에 대박 성공의 기회가 수도 없이 많다. 일의 의미나 미래의 희망은 그 일에 충실한 사람에게만 보이는 파랑새다. 일의 의미와 재미를 발견한 사람만이 생존의 문제라는 중력의 힘을 뚫고 성층권까지 올라갈 수 있다. 성층권으로 올라가면 그 분야에도 크고 많은 기회가 있다는 것이 보이기 시작한다. 그때가 바로 직장학교를 졸업하고 자신의 일을 시작할

'때'다.

다시 처음 질문으로 돌아가 보자. 창업할 때 가장 성공할 가능성이 높은 창업은 직장에서 열심히 일하며 전문성을 쌓은 후에 그 분야의 기회를 찾아서 창업하는 것이다. 그러나 전문성과 인사이트는 꼭 직장 생활을 통해서만 쌓이는 것은 아니므로 대학생들도 그 분야의 전문성과 통찰을 가지고 창업한다면 성공 가능성이 높아진다.

사람들은 종종 대학생을 어린아이처럼 여긴다. 대학생이 무엇을 알겠느냐, 무엇을 할 수 있겠느냐고 폄하한다. 어린이 심리를 다루는 다큐멘터리를 보아도 대여섯 살짜리 아이들도 알 것은 다 알고 느낄 것은 다 느낀다. 하물며 대학생들은 이들보다 얼마나 성숙했는가? 고등학생 또는 대학생이 직장 경험을 10년 한 직장인과 비교해 창업에 적합한가를 묻는다면 별 차이가 없다고 볼 수도 있다. 단지 나이가 많기 때문에, 사회생활을 많이 했기 때문에 지식이 더 많고 혜안이 생기는 것이 아니다. 오랜 직장 생활을 한 사람들은 전문성이 높을 것처럼 보이지만 들어내놓고 보면 그 전문성이라는 것은 알량한 지식이거나 틀린 속설에 불과한 것들도 많다. 그냥 그 세계에서 흘러다니는 검증되지 않은 속설들을 가지고 아는척할 뿐이다. 그런 앎은 오히려 잡음이 되어서 사물의 현실을 제대로 이해하는 데 방해가 된다. 오히려 백지 상태가 사물의 현실을 정확하게 볼 가능성이 있다. 전문성과 혜안은 시간의 투자도 필요하지만 더 중요한 것은 몰입이다. 몰입이 없는 시간 투자는 쓸모없는 것이다. 대학생들 가운데 특정 분야에 대해 상당한 전문성과 혜안을 가진 친구들을 종종 만나는데, 그는 이미 그 분야에서 몰입의 시간을 통과했다는 증거다.

글머리의 질문에 대한 답은 이렇다. 시기는 중요하지 않고 상관도 없다. 내면이 부른다면 지금 당장 창업하라.

무엇을 하고
살았는지 돌아보라

성공은 과거의 연장선이다

'창업 아이디어는 어떻게 떠올랐나요? 공동 창업자와 창업 자금은 어떻게 구했나요? 어떤 계기로 창업하게 되었나요?'

자주 받는 질문들이다. 이런 질문을 반복적으로 받으면서 발견한 공통점이 있다면 창업 직전이나 직후에 관한 질문에 집중되어 있다는 것이다. 창업을 마치 번뜩이는 아이디어와 찰나적인 기회와 순간적인 결단의 조합으로 보는 것 같다. 이전에는 별다른 준비가 없다가 창업을 하기로 결정할 때 그 순간의 어떤 결정적인 계기나 기회가 있었고, 그것이 결국 성공의 원인이 된 것으로 가정하는 것 같다.

나는 프라이머 설립 초기에 어느 대학에서 강의를 했는데, 강의 후 한 여학생이 찾아와 패션과 관련된 사업계획서 검토를 요청했다. 적절한 도표와 논리들로 만들어진 좋은 자료였고, 학교 숙제나 경진대회용으로는 A학점을 받을 만했지만 진짜 사업을 하기에는 부족해 보였다. 그러나 이야기를 나누던 중 그 여학생이 공대생이지만 패션 분야에 오랫동안 관심을 가지고 있었고, 단순한 관심에서 그치지 않고 구체적인 시도를 거듭해왔었다는 것을 알게 되었다. 심지어 패션 관련 스타트업을 만나러 영국까지 자비로 다녀왔다. 짧은 대화를 나눴는데 지식과 내공이 느껴졌다. 그동안 패션 관련 사업 제안이나 계획서는 많이 받아 보았다. 그런 사업계획서에 들어 있는 계획과 이야기들은 언론이나 책 등을 통해 남이 한 이야기를 반복한 것이 대부분이었다. 그러나 이 학생의 이야기에는 전적으로 자신이 경험하고 오래 생각한 결과물 즉 독창적인 생각이 들어 있었다. 나는 만난 지 한 시간도 되지 않은 시점에 즉석에서 투자를 제안했다. 그 회사가 바로 국내 1위의 모바일 패션 서비스를 제공하는 '스타일쉐어styleshare'다.[14]

창업하는 순간의 계기도 중요하다. 그러나 창업 이전 5~10년 동안 무엇에 관심을 가지고 얼마나 집중했으며 구체적으로 무엇을 시도해 왔는지가 더 중요하다. 상당 기간의 경험으로 축적한 그 분야의 시장과 제품과 고객에 대한 혜안이 필요하다. 어떤 경우에는 직장 경험은 없지만 상당 시간 동안 그 분야에 집중했던 아마추어 대학생들이 오히려 그 분야의 직장에서 수년간 일했던 직장인이 가진 어설픈 지식 이상의 수준 높은 지식과 혜안을 가진 경우도 자주 만난다.

일상의 기록을 남기고 모으는 서비스를 만들면 사람들이 좋아할 것이라고 하면서도 정작 자신은 과거에 일기를 수년 동안 꾸준히 써왔거나 일상을 기록한 경험에서 나온 노하우나 혜안이 없는 경우가 많다. 그것은 사업을 추진하고 다른 사람들을 설득해 서비스를 쓰도록 만들 수 있는 깊이 있는 관심이 아니라 단순한 호기심에 불과한 것이다.

이런 경우도 자주 만난다. 10년간 공부해서 생물학 분야의 박사 학위를 취득하고 그 후 5년간 생물학 연구소에 다니던 연구원이 찾아와서 창업을 하겠단다. 생물학 분야의 어떤 기회를 찾았는지 궁금해서 물어보았더니 '애완견 관련 소셜 네트워크 서비스'를 만들겠다고 한다. 그럼 프로그래밍은 할 줄 아는가 물었더니, 할 줄 모르고 개발자를 채용해서 개발하겠다고 한다. 소셜 네트워크는 활발히 사용하는지 물었더니 이 사업을 하려고 최근에 여러 소셜 네트워크에 가입해서 조사하고 있다고 한다. 안타까웠다. 박사 학위를 위해 대학부터 거의 10년 그리고 연구소에서 5년, 총 15년이라는 인생을 투자한 분야에서 창업의 기회를 찾지 못했다니 안타까웠다.

창업 단계에서 무엇을 하면 성공할 수 있는지 묻는다면 나는 이렇게 대답하고 싶다.

"아쉽게도 성공 요인 대부분은 창업 단계에서 이미 결정되었다. 확인하고 싶다면 당신이 과거 5년 혹은 10년간 무엇을 하고 살았는지 돌아보라. 그것이 답을 말해줄 것이다."

과거에는 주어진 환경에서 학교 공부만 열심히 하고 남들의 기대에 맞춰 살았기에 자신이 '좋아하는 것, 관심 가는 것'을 발견하고 몰입할 기회를 얻지 못했는가? 그러나 좌절하지 마라. 최소한 성실하게 살았다면 시간과 경험을 허비한 것이 아니고 아직 기회와 시간은 많다. 지금이라도 요행과 같은 찰나의 기회를 추구하거나 다른 사람들을 따라가지 말고 자신에게 주어지는 특정한 분야에 앞으로 5~10년간 최선을 다하고 충실히 몰입하기를 바란다. 돈보다 마음이 가는 일을 선택해 그 분야에서 최고가 되려고 노력하라. 직장인이라면 정말 열심히 현재 맡은 일을 하라. 거기에서 당신만의 행운을 발견하게 될 것이고 기회의 문이 열릴 것이다. 성공의 비결은 '찰나의 순간'에 있는 것이 아니라 지난한 '과정' 속에서 자라난다.

사업하기
좋은 날은 없다

트렌드와 타이밍 함정에서 벗어나는 법

〈바람피기 좋은 날〉(2007)이라는 영화가 있다. 사업하기 좋은 날도 있을까? 이런 질문들도 자주 받는다.

'요즘이 과거에 비해 창업하기 좋은 시기인가요? 창업 환경이 좋아졌나요? 지금 트렌드가 무엇인가요? 창업하기 좋은 아이템은 언제 얻어지나요?'

타이밍과 결정적 한 수를 기대하는 것은 비단 도박에만 있는 것이 아닌가 보다.

한참 뜨는 분야에서 창업을 해도 90퍼센트는 망한다. 주목 받지 못하는 분야에서 창업해도 최소 10퍼센트는 성공하고 그중에 일부는 큰 성공을 이룬다. 성공의 주된 요인은 자신이 가진 경쟁력이다. 외부 환경과 트렌드가 사업 성공의 중심 요인이 아니다. 트렌드라고 언론과 책에 등장하면 그것은 이미 한물간, 가공된 정보라는 말이다. 그 분야에서 오랫동안 집중해왔던 전문가도 아닌데, 유행을 좇아 창업하는 것은 남들이 이미 지나간 길에서 뒷북치는 것이라고 스스로를 설득하라. 페이팔 창업자 피터 틸Peter Thiel은 자신의 책 《제로 투 원Zero to One》 서문을 이렇게 시작했다.

"비즈니스의 세계에서 모든 순간은 단 한 번밖에 일어나지 않는다. 앞으로 그 누구도 컴퓨터 운영체제를 만들어서 제2의 빌 게이츠가 될 수는 없다. 검색엔진을 만들어서 제2의 래리 페이지Larry Page나 세르게이 브린Sergey Brin이 될 수도 없으며, 또 다시 소셜 네트워크를 만들어 제2의 마크 저커버그가 될 수도 없다. 이들을 그대로 베끼려는 사람이 있다면 정작 이들로부터 아무것도 배우지 못한 것이다."

진짜 큰 기회를 찾는다면 트렌드로부터 가능하면 멀리 떨어져라. 트렌드와 타이밍을 논하는 디지털 점쟁이들의 말을 믿지 마라. 자신이 가진 것이 무엇이고 얼마나 준비되었느냐가 더 중요하고 거기가 출발점이다. 기회를 놓칠 것 같은 조급함이 트렌드를 신경 쓰게 만든다. 조급한 마음은 판단력을 흐리게 만들 뿐이다. 자신의 것이 아닌 트렌드에 성급하게 올라타지 마라. '설국열차'의 꼬리 칸에 탄 자신을 발견하게 될 것이다. 남이 만든 판에 들러리를 서서 그 판의 잠재성을 현실로 만드는 데 기여하며 그 판을 만든 사람이 성공하는 데 일조하면서 자신은 장렬히 희생당하고 있을 가능성이 높다.

투자를 제안하는 사업계획서를 검토하다 보면 묘한 공통점을 발견한다. 일정 기간 동안 거의 같은 비즈니스 모델의 사업계획서가 계속 접수된다. 내용도 비슷비슷하다. 어디서 본 것 같은데, 주로 신문 기사로 소개된 앞선 기업의 성공 요인을 베껴서 자신들도 그렇게 하겠다고 적은 것이다. 언론이나 방송에서 어떤 회사의 성공을 매우 설득력 있게 소개해서 많이 회자되고 나면, 그 이후 수개월 동안은 그것과 비슷한 사업계획서가 접수된다. 제목과 논리와 성공 방정식이 모두 같다.

1990년 말에 내가 창업했던 이니시스가 언론을 통해 본격적으로 알려지기 시작한 시기는 2000년 초였다. 온라인 전자 지불이 미래에 매우 유망한 분야로 소개되었다. 그리고 2002년에 한국의 전자 지불 벤처가 200개가 넘었다. 10년이 지난 2015년 코스닥에 상장되어 있는 전자 지불 전문 회사는 이니시스를 포함해 두 개뿐이다. 유행에 편승하려 하지 말고 스스로 변화를 이뤄내야 한다. 유행은 왔다가 가고 또 온다. 유행은 단지 사람들의 가십거리일 뿐이다. 사람들의 '행동'을 불러일으키는 변화를 만들어야 한다.

트렌드와 더불어 타이밍도 많이 고민한다. 어쩌면 창업에 적합한 타이밍을 고민하는 것이 아니라 지금 다니는 회사를 그만둘 타이밍을 고민하는 것이 아닐까? 내용 없이 타이밍을 왜 먼저 고민하는가? 또한 분명한 내용이 있다면 타이밍은 왜 따지나? 창업을 먼저 결정하고 아이템을 나중에 생각하면 초읽기 함정에 빠질 위험이 있다. 타이밍을 계산하기보다 먼저 내실을 쌓자. 내실이 차고 넘치는 때가 바로 타이밍이다.

사업의 기회는 무궁무진하고 영원하다. 인간의 욕구는 끝이 없기 때문이다. 조급해할 필요가 없다. 소비자는 지금 만족하더라도 금방 더 편하고, 더 빠르고, 더 싼 것, 더 고급스러운 것에 갈증을 느낀다. 더 좋은 것으로 옮겨가는 것이 인간의 본성이다. 인간 욕구의 진화가 중단되면 사업의 기회도 중단된다. 그러나 그런 일은 결코 일어나지 않는다.

사업하기에 적합한 시기란 없다. 항상 좋은 시기이니까. 미국의 대표 스타트업 인큐베이터인 와이 콤비네이터$^{Y-Combinator}$의 샘 올트먼$^{Sam\ Altman}$은 강의 중에 이런 말을 했다.

"정말 중요하기 때문에 다시 한 번 강조하고 싶습니다. 아이디어가 먼저 오고 스타트업은 그 뒤이어야 합니다. 꼭 탐구하고자 하는 아이디어가 떠오른 다음에 스타트업을 시작하시기 바랍니다. 이것이 여러 아이디어 중 하나를 고르는 방법이기도 합니다. 여러 개의 좋은 아이디어가 있다면 본인이 일에 대해서 생각하지 않을 때 가장 많이 생각하게 되는 아이디어를 발전시키길 바랍니다. 저희가 창업자들에게 계속해서 듣게 되는 이야기는 정말 사랑할 만한 아이디어가 생길 때까지 기다렸으면 좋았을 것 같다는 이야기입니다."

 남들이 뛴다고 덩달아 뛰지 마라. 어디 빠른 길 없느냐고 두리번거리지도 마라. 날아가는 놈 부러워도 마라. 조급해하지도 마라. 기회는 항상 있으니, 지금 하고 있는 일을 잘하라. 이것이 정답이다. 자신이 갈 길을 뚜벅뚜벅 꾸준히 가는 것이 가장 빠른 지름길이다. 이런 사람은 사업하기 좋은 자신만의 날을 스스로 만든다.

참을 수 없는
창업의 욕구

스텔스 모드로 시작하기

과거를 돌아보면 내가 바로 스텔스 모드 Stealth mode 창업가였다. 데이콤연구소에서 PC통신 천리안 서비스의 멀티미디어를 연구하면서도, 나는 PC통신 서비스 자체에 관심이 많았다. 그래서 개인적으로 UNIX 기반의 BBS Bulletin Board Service 라는 소형 PC통신 서비스를 개발했다. 당시 PC의 도스나 윈도우 환경에서 하나의 세션만 지원하는 공개 BBS 프로그램이 있었고, 개인이 집에서 이 공개 BBS 프로그램으로 게시판을 운영하는 사람도 많았다. 하나의 세션만 지원하는 것이 만족스럽지 않았던 나는 아예 UNIX 환경에서 멀티 세션(여러 사람이 동시에 접속해서 사용)을 지원하는 BBS를 설계하고 개발·제작했다. 회사 업무를 마친 퇴근 후와 주말 시간을 이용해 1년 넘게 개발해 서비스를 오픈했다.

 사업을 하겠다는 구체적 계획은 없었는데, 왜 그랬을까 생각해봤다.

 첫째, 회사에서 주어진 일은 개발에 대한 나의 열정을 만족시키지 못했다. 이런 아이디어, 저런 아이디어를 내어 제안해봐도 회사 조직이라는 한계 때문에 진행할 수 없었다. 그럼 내가 직접 해봐야 하겠다고 생각했던 것이다. 요즘 식으로 말하면 구글이 회사가 제공한 근무시간의 20퍼센트를 개인 프로젝트로 만들어 넘치는 열정을 소화했던 것과 같다.

둘째, 내가 만들던 BBS 프로그램에 내장된 기능 하나는 실제로 1년쯤 후 회사 업무에 적용해서 엄청난 이익을 내게 했다. 그때에도 여전히 사업을 하겠다는 구체적인 생각이 없긴 했지만, '어떤 것을 만들면 기존의 것보다 뛰어나서 돈을 벌겠구나' 하는 사업 기회의 냄새 정도는 맡았다.

셋째, 다른 사람의 제약을 받지 않고 온전히 내가 구상하는 것을 만들고 싶다는 욕구가 너무나 강했다. 내가 만들고 싶은 것을 독자적으로 만들어 세상에 선보이고 싶다는 욕구였다. 거의 2년 가까이 밤 시간과 주말을 반납하며 혼자 개발하고 또 서비스 운영도 했다. 서비스를 위해 1000만 원이 넘는 거금을 들여 삼보컴퓨터에서 UNIX 워크스테이션workstation을 사서 집에다가 설치했다. 집에 온 설치 기사는 '집에다 이런 워크스테이션을 설치하는 사람은 대전 연구 단지에서도 처음 본다'고 말했다.

이런 경험이 창업에 직접적으로 연결된 것은 아니지만 창업 이후에 큰 도움이 되었다. 만일 그때 나를 제대로 도와주고 가이드 해주는 조력자가 있었다면 시행착오를 덜 겪으면서 좀 더 일찍 자리 잡은 회사가 되지 않았을까 생각해본다.

나는 직장에서 열심히 일하는 사람들 가운데 자신의 전문 영역에서 얻은 '인사이트'와 넘치는 '열정'을 이기지 못하고 괴로워하는 사람들이 많다는 것을 안다. 그런 사람들에게 뭔가 해볼 수 있는 길이 지금 당장 회사를 그만두는 것만은 아니라고 말하고 싶다. 실리콘밸리에서 공식 용어로 자리 잡은 스텔스 모드 창업이 있다. 예외도 있지만 회사 생활에는 의외로 시간이 많다. 그 자투리 시간을 이용해서 자신이 정말

하고 싶은 것을 구현하고 있는 사람들도 많다. 나와 비슷한 그런 사람들을 만나 과거의 나를 느끼면 즐거움도 얻고 또 도움도 주고 싶다. 그래서 새로운 아이디들이 구현되고 세상에 쓰여지는 모습을 보고 싶다. 스텔스 모드에 있는 사람들끼리는 서로 보이고 통하는 법이니까.

  2015년 초에 국내 유수의 IT 대기업에 다니던 심상민·조목련 부부가 사이드 프로젝트로 만든 '이케아 전 세계 가격 비교 서비스'를 보고 연락해 화상회의로 만났다. 부동산 서비스를 창업할 생각이 없냐고 제안하고, 수개월간 회사 다니면서 함께 사업 계획을 세우고 창업한 회사가 바로 국내 1등 부동산 종합 정보 서비스인 '호갱노노'다. 서비스 시작 3년 만에 거액으로 직방에 인수되며 승승장구하고 있다. 선배 스텔스모드 창업가가 후배 스텔스모드 창업가와 통하는 장면이다.

잘 모르면
쉬워 보인다

창업 아이템 찾기

소프트웨어(이하 'SW'로 표기) 외주 업무를 주로 하던 회사에서 내가 창업한 전자 지불 서비스를 제공하는 이니시스로 이직한 직원이 말한 이야기다. 컨설팅이나 용역 개발은 최신 이론과 유행에 따른 설계 그리고 예쁜 디자인을 입힌 SW 시스템을 개발해 발주자에게 전달하고 사용성과 오류 여부를 확인하는 검수 과정을 거쳐 돈을 받으면 일이 마무리된다고 한다. 그 SW 시스템이 오류가 없는 한 사용자들이 좋아하는지, 얼마나 사용하는지, 또 그 시스템으로 발주자가 얼마나 돈을 벌 수 있는지는 관심사도 아니었고 또 상관이 없었다. 그런데 전자 지불 서비스를 제공하는 이니시스에서는 설계와 개발이 끝이 아니라 그 시점이 진짜 해야 할 일과 고민의 시작이라는 것을 알게 되었다고 한다. 완성된 SW 시스템으로 고객에게 직접 서비스하고 고객이 좋아하도록 만들고 그것으로 돈까지 벌어야 하니 부담이 몇 배로 크다고 했다. SW 개발자 세계에도 경험해보지 않고서는 상상하지도 이해하지도 못하는 영역들이 많다. 같은 SW 개발자라 하더라도 경험해본 적이 없는 다른 영역으로 들어가면 기존의 경력과 상관없이 초보자가 되고 만다.

개발자 없는 스타트업들이 급한 마음에 '외주'로 제품·서비스를 개발하는 사례를 자주 접한다. 정말 말리고 싶다. 겉으로는 똑같은 기능을 하는 SW라 하더라도 그 시스템 내부의 코드는 쓰레기부터 명품까지 다양한 것으로 채워진다. 둘 다 겉으로는 같은 기능을 하고 잘 돌아가는 것처럼 보인다. 용역을 발주할 때는 고객 친화적이고 스마트한 시스템을 상상하지만 결과물을 받아보면 관료적인 회사들이나 공공 기관의 SW 시스템 같은 것을 받는다. 시간은 시간대로, 노력은 노력대로 들이고 막상 고객에게 나쁜 첫인상만 남기면서도 돈은 돈대로 낭비하는 경우가 비일비재하다.

기술이 없으면서 IT회사를 왜 창업할까? 잘 모르기 때문에 쉬워 보이고 더 커 보이고 먹음직스러워 보인 것은 아닌지? 공동 창업자 중 누구 하나는 사업의 핵심 분야에 대해 최고 수준의 지식과 기술을 갖고 있어야 한다. SW회사에서 기획자로 일해본 경험도 없는 비개발자 창업자는 SW 개발자와 커뮤니케이션하는 방법을 모른다. 무엇을 요구해야 하고 어떻게 자신의 생각을 표현하고 전달해야 하는지도 모른다. SW상에서 무엇이 구현 가능하고 무엇이 안 되는지도 모른다. 더 큰 문제는 용역을 발주하는 시점에는 창업가 자신도 만들고 싶은 것이 무엇인지 정확하지 않다는 것이다. 막연히 이런저런 좋은 것을 기대하고 제품 개발을 시작한다. 용역 개발로 완성된 제품을 본 후에야 자신이 기대했던 것이 아닌 것을 알게 되고 용역 회사와의 다툼이 시작된다. 집요하고 꼼꼼하게 시나리오를 만들고 직접 사용해보면서 개발 과정에 함께 참여해야 하지만 SW 분야에 일을 해본 경험이 없으면 쉽지 않다. 더구나 용역 개발 회사가 그런 스타일로 일을 하지 않는다. 혹시 용역 개발을 통해 제품이나 서비스를 개발하기로 했다면 초기 개발 비용보다 수정과 보완에 들어갈 예산을 두세 배 책정해야 한다. 첫 번째 제품이나 서비스는 최소한 간단한 기능만 담은 제품을 만들어야 한다. 핵심 기능만을 구현한 제품을 말한다. 그것을 먼저 개발해 고객에게 선보이고 고객의 반응을 보면서 지속적으로 업그레이드하고 보완해야 한다. 그런데 적은 돈에 이런 방식으로 일하면서 살아남을 용역 회사는 없다는 것이 또 다른 문제다.

　수개월 동안 SW를 개발해 버전 1.0 제품을 완성하면 즉시 돈을 벌 것으로 생각하지만 버전 1.0은 완성이 아니라 시작일 뿐이다. 고객 친화적인 시스템은 한 번의 구상과 설계와 개발로 만들어지는 것이 아니라 고객이 사용하는 과정을 관찰, 측정하고 분석해 개선하는 수년간의 과정을 통해 만들어진다. 개선의 과정도 빠르게 의사소통하며 타이밍을 놓치지 않도록 시의적절해야 한다. 용역 회사와 공문이 오가고 회의 날짜 약속하고, 회의하고 회의록 작성해 서로 확인하고 나서 개발해 수정된 기능을 선보이는 시간 동안 고객은 기다려주지 않고 떠난다. 눈에 띄면 즉시 해결하고, 즉시 개선해야 한다.

　개발자 없이 IT회사를 창업하는 것은 답이 없는 스토리다. SW 개발자도 아니고 SW 개발자인 공동 창업자가 없는데도 왜 굳이 IT회사를 창업하려고 하는지를 스스로 돌아보라. 신문이나 인터넷의 선동에 부화뇌동하는 것이 아닌지 물어보라. 자신이 잘하는 것에서 창업하지 않고 굳이 SW 분야에서 해야 하는 이유를 물어보라. 모르는 분야에 들어가서 전쟁을 벌이면 위험하다. 자신이 잘하는 분야에서 창업 아이템을 찾고 시작해야 한다.

자유롭게
장점을 취하라

팀 창업과 나홀로 창업

스타트업은 '팀 창업'을 해야 한다는 이야기가 대세다. 해외 유명 VC(벤처 투자)들도 팀을 구성해야 투자한다고 하고, 성공한 해외 스타트업들도 팀 덕분에 어려움을 이기고 성공했다는 고백을 자주 한다. 국내 유명 투자자들도 팀으로 창업하라고 권한다. 그래서 그런지 '팀 창업'만이 유일한 대안으로 알려질 뿐 다른 의견은 별로 없다. 앞서도 이야기했지만 나는 조금 다른 창업 경험을 했다. 10년 이상 다니던 회사를 그만두고 혼자 여러 회사를 창업하고 동시에 CEO를 맡으며 경영한 경험을 했기 때문에 '팀 창업'이 표준이고 나는 예외 케이스라고 스스로 생각했다. 그런데 주변을 돌아보면 많은 성공한 창업자들이 '팀 창업'보다 '나 홀로 창업'을 했다는 것을 발견한다. '팀 창업'을 한 경우에도 공동 창업자 때문에 어려움을 겪는 팀이 더 많았고 오히려 공동 창업자와 헤어진 후에 혼자 사업을 다시 일으킨 경우도 많았다.

'팀 창업'을 반대하는 것은 아니지만, 홀로 창업하는 것이 '팀 창업'보다 열등한 창업이거나 '팀 창업'이 성공 확률이 더 높은 창업이라고 이야기하는 것은 틀렸다고 이야기할 수 있다. 창업을 준비하는 예비 창업가들도 강박적으로 팀 구성에만 너무 매이지 말고 생각을 좀 더 넓히고 자유롭게 장점을 취하면서 속도를 낼 필요가 있다.

'팀 창업'의 장점은 무엇일까? '팀 창업'은 다양한 재능, 즉 마케팅, 개발, 디자인 등과 같이 한 사람이 다 갖추기 힘든 재능을 확보할 수 있다. 창업은 힘들고 고독한 여정이므로 공동 창업자들이 있으면 서로 위로와 격려가 되고 고민을 함께 나눌 수 있어서 힘이 되기도 한다. 공동 창업자들은 아무래도 급여를 받는 직원보다는 주인 의식이 있고 자발적으로 일하기 때문에 저비용으로 높은 효율을 내는 중심 멤버들이 여럿 있다는 것은 큰 장점이다. 그러나 '팀 창업'이 이론처럼 효과를 발휘하는 경우가 생각보다 많지 않다. 팀 창업이 장점을 발휘하지 못하면 더 큰 단점이 되어 스타트업의 발목을 잡고, 차라리 '나 홀로 창업'을 한 것보다 좋지 않은 결과를 만든다. 《당신의 기업을 시작하라》의 저자이자 투자자인 가이 가와사키 Guy Kawasaki는 공동 창업의 위험에 대해 이렇게 얘기했다.

"왜냐하면 대부분 당신이 현재 알고 있는 친구들 중에서만 찾을 것이기 때문이죠. 그들과 같이 모이고, 같은 비전을 갖고 있고, 같은 것을 좋아하는 등 자연적으로 가깝습니다. 그러한 '가까움'에 기대어 공동 창업자를 찾고 때로는 룸메이트와 같은 사람들을 신뢰하게 되죠. 그러나 그 '가까움' 때문에 위험이 존재합니다. (중략) 당신은 룸메이트를 CTO Chief Technology Officer(최고 기술 경영자)로 선임하게 되지만 1년 후 당신은 그가 CTO감이 아니라 단순한 초급 개발자라는 것을 깨닫게 되죠. 하지만 당신은 친한 친구이자 공동 창업자인 그를 쫓아낼 수 없는 교착 상태에 빠집니다."

어떤 경우에는 경영학을 전공한 CEO가 6개월 동안 코딩을 배운 것보다 컴퓨터를 전공한 친구가 코딩을 더 못한다는 사실을 막상 창업 당시에는 모른다. 그런데 이미 엄청난 지분을 제공하고 CTO라는 자리와 공동 창업자라는 자리를 채워버렸다. 그의 하부 조직(기술)은 최고 위치에 앉은 사람(CTO)의 수준을 넘기가 어렵다. 경영학이나 회계학을 전공하고 심지어 대학원에서 MBA를 마친 친구를 마케팅 공동 창업자로 앉혔는데, 파워포인트 문서나 보고서 작성은 잘하지만 정작 키워드 광고나 페이스북 마케팅은 어떻게 하는지 모르는 경우도 많다. 자사의 제품을 소개할 홍보 문구 하나도 매력적으로 만들지 못한다는 것을 나중에 발견하기도 한다. 마찬가지로 지분은 엄청나게 많이 분배했고, COO$^{Chief\ Operating\ Officer}$(업무 최고 책임자) 혹은 CMO$^{Chief\ Marketing\ Officer}$(최고 마케팅 경영자)라는 그럴듯한 타이틀의 자리에 앉히고 공동 창업자로 만들어버렸으니 되돌리지도 못하는 교착 상태에 빠진다.

초기 스타트업의 팀을 보면 다들 'C^{Chief}(최고)' 자가 붙은 그럴듯한 타이틀을 달긴 했지만 거기에 걸맞는 재능을 갖춘 사람을 찾기는 쉽지 않다. 나이가 어려서 전문적인 경험을 할 기회가 없었기 때문인데, 그러니까 잠재성과 재능을 갖춘 공동 창업자를 찾기는 정말 어렵다고 할 수 있다. '개발자 구하기 정말 힘들다'는 이야기도 참 많이 듣는데 거기에 'C'를 붙일 만한 개발자를 찾는 것은 훨씬 더 힘든 일이다.

사람은 다 자기만의 세계관에 근거한 생각과 일하는 방식이 다르다. 경험과 가치관도 다르고 중요하게 생각하는 취향도 다르다. 공동 창업자가 서로에게 위로가 되고 힘이 되는 경우도 많지만, 사람은 원래 함께하면 서로에게 힘든 존재이기도 하다는 것을 알아야 한다. 위기 상황을 맞거나 이해관계가 얽히면 본성이 가감 없이 드러나면서 분쟁이 생기기도 한다. 와이 콤비네이터의 샘 알트만은 이렇게 말한다.

"YC 스타트업들(와이 콤비네이터가 투자하고 인큐베이팅하는 스타트업 회사들)을 예를 들었을 때, 스타트업이 초기에 끝나게 되는 1순위 이유가 이런 창업자 간 갈등의 폭발입니다. 채용보다 훨씬 중요함에도 불구하고, 많은 사람들은 자신들의 공동 창업자들을 선택하는 데 매우 조심스럽지 못합니다. 오히려 채용에 더 신경을 쓰게 되죠. 절대 그러면 안됩니다. 공동 창업자를 제대로 선택하는 것이 당신 회사의 생존에 있어 가장 중요한 결정이며, 그런 중요성을 감안하여 선택해야 합니다."

공동 창업자들이 서로 속마음을 허심탄회하게 나누고 서로에게 위로가 되는 것만 기대하면서 사업을 시작하는 것은 너무 낭만적인 생각일 수 있다. 공동 창업자가 있어도 대부분의 CEO는 그 위치에서 고독하고 말 못할 고민을 안고 혼자 결정해야 하고, CTO는 CTO대로 고독하고 혼자 책임져야 하는 일이 더 많아진다. 그럼에도 불구하고 공동 창업자들이 서로 대화하고 공동의 목표를 위해 함께 일해야 하지만 의리나 가족과 같은 낭만적인 생각에 빠져서 공동 창업을 하는 것은 위험하다. 그래서 최선의 사람이 아니면 함께 하지 않거나, 부족해도 내가 직접 하는 것이 더 좋은 결정이 되기도 한다. CTO가 필요한데 찾기 힘든가? 차라리 개발을 배워라. 아니면 개발이 필요 없는 비즈니스 모델을 다시 찾아라.

그렇다고 '나 홀로 창업'이 더 좋은 창업이어서 추천한다고 말하는 것은 아니다. '나 홀로 창업'이 효과를 발휘하려면 창업자 스스로 다양한 재능을 가지면서 동시에 여러 가지 일을 추진할 수 있어야 한다. 외로움, 극도의 스트레스와 고독을 견디는 단단한 심지를 가지고 있어야 한다. 어떻게 하면 그런 재능을 가질 수 있는지 묻는다면 아쉽게도 그런 질문을 하는 지금 당장은 그것을 갖기 어렵다고 말할 수밖에 없다. 왜냐하면 젊은 창업자에게 그런 자질이 채워지는 데 최소한 10~15년 걸리기 때문이다. 어려서부터 가정에서 부모와의 관계 속에서 스스로 결정하고 자율적으로 행동했던 경험, 초·중·고등학교에서 어떤 일을 도모하고 팀을 구성해서 작은 목표라도 실행하고 만들어본 능력, 사람들을 설득하고 자신의 생각을 관철시켜보는 경험 등과 같은 일들을 십여 년 동안 반복적으로 경험하면서 이를 통해 내면화된 재능과 판단력이 바로 이런 자질이기 때문이다. 혼자는 뭔가 결정하는 것을 두려워하고, 혼자 뭔가를 완성해본 적이 없는 사람들이 많이 있다. 공동 창업자로서는 모르겠지만 '나 홀로 창업'에는 적합하지 않다. 학교 다니면서 주어진 공부만 열심히 해서 성적은 좋은데 딴짓(남이 하라고 해서 한 것이 아니라 자신이 하고 싶어서 하는 일)을 해본 적이 없어서, 자기만의 생각이 무엇인지 잘 모르는 사람이 많다. 남들에게 보여주거나 남들의 기대에 맞추는 것은 잘하는데, 자신이 무엇을 원하고 남들과 자신의 생각이 무엇이 다른지를 알지 못한다. 일상적으로 사는 데는 전혀 문제가 없고 오히려 조직 생활은 잘할 수 있지만, '나 홀로 창업'에는 적합하지 않다고 할 수 있다.

그러면 언제 팀이 필요할까? '나 홀로 창업'을 할 수 있는 다양한 재능을 가지고 혼자 일을 개척해 나갈 수 있다고 하더라도 그 능력의 한계는 있다. 한계의 끝이 보이지 않는 사람들이 간혹 있긴 하지만 아주 예외적이므로 누구나 특정 분야에 대해서는 자신의 한계를 만나고 다른 분야 혹은 수준 높은 재능을 가진 사람들의 도움이 필요할 때가 온다. 비즈니스 모델이 검증되고 투자를 받아 규모를 키우면서 같은 산업군에 있는 대기업과 경쟁하기 시작할 때 진짜 재능과 경험을 가진 사람이 필요하다. 공동 창업자 자격을 제공하거나 많은 스톡옵션을 제공하고 임원으로 영입하거나 혹은 높은 연봉을 주는 직원까지 여러 옵션을 가지고 다양한 재능과 경험을 가진 사람을 합류시켜야 한다. 이때야말로 진짜 팀을 만들 때라고 할 수 있다.

유럽의 스타트업계에는 독특한 HR(인사 추천)회사가 있는데, 펀딩을 받은 스타트업에게 펀딩 받을 때 약속한 사업을 펼치기 위해 필요한 인재가 누구인지 컨설팅을 하고 그 채용을 도와주는 전문 리쿠르트 회사가 있다. 미국에는 이런 회사가 그리 많지 않은데 VC들이 이런 역할을 같이 해주기 때문이다.

'팀 창업'이건 '나 홀로 창업'이건 창업 이후 다음 단계로 성장하고 진입하는 경우 기존 창업자들의 능력과 재능만으로는 절대적으로 부족하다. 다음 단계에 걸맞는 재능 있는 사람으로 회사를 재구성하는 일은 고통스러운 일이다. 지분도 많고 권한을 다 가지고 있으나 새로운 단계에 걸맞지 않는 기존의 공동 창업자나 초기 직원이 걸림돌이 되기도 한다. CEO 자신의 자존심, 폭 좁은 시야와 생각이 스스로 걸림돌이 되는 경우도 많다. 이를 헤쳐나가는 방법이 무엇인지는 한마디로 가이드 하긴 어렵고 경우마다 다른 선택을 해야 한다. 천천히 가더라도 모든 사람을 다 포용하면서도 회사가 망하지 않도록 하는 능력을 가진 CEO도 있고, 모든 사람을 다 포용하려는 좋은 의도를 가졌지만 그 때문에 무너지는 조직을 세우지 못해 망하게 하는 CEO도 있다. 반대로 고통을 감수하면서도 조직을 빠르게 변신시키는 CEO도 있다. 또 고통을 감수하면서 과도한 수술을 하다가 조직이 사망하는 경우도 있다. 정답은 없다. 결국 창업가 CEO의 철학과 장점을 살려서 경영을 해야 한다.

초기 단계에 팀을 찾느라 시간과 노력을 너무 낭비하지 않는 것이 좋다. '팀 창업'을 꼭 해야 한다면 정말 높은 수준의 공동 창업자를 구할 때까지 끈질기게 찾아야 하지만 그럼에도 불구하고 공동 창업자가 없다고 제자리에 서 있으면 안 된다. 나 혼자라도 가설을 실험하고 검증하는 발걸음은 한 걸음씩 계속 내딛어야 한다.

가짜로 진짜를
만들 수 없다

비즈니스 모델 설계하기

어느 날 이메일을 열어보니 장문의 자기 소개와 사업계획서가 도착해 있었다. 사업계획서 내용만으로 판단할 때 너무 매력적인 회사였다. 만나서 이야기를 들어보기로 하고 약속을 정해 카페에서 만났다. 창업한 지 2년쯤 되었는데, 창업자는 소프트웨어 개발을 할 수 없어서 외주를 통해 인터넷 쇼핑몰을 개발하고 베타^{Beta} 서비스를 하고 있다고 했다. 베타 서비스에서 항상 등장하는 이야기가 있다. '별다른 마케팅을 하지 않는데 고객이 증가하고 있다'는 말이 빠지지 않는다. 고객의 반응이 뜨거워 조만간 정식 서비스를 하려고 하는 데 필요한 자본 투자를 요청했다. 사이트를 보여주는데, 여타 인터넷 쇼핑몰과 비슷했고 디자인도 깔끔하고 예뻤다. 상품도 다양하게 등록되어 있고 리뷰도 몇 개씩 달려 있었다.

겉보기는 정상적으로 운영되는 쇼핑몰 같았는데, 콕 집어낼 수는 없었지만 본능적으로 뭔가 좀 이상하다는 느낌이 들었다. 〈전설의 고향〉에 나오는 백년 묵은 여우가 만들어놓은, 겉으로는 번듯한데 무언가 묘한 불일치가 느껴지는 집에 들어온 으스스한 느낌이라고 할까? 조금 더 깊이 살펴보면서 발견한 사실은, 그 사이트에 올려져 있는 상품 정보는 진짜 판매하는 상품 정보가 아니고, 리뷰 역시 고객이 구매하고 직접 작성해 올린 것이 아니었다. 활발히 활동하는 사이트처럼 보이기 위해 운영자가 가짜로 구성한 것들이었다. 이상하다는 느낌이 딱 들어맞았다.

한참 대화를 나눈 후에야 창업자로부터 솔직한 이야기를 들을 수 있었다. 쇼핑몰 사이트를 오픈해서 수개월이 지나도 방문자와 회원 등록이 아주 적었고, 한 번 등록한 회원조차 재방문은 없었다고 한다. 처음에는 디자인이 예쁘지 않아서 그런가 해서, 많은 돈을 들여 사이트를 새로운 디자인으로 재단장했다. 그래도 고객이 활성화되지 않자 쇼핑몰의 시스템 기능이 부족하다고 생각해 다시 외주 개발사에 돈을 주고 더 많은 기능을 추가로 개발했다. 그다음에는 사이트가 너무 허전해서 고객이 자주 방문하지 않는가 해서 아르바이트를 고용해 상품 이미지와 정보, 리뷰, 게시판의 글을 가짜로 채웠다고 한다. 이런저런 노력을 다했는데도 여전히 쇼핑몰 사이트는 활성화되지 않아 걱정이라고 솔직히 고백했다. 그러는 동안 창업 자금을 다 소진했을 뿐 아니라 이미 상당한 규모로 쌓인 부채가 진짜 걱정이라는 것이었다.

노자의 《도덕경》에는 '기자불립 과자불행企者不立 跨者不行'이란 말이 있다. '높이 서고자 발끝으로 서는 사람은 단단히 오래 설 수 없고, 다리를 너무 벌리는 사람은 멀리 걸을 수 없다'는 말이다. 사업은 장거리 경기일 뿐 아니라 무리하면서 가짜로 무언가를 이룰 수 없는 것이다.

이 팀은 첫 단추부터 잘못 꿰었다. 설계도(비즈니스 모델)가 불완전한데 진도가 너무 많이 나가버렸다. 고객의 문제점과 해결책(가치)을 먼저 확인하고 길을 떠나야 하는데 성급하게 출발부터 해버렸다. 적더라도 고객이 좋아할 진짜 상품을 등록하고, 진짜 구매와 리뷰가 축적되며 고객의 진짜 반응을 봐야 하는데, 미리 채워놓은 가짜 상품과 가짜 리뷰들이 고객의 반응을 확인할 가능성을 원천적으로 막아버렸다. 고객은 어리석고 잘 속는 것처럼 보이지만, 가짜는 귀신같이 알고, 한 번은 속지만 두 번은 속지 않는다. 스토리와 제품은 돈으로 만들 수 있다. 가짜 데이터를 채우고 경품을 미끼로 회원을 모으는 것은 쉽다. 멋진 프레젠테이션으로 매력을 뿜어대고 언론에 띄우는 것도 식은 죽 먹기이다. 투자도 받을 수 있다. 그러나 사업이 진짜로 진짜인 이유는 지속적인 이익은 가짜로 만들 수 없다는 사실이다. 가짜로 진짜를 만들 수는 없다.

3강

기업가 정신과 창업가 자질

HOW TO START A STARTUP

누가 스타트업 경영자가 되는가?

지금의 논리와
시스템을 허물어라

기업가 정신과 해커

기업가 정신을 정의하는 다양한 설명이 있지만, 개인적으로 '안 되면 되게 하라'는 개념을 좋아한다. 나는 과거 소셜 네트워크에 이렇게 쓴 적이 있다.

'안 된다고 느끼는가? 되게 하라! 지금 그런 것이 없는가? 있게 하라! 규칙이 걸림돌인가? 룰을 새로 만들어라! 장애물에 부딪혔는가? 시도하고 시도하고 포기하지 마라! 한계를 경험했는가? 더 높은 비전을 보라! 속도를 내고 생각한 대로 행동하라. 이것이 기업가 정신이다.'

와이 콤비네이터를 만든 폴 그레이엄Paul Graham도 해커hacker의 개념을 정의하며 비슷한 이야기를 했다.

"해커라는 용어는 긍정적인 의미와 부정적인 의미를 갖지만, 재미있는 사실은 그 두 가지가 별개가 아니라 같은 맥락으로 연결되어 있다는 것입니다. 해커를 무언가를 깨뜨리는 사람이라고 정의한다면, 그 의미는 '하면 안 되는 어떤 일'을 시도하는 영리하고 똑똑한 사람을 의미합니다. 이것은 문제를 혁신적으로 해결하는 방법을 잘 설명해주는 말이기도 하죠. 영리하고 교묘하게 사회 통념을 따르지 않는 것을 말합니다. (중략) 이런 해커와 회사 컴퓨터에 몰래 접근하는 부정적인 의미의 해커와의 차이점은 합법적인지 아닌지의 차이일 뿐입니다."

　기업가 정신을 가진 사람은 기존의 권위와 시스템 속에 갇히지 않고 자유로이 생각하는 사람들이다. 단순한 반항이 아니라 기존 시스템의 근본 원리를 재정의하고 현존하는 시스템은 임시적인 것에 불과하다고 단정하고 상황과 시간에 따라 곧 파괴될 수 있는 것이라고 생각한다. 장벽에 갇혀 있는 현재의 세상 그 너머에 있을 더 좋은 세상을 상상하는 사람들이다. 합법적으로 무너뜨릴 기회를 호시탐탐 노리고 찾는 사람들이다. 종종 회색 지대에 머무르기도 한다. 법도 시대에 따라 무너지고 변혁되어야 하는 시스템으로 규정하면서 더 근본적인 정당성과 합리성을 추구하는 사람이다.

　아마존^{Amazon}은 기존의 전자 상거래 시스템을 무너뜨리는 해커다. 구글^{Google}은 기존의 포털 시스템을 무너뜨리는 해커이지만 구글이나 네이버 같은 검색엔진의 시스템을 무너뜨리는 해커가 또 나올 것이다. 기존의 업계가 만든 논리와 시스템을 허물어 더 좋은 것을 만드는 해커들, 바로 이들이 기업가 정신을 가진 사람들이다. 비단 창업의 영역 외에도 공공 부문, 교육 부문, 사회 문화 영역에도 기존 시스템에 갇혀 자유를 잃은 사람들을 해방시키고 인간에게 더 큰 자유를 주고 더 나은 세상을 만드는 해커들이 있다.

　아인슈타인은 '상대성원리'를 발표하면서 "내 이론의 논리는 당신들의 유클리드^{Euclid} 기하학을 버려야 비로소 제대로 보일 것"이라고 말했다. 그 역시 2300년 동안이나 아무도 의문을 제기하지 않았던 기하학의 기존 시스템에 의문을 품고 파괴했던 해커였다. 기존 시스템에 답답함을 느끼는가? 파괴하고 벗어나서 자유를 얻고 싶은 마음이 있는가? 당신은 미래를 밝히는 해커이자 기업가 정신의 소유자다.

자신만의 이타적
사명을 가져라

훌륭한 기업으로 가는 길

진정한 사업은 이타주의에 기반한다. 사업은 이웃의 필요와 고통에 대한 관심에서 출발하기 때문이다. 이웃의 문제를 해결하기 위해 위험을 감수하고 구체적인 것을 시도하는 것이 사업이다. 그 결과 이웃의 필요와 고통은 해결된다. 이것이 바로 이타주의가 아니고 무엇이겠는가? 거기에 가격표를 붙여 제공하면 영리사업이고 가격표가 없으면 자선사업이다. 그러나 반대 이론도 만만치 않다. 기업 경영의 목적이 이윤 추구 혹은 이익의 극대화라는 이기적 본성에 기반한다고 보편적으로 이야기한다. 과연 어느 것이 맞을까?

로마의 철학자이자 정치가였던 키케로는 인간이 극복해야 할 여섯 가지 결점 중 하나로 '자기의 이익을 위해서라면 남을 희생시켜도 된다는 생각'을 선택했다. 현대 경영학의 아버지 피터 드러커는 경영의 목적을 '기업의 제품과 서비스에 대해 자발적으로 자신의 돈으로 교환할 의사를 가진 고객을 창조하는 것'이라고 했다.[15] 이익을 극대화하기 위해 종업원을 착취하거나 고객을 속여 제품을 비싸게 많이 파는 것이 아니라고 했다. 고대 철학자와 현대 경영학의 아버지는 같은 생각의 뿌리를 가지고 있다.

고객은 자신이 가치 있다고 생각하는 제품이나 서비스에 대해 자발적으로 돈을 지불한다. 고객은 자신의 문제를 해결해주거나 자신의 필요를 채워주는 제품이나 서비스를 이용하려고 하지, 기업의 이익을 위해 속고 싶어 하거나 스스로를 희생하거나 자신의 돈을 기부할 의사는 전혀 없다. 자선기관에 대한 고객의 태도 역시 근본적으로는 일치한다. 자신이 기부하는 돈보다 더 큰 가치와 만족을 고객이 얻는다고 확신할 때만 기부를 한다. 물론 이때 고객이 얻는 가치는 제품이나 서비스의 형태가 아닌 추상적인 가치인 경우가 많다. 모든 자선기관의 사명은 훌륭하다. 모두 다 기부할만한 필요와 가치를 제공한다. 그렇지만 모든 사람이 자선기관에 기부하는 것은 아니다. 결국 개개인의 가치관으로 판단해서 자신의 돈보다 더 소중한 것(가치)이라고 판단하는 경우에만 기꺼이 자신의 돈을 기부한다. 당연하고 상식적인 이야기다. 즉 고객은 기업이 고객에게 돈보다 가치 있는 것을 제공해야 그 기업의 고객이 된다. 거꾸로 말하면 가치 있는 것을 만들면 기업은 고객을 확보하고 성공할 수 있다.

기업은 이익을 추구하긴 하지만 기업의 이익은 목적이 아니라 지속 가능하기 위해 필요한 수단이다. 즉 이익은 경영의 목표가 아니라 결과다. 이익을 위해서 활동하는 것이 아니라 잠재 고객의 필요와 고통에 관심을 기울이고, 이를 해결하는 가치를 창조하는 혁신을 이루어야 한다. 이를 잘하면 성공한다. 이것이 경영의 핵심 원리다. 이처럼 각각의 기업은 각자 자신만의 이타적인 사명을 가진다. 실리콘밸리 최대의 스타트업 인큐베이터인 와이 콤비네이터의 CEO 샘 올트먼은 이런 이야기를 했다.

"훌륭한 기업은 항상 사명 중심적입니다. 회사가 중요한 사명을 수행하고 있다는 느낌 없이 큰 조직이 한곳을 향해 집중하기 어렵습니다. 또 훌륭한 설립 철학 없이 기업의 사명은 생기지 않습니다. 사명 중심적인 회사의 장점은 조직원으로 하여금 스스로 그 일에 헌신할 수 있게 합니다. 좋은 스타트업은 여러 해 혹은 십 년도 넘게 걸려 만들어집니다. 만일 하고 있는 이 일의 가치를 믿지 않거나 사랑하지 않는다면 어떤 단계에서는 포기하고 말 것입니다. 진짜 말이 되는 사명을 믿는 신념 없이는 스타트업의 고통을 이기기 어렵습니다. 많은 창업자들이 특히 학생들은 창업해서 2~3년만 참고 일한 후에 회사를 매각해 돈을 왕창 벌고, 그다음에는 자신이 진짜 열정을 쏟는 일을 하겠다고 생각합니다. 그런 일은 절대 없습니다. 좋은 스타트업은 최소한 십 년 동안 운영해야 합니다. 또 다른 장점은 외부에서 우리 회사를 기꺼이 돕는다는 것입니다. 어렵거나 중요한 프로젝트를 진행할 때 다른 사업을 흉내 낸 회사들보다 더 많은 도움을 받을 수 있습니다. 사명감은 쉬운 일보다 어려운 일에 도전할 때 더 강해집니다. 직관을 거스르기 때문에 사람들이 이해하기 어려운 경향이 있습니다. 사명 중심적이 되는 것이 얼마나 중요한지 이야기하고 있습니다. 흉내 낸 회사, 기존 아이디어를 카피하고 약간의 아이디어를 추가한 회사에 대해서 사람들은 흥분을 느끼지 않습니다. 그리고 성공할 만큼 충분히 열심히 일하도록 독려하지도 못합니다."[16]

　이타주의적 사명은 사람들을 흥분시키고 감동시키며 열정을 촉진시키고 좋아한다. 나는 강의에서 매번 이타주의적 사명이 바로 경영의 목적이라고 이야기를 한다. 그럴 때면 언제나 반론이 나온다.

　"옳은 이야기라고 생각하고 동의해요. 그러나 현실 세계에서는 원칙을 지키며 가치 있는 제품을 만드는 것보다 이기적으로 자신의 이익만 생각하며 속이는 기업가가 성공하는 것 같아요."

고객에게 가치를 제공하는 것이 성공의 핵심이 아닌 것 같고, 거짓말과 술수, 접대와 변칙적인 방법을 동원해야 생존하고 성공할 수 있는 것처럼 보인다는 이야기다.

두 가설 중에 어느 것이 옳을까? 어느 한 가지가 옳다고 증명할 수 있는가? 솔직히 없다! 증거가 있는가? 둘 다 있다. 거짓과 탐욕과 부정을 통해 성공하고 잘나가는 기업과 기업가들이 많은 것도 현실이다. 이런 기업들도 이타주의로 포장하고 가치 없는 제품을 가치 있는 것으로 거짓말하는데 고객들은 거기에 잘 속기도 한다. 그러나 반대로 '그냥 친구들이 필요로 해서 만들었더니 어느 날 성공해 있더라', '사람들이 편리하게 사용하는 것을 즐거워할 뿐이지 돈 벌기 위해 한 일은 아니었다'와 같은 성공 고백들도 많다.

결국 성공적인 기업 경영에 대한 증명할 수 없는 두 명제가 남는다. 경영은 탐욕과 이기심을 충족시키는 도구인가? 이타주의에 기반한 가치 창조의 도구인가? 모든 창업가들 앞에 성공으로 이끌 것 같은 두 갈래의 길이 있다. 이 세상이 작동하는 방식이 무엇인지 깨닫고 그것을 믿으며 그것을 따라 선택하고 길을 걷는 것은 전적으로 창업가의 몫이다.

낙관주의, 주도성,
책임감, 결과 중심적 사고

기업가 정신의 네 가지 특징

스타트업 창업가들은 누구를 만나든지 자신의 사업 모델에 대해 열의를 품고 신나게 이야기한다. 사업 모델도 분명 중요한 주제이다. 나는 사업 모델도 보지만 창업 팀의 경험과 태도, 사고방식 그리고 그 근간이 되는 가치관과 믿음도 관심 있게 같이 살핀다. 창업가가 가진 기업가 정신을 확인하고 싶기 때문이다. 사업을 성공으로 이끄는 데는 기업가 정신이 기술이나 사업 아이디어보다 더 중요하기 때문이다.

기업가 정신이란 무엇인가? 사람들은 창의성, 도전정신, 리더십, 문제해결 능력, 불확실한 환경을 헤쳐가는 의지력 같은 요소들을 꼽아 이야기한다. 기존의 성공한 CEO들을 외부에서 보이는 공통적인 현상으로 정리한 이야기다. 맞는 말이기도 하지만 그것은 도움은 되지 않는 자기계발서에서 제시하는 원리와 같다. 피상적이고 모호할 뿐 아니라 사람마다 다르게 해석되는 요소들을 모아서 기업가 정신이 만들어질지는 의문스럽다.

기업가 정신은 관념적인 현상이 아니라 행동을 유발시키는 가치관에 뿌리를 둔다. 나는 기업가 정신의 요소를 들라고 한다면 현상보다 가치관 혹은 사고방식으로 정의하고 싶다. 낙관주의, 주도성, 책임감 그리고 결과중심적 사고 등 네 가지 특징을 주목해볼 수 있겠다.

기업가 정신의 첫 번째 특징은 '낙관주의'다. 낙관주의자들은 미래가 현재보다 더 좋아질 것이라는 믿음을 가지고 미래에 베팅하는 사람들이다. 미래가 불확실하고 불안한 사람들은 돈을 땅에 묻어 감춰두거나 은행에 보관하면서 현재의 안전에 머무르려 한다. 투자를 하더라도 과거와 현재 시점에서 검증된 동네 빵집을 하거나 해외 유명 브랜드의 대리점 사업에 투자한다. 비관주의자들은 불안에 떨며 돈뿐 아니라 자신의 시간과 잠재력도 과거와 현재에 안전했던 것에 투입한다. 공무원이나 교사가 인기 있는 직업 1, 2위를 차지하는 이유다. 세계 최고의 이커머스$^{e-commerce}$ 회사인 아마존을 창업한 제프 베조스$^{Jeff\ Bezos}$는 안정된 미래를 보장하는 탄탄대로 위에 있었다. 아이비리그인 프린스턴 대학교를 졸업하고 월 스트리트에서 투자자가 되어 26세에 최연소 부사장이 되었다. 그는 인터넷이 1년 사이에 2300배 성장했다는 기사를 보고 그 안정된 미래보다 성장하는 미래를 위해 회사를 그만두고 인터넷 회사를 창업했다. 인터넷이 미래의 세상을 더 좋게 바꿀 것이라고 믿고, 미래의 변화에 자신의 인생을 건 것이다. 사회와 경제가 변화하며 미래에는 더 발전하고 좋아질 것으로 믿는 사람들은 자신의 돈과 지식과 인생을 현재의 안정보다 미래의 혁신에 베팅한다. 기업가 정신의 첫째 조건은 낙관적 태도다.

기업가 정신의 두 번째 특징은 '주도성'이다. 자신의 재산을 다른 사람이 운영하는 금융기관에 맡기는 것보다 자신이 직접 운영하고자 하는 것이 주도적 자세다. 자신의 재능을 다른 사람들의 꿈과 미래를 위해 쓰기보다 자신의 꿈과 미래를 위해 투자하고자 하는 것이 주도적 자세다. 경기의 흐름에 의존하기보다 자신의 능력과 노력으로 경기의 흐름과 시장 트렌드를 거스르고 넘어설 수 있다는 믿음과 생각을 가진 사람이다. 주도성의 태도 이면에는 과정의 고통, 두려움, 실패를 이기는 용기가 담겨 있다. 그 용기는 이미 검증되고 성숙된 시장에서 안주하려 하지 않고, 내수 시장에서 체급이 낮은 만만한 선수들하고만 방어전을 펼치려 하지 않는다. 남들이 하는 경기를 감독하거나, 심판만 보거나, 조명을 비추거나, 물을 떠다 주거나, 부상자를 치료하는 것과 같은 보조적인 역할로는 만족하지 않는다. 직접 경기장에서 경기를 해야만 최고의 만족을 느끼는 사람들이다. 넘어져서 무릎이 까져 피가 나고, 숨이 턱까지 차고, 하늘이 노랗게 보여도 직접 뛰는 것을 즐긴다. 테니스 운동을 하는 것을 보면서 '그런 힘든 것은 아랫것들이나 시키지 왜 직접 하느냐?' 했던 옛날 양반들은 이해하지 못할 우매한 짓이기도 하다. 그러나 그렇게 경기를 하는 선수들 없이는 감독도, 심판도, 조명도, 의료진도, 그라운드도 다 필요가 없다. 과거에는 화려했으나 이제는 불 꺼지고 땅은 패어져 폐허처럼 변한 경기장들이 많다. 보조적이 아니라 주도성을 가지고 경기하는 사람들이 떠났기 때문이다. 경기장 주변의 생태계에 생명을 불어넣는 용기 있는 정신이 바로 주도적 자세를 가지고 경기에서 직접 뛰는 창업가들이다.

 기업가 정신의 세 번째 특징은 '책임감'이다. 법·제도나 정부 정책을 통한 혜택을 요구하는 사업가들의 이야기를 종종 듣는다. 적절한 정책이나 법·제도의 보완은 산업의 발전에 중요한 역할을 한다. 꼭 필요하다. 그러나 그것이 창업가들의 주된 역할이 아니다. 사업에 필요한 법·제도와 정책에 관심을 가지고 개선하는 데 노력하는 일을 전문적으로 하는 매우 중요한 직업이 따로 있다. 바로 공무원과 정치인이다. 창업가는 룰과 심판을 핑계하지 않는 프로 운동선수와 같다. 축구 경기에서 한 골도 넣지 못해 패배한 팀의 주전 공격수가 인터뷰에서 '상대편 선수가 몰래 옷을 잡아서, 태클을 걸어서, 심판이 편파적이어서 골을 넣지 못했다'는 이야기를 하고 있다면 그 선수를 어떻게 평가해야 할까? 모두가 골도 넣지 못한 데다가 남을 핑계 대는 무능력한 선수로 평가할 것이다. 몰래 옷을 잡기도 하고 심한 태클로 집중 마크를 당하는 상황에서도 골을 넣는 사람이 진짜 프로 선수다. 창업가는 주어진 환경 속에서 사업을 경영해 결과를 만들어내는 것을 자신이 할 일이라고 믿는 사람이다. 일본의 경영컨설턴트 하마구치 다카노리^{Hamaguchi dakanori}는 "경영자는 눈이 내리는 것도 내 책임이라고 말해야 한다."고 했다. 대기업 회장 중 누군가는 점䇞을 본다는 기사를 읽은 적이 있다. 점까지 봐야 하는 그 심정은 이해하지만, 리더로서 자신의 인생과 기업의 미래를 스스로 결정하여 개척하지 못하고 점쟁이에게 물어야 한다면 왜 리더가 되었을까? 차라리 경영을 잘하는 전문 경영인에게 맡기는 것이 대주주로서 더 큰 이익이 될 것이다. 작은 일에서부터 미래의 비전을 만드는 것 그리고 그것을 달성할 책임을 기꺼이 어깨에 짊어지는 정신이 기업가에게 필요한 책임감이다. 진정한 기업가는 법이나 정부나 다른 사람에게 도움을 요구하지 않는다. 실패했을 때 환경과 남을 탓하기보다 자신의 능력과 판단의 책임으로 받아들인다. 자신의 책임을 인정하는 사람이야말로 작은 실패로부터 배우며 그것을 딛고 큰 성공을 만들어낼 수 있다.

 기업가 정신의 네 번째 특징은 '결과 중심적 사고'다. 좋은 일을 하고 싶다고 말하는 사람들은 많다. 세상을 바꾸고 싶다는 사람도 많다. 그런데 수년이 지나도 결과 없이 항상 비슷한 이야기만 계속하고 있는 것을 발견한다. 기업가 정신을 가진 사람은 '좋은 일을 한다'는 선한 의도만으로 인정 받는 것을 부끄러워한다. 멋지게 그려진 계획과 바람을 설명하면서 자기만족에 취하거나, 이런저런 일을 시도하는 것 자체로는 만족하지 않는다. 작더라도 분명한 결과를 손에 얻지 못하면 결코 만족하지 않는 사람이다. 기업가는 수필가가 아니다. 몽상가도 아니다. 기업가는 행동하는 사람이고 행동의 결과를 손에 넣어야만 만족하는 사람이다. 피터 드러커는 말했다.

"경영자는 어떤 결정, 어떠한 행동의 경우도 사업의 경제적 성과를 우선적으로 생각하지 않으면 안 된다. 결국 경영자는 자신의 사업에서 경제적인 성과를 달성함으로써 비로소 그 존재와 권위를 인정 받을 수 있는 것이다. 사업 활동에는 종업원의 행복과 사회복지, 문화의 공헌이란 비경제적인 성과도 물론 있다. 그러나 사업이 경제적인 성과를 달성할 수 없으면 그것은 경영자에게는 치명적인 것이다."

결과 중심적 사고의 첫째는 '경제적 성과'다. 스타트업을 인큐베이팅하는 프라이머가 투자한 첫 번째 팀들에게 보낸 이메일에서 나는 '창업가는 오로지 경영의 결과로 말하는 사람들'이라고 했다. 작고 보잘것없어 보이는 결과를 가지고서도 자랑스럽게 여기고 자주 이야기하며 결과의 크기보다 자신의 노력으로 만들어낸 결과 자체에 즐거워하는 창업자들을 가끔 만난다. 이런 자세가 몸과 마음에 배어 있는 젊은 후배들을 만나게 되는 것은 정말 행운이다. 기업가 정신의 '포스$_{force}$'가 느껴진다. 무게감과 안정감이 느껴진다. 그런 친구들을 만나면 사업 모델이 무엇이든 상관 없이 투자하고 싶어진다.

좋은 사업 모델은 널려 있다. 멘토들과 함께 고민하면 사업 모델을 쉽게 찾을 수 있다. 다만 기업가 정신을 지닌 예비 기업가들이 부족할 뿐이다. 스타트업 창업가들을 만날 때면 보석과 같이 빛나는 기업가 정신을 가진 사람을 만날 기대감을 가지고 다시 한 번 더 보게 된다.

두려움과 게으름과
관료화를 이겨내라

스타트업의 생명은 실행력과 속도다

생각했는가? 생각한 대로 바로 실행했는가? 한두 달이 지났는데 여전히 말과 생각 그리고 준비 단계에 머물러 있는가? 실행력과 속도는 스타트업의 생명이다. 바퀴를 굴리지 않으면 자전거는 나아가지 않고 넘어지는 것과 같다. 실행력이 없는 스타트업은 살아 있는 것이 아니다.

　실행력의 첫째 요소는 '구현 능력'이다. 상상을 현실로, 가상의 것을 손에 잡히는 어떤 것으로, 없는 것을 있는 것으로, 천상의 이미지를 이 땅의 제품으로 만드는 능력이다. '그건 미친 짓'이라 평가 받는 것을 현실 세계에서 쓸모 있는 것으로 변환시키는 능력이다. 소프트웨어나 전자 제품에 대한 아이디어가 있는데 그것을 구현할 프로그래밍 능력이나 전자회로를 설계하고 제작하는 능력이 없으면 상상과 바람일 뿐이다. 뻔한 이야기이지만 구현할 수 있어야 현실 세계에서 사용할 수 있다. 창의적인 상상력과 저돌적인 '열정'을 주장하면서도 정작 손으로는 뭐 하나 만들 능력이 없는 사람을 만나기도 한다. 창의력과 열정은 입 근처에서 놀 것이 아니라 손 근처에서 놀아야 한다. 열정을 말하는 데 불태울 것이 아니라, 프로그래밍 같은 것을 배우는 데 쏟는 것이 진정한 열정이다. 슬랙^{Slack}(팀 커뮤니케이션을 위한 플랫폼)을 만든 슬랙테크놀러지의 CEO 스튜어트 버터필드$^{Stewart\ Butterfield}$는 슬랙 서비스 사전 공개 2주 전에 직원들에게 보낸 이메일에서 이렇게 말했다.

"정말로 우리는 지독히 잘해야 합니다. 앞서 '거의 완벽에 가까운 탁월함으로 실행'해야 한다고 말한 이유는 이것입니다."

수많은 성공한 창업가들은 지독한 완벽주의자들이었다. 뭔가 만들 줄 아는 것이 아니라 완벽하게 만드는 것이 바로 스타트업의 생명 같은 실행력 가운데 하나다. 똑같은 비즈니스 모델로 시작한 스타트업들도 어떤 팀은 서비스를 출시도 못하는 반면 어떤 팀은 무지 빠른 속도로 서비스하고 성장한다. 어떻게 했는지 모르겠지만 필요한 것들을 단기간에 갖추고 고객에게 서비스를 제공하고 있다.

실행력의 둘째 요소는 사람들을 움직이고 설득해 지지자로 만드는 능력이다. 자신의 사업 비전, 제품과 서비스를 인정받는 능력이다. 사업은 혼자 하는 것이 아니다. 사람들의 평가와 지원이 필요하다. 투자자와 고객의 평가도 있지만 더 중요한 것은 내부 고객인 공동 창업자와 직원들도 있다. 분명한 근거를 제시하고, 논리적으로 설득하며, 말한 것을 입증하는 과정을 통해 설득력과 신뢰가 생긴다. 스토리를 가지고 사람들의 상상력을 자극하고, 좋은 평판과 입소문을 얻는다. 주장과 부탁만으로는 설득이 이루어질 수 없다. 강제나 관계가 아니라 사람들의 자발적 동의에 근거한다. 좋은 관계도 사람들을 움직이고 설득하긴 하지만 단지 좋은 관계 때문에 사람들이 돈과 시간을 지속적으로 지불하지는 않는다. 사람들을 설득하고 지지자로 만드는 능력에는 '커뮤니케이션 능력'이 포함된다. 단지 공교한 말솜씨로만 사람들을 현혹하는 것이 아니라 자신이 하는 일의 의미를 발견하고 사업보다 의미에 더 큰 가치를 두는 창업자의 이야기는 최고의 마케팅이 된다. 공동 창업자를 설득해 팀원을 만들기도 어렵다고 느낀다면 어떻게 직원과 고객을 설득할 수 있겠는가? 이것이 스타트업 창업자가 가져야 하는 중요한 실행력이다.

    실행력의 셋째 요소는 딜레마의 상황, 불가능의 상황에서도 유의미한 결과를 만드는 능력이다. 이것을 하려면 저게 안 되고, 저것을 하려면 이것이 부족한 것이 스타트업이 항상 만나는 딜레마다. 돈도 부족하고 좋은 사람도 없다. 그럼에도 불구하고 무無에서 작은 유有를 만들고, 그 작은 유에서 다시 더 큰 것을 만들어 목표를 달성한다. 이가 없으면 잇몸으로 씹는 것이 '문제 해결 능력'이다. 경영은 언제나 단기적인 목표와 장기적인 목표 사이에 균형을 이루면서 항상 장기적인 목표를 성취하는 과정이라고 하지만, 단기적으로도 어려운 환경에서 어떻게 장기적인 투자를 할 수 있을까? 그러나 그것을 이뤄내는 실행력이 창업을 성공으로 이끈다.

    창업을 하고 싶은가? 누구나 창업자 자질을 가진 것은 아니다. CEO가 되고 싶은가? 모두가 CEO 자질을 가진 것은 아니다. 구현 능력, 설득력, 불가능에서 결과를 만드는 능력 중 어떤 장점을 가지고 있는가? 그런데 구현 능력, 설득력, 문제 해결 능력도 좋은 창업 팀들의 스타트업인데도 실행에 있어서는 진전이 없는 경우가 있다. 두려움, 게으름, 관료화와 같은 걸림돌이 스타트업의 실행력을 억누르고 있는 것이다.

    '두려움'은 추진력을 떨어트린다. 평판을 잃는 것이 두렵다. 법적인 위험을 피하려 돌아가거나, 투자금을 보존하려다 추진력이 상실된다. '어떤 일이 있더라도 그것을 이루어내고야 마는 힘'이 상실된다. 두려움을 극복하며 회색 지대를 드나든 창업자가 안 되는 것을 되게 한다. 안 되는 일을 안 된다고 말하고 회피하는 것은 직장인들의 권리일 수 있지만 창업자에게는 변명이 된다.

'게으른 창업가'는 추진력이 생길 수가 없다. 엄청난 고객 데이터와 씨름하고, 귀찮은 자료를 작성하는 근면함 없이 추진력은 없다. 사장도 회사 출근하기 싫을 때가 많다. 적당히 하고 숨고 싶은가? 실무는 직원에게 맡기고 자신은 더 중요한 일을 한다고 거짓말하고 싶은가? 골프장에서 비즈니스한다고 우기고 싶은가? 영업과 마케팅을 한다면서 다른 스타트업 CEO들과 술잔을 기울이며 친구 만들기를 즐기고 싶은가? 게으름에 굴복한 창업가는 조직을 자신과 똑같이 물들인다.

중요한데 결정하지 못하거나, 결정은 했는데 조직에서 실행이 안 되고 있는가? '관료화된 조직'의 증상이다. 대기업만 그런 것이 아니다. 인원이 많고 조직이 비대해야만 관료화되는 것이 아니다. 두 사람으로 구성된 조직도 관료화될 수 있고 관료적으로 일할 수 있다. 일의 본질과 고객의 가치에 집중하기보다 형식과 절차를 우선시하는 것이다. 관료화된 조직의 특징은 효율을 위해 노력하거나 불필요한 것을 제거하기보다 직원을 늘리는 것으로 문제를 해결한다. 추진력은 바닥을 기는데 인원이 늘어나면 관료화의 증세는 더 깊어지고 추진력은 더 떨어진다.

오늘 이야기한 것이 내일 고객의 손에 들려졌는가? 반대로 홈페이지에 틀린 단어를 발견했는데 며칠 동안 혹은 몇 달 동안 고쳐지지 않고 있는가? 전화로 제안된 개선 사항이 통화가 끝나기 전에 수정되는가? 아니면 고객 게시판에 올라온 좋은 제안이 수개월 동안 거기에 등록되어 있는지조차 모르고 있는가? 스타트업의 생명력은 실행력과 속도다. 두려움과 게으름과 관료화를 이겨내 달리는 창업가가 성장 속도의 시원한 바람을 얼굴로 느낀다.

대리처럼
현장에서 일하라

스타트업의 진짜 경쟁력

직원들끼리 소주 한잔 기울이며 사장을 안주 삼는 것은 직장인들의 중요한 재미 중 하나다. 뒷담화에 자주 등장하는 말이 사장을 빗대어 부르는 '이 대리, 박 대리, 김 대리'다. 깐깐하게 세세한 것까지 간섭하는 사장을 '대리'라고 부르며 놀리고 불평한다. 그렇지만 CEO들이여, 이를 두려워하며 뒤로 숨거나 도망가지 마라.

1986년 영국 런던에서 시작해 세계적인 샌드위치 체인이 된 프레타 망제Pret a manger의 창업자 줄리언 멧칼프Julian Metcalfe는 매장의 음식 품질과 서비스를 유지하고 개선하는 일에 대해 이렇게 말했다.

"저는 절대로 만족하지 않습니다. 모든 것은 항상 조금씩 더 나아질 수 있습니다. 저는 제 업적을 칭찬하는 말을 절대로 좋아하지 않습니다. 저는 제가 한 일에서 즐거움을 보기보다는 실책을 보려는 경향이 있습니다."

대리라고 불리는 한이 있어도 이미 이룩한 일에 대한 칭찬에 마취되어 부족한 부분을 지적하고 개선하는 데 양보하지 마라. 중용을 지켜야 한다거나 시스템으로 일해야 한다거나 믿고 맡겨야 한다는 그럴듯한 말에도 속지 마라. 고객과 제품 품질과 같은 핵심 분야에 대해서는 CEO의 높은 기준을 지켜내고 회사의 철학과 신념을 반드시 실현하라.

팀장에게 실무를 맡기고 사장은 뒤에서 '관리'나 하는 회사는 현상 유지는 하겠지만 발전하기 어렵다. 이것을 시스템으로 일하는 조직이라고 한다면 넌센스다. 팀장이 여과해서 보고한 정보만으로 고객이나 제품에 대해 정확한 지식을 갖고 있다고 생각한다면 스스로를 기만하는 행위다. 전문성도 없고 시장도 모르고 심지어 회사 제품을 사용해본 적이 없어 엉뚱한 이야기를 하는 사장들에 대한 좋지 않은 기억이 많지만 이런 예를 일반화해서 모든 사장은 일하지 않는 게 도움이 된다는 식으로 생각해서는 안 된다. 사장이 제품의 세부적인 것을 알고 전투의 선봉에 서서 고객을 만나 영업을 해야 한다. 세계적인 청소 용역 회사인 서비스 마스터Service Master는 회장과 임원도 정기적으로 학교, 공장 등에서 현장 청소부로 일했다고 한다.

회사의 사장과 임원들이 자기 제품에 대해 애정을 갖고 직접 사용하며 깊이 아는 것이 회사의 진짜 경쟁력이다. 사업은 열정도 중요하지만 핵심에 있어서는 높은 기준을 지키기 위해 사소한 것도 양보하지 않는 꼼꼼함도 중요하다. 줄리언 멧칼프는 결론적으로 이렇게 이야기한다.

"(최고 경영자가 추진하는) 그것(집요한 개선)이야말로 그저 그런 것과 위대한 것의 차이입니다."

제품 속에
가치를 담아라

고객 가치의 창조

　가치 있는 것은 무엇인가? 환경 보존, 공정 무역, 가난한 사람과 약자 돕기, 공유 경제 등과 같은 것들은 분명히 가치 있다. 하지만 이들만이 가치 있는 것이라고 생각하거나, 이런 가치들이 다른 것보다 더 우월한 것으로 생각한다면 협소한 관점이다. 이웃의 작은 시간, 돈, 편리, 즐거움, 평안, 기쁨, 만족 등도 역시 가치 있는 것이고, 창업가가 주목하고 창조해야 하는 가치이다. 어느 것이 다른 것보다 더 우월하거나 열등하지 않다. 가난한 사람을 돕는 돈과, 낮은 가격의 제품을 만들어 고객으로 하여금 절약하도록 한 돈은 둘 다 동일한 '착한 돈'이다.

　창업가는 제품의 가격을 낮춰 고객에게 없었던 돈을 창조해 제공하고, 시간을 절약하는 제품과 서비스를 만들어 시간을 창조해 고객에게 선물하고, 편리함을 제공함으로써 고객에게 정신적 여유를 창조해 주는 사람이다. 산타클로스는 보따리에 선물을 담고 루돌프를 타고 오지만, 창업가는 제품 속에 선물을 담는다. 그래서 창업가는 가치를 창조해 고객에게 선물하는 산타클로스라 할 수 있다.

　전자 상거래와 전자 지불 서비스를 만들어 제공하면, 사람들은 물건을 사기 위해 백화점을 가지 않아도 쇼핑을 할 수 있어 '시간'과 '편리함'이라는 가치를 제공 받는다. 만일 1000만 명이 월 1회 인터넷 쇼핑으로 한 시간을 절약한다고 하면, 이전에 없었던 1000만 시간이 매달 새롭게 창조된다. 창업가들은 무에서 유의 가치를 만드는 창조자다.

가치는 거창하고 모호한 것이 아니다. 스마트폰의 앱은 잠금 화면 뒤에 있어 실행하는 데 시간이 걸렸다. 사진 앱을 찾아 구동하느라 사진 찍을 타이밍을 놓쳐 아쉬울 때가 많았다. 애플의 아이폰 운영체제 iOS가 5.1로 업그레이드 됐을 때 잠금 화면에서 원터치로 바로 사진을 찍을 수 있게 변경했다. 이 기능을 만나고 나는 "와우!" 하고 소리쳤다. 스타트업이 추구해야 하는 가치는 바로 이런 사소하지만 분명하고 명확한 것이어야 한다.

〈하버드 비즈니스 리뷰〉의 편집장이었던 조안 마그레타$^{Joan\ Magretta}$는 이렇게 말한다.[17]

"가치 창조는 여러 문맥에서 지나치게 자주 등장하기 때문에 현학적인 비즈니스 용어로 취급 받기 십상이다. 그러나 가치 창조는 결코 그런 용어가 아니다. 가치 창조는 현대 경영학에 생명을 불어넣은 원칙이자 가장 중요한 사명이기도 하다."

거창한 IT산업의 개혁이나 생태계 조성은 정치인과 공공 부문이 주로 담당할 가치다. 창업가의 몫은 아니다. 남들이 알아주지 않고, 어렵고 힘들어도 창업가를 뛰게 만드는 것은 바로 이런 직접적인 고객 가치를 창조해 이웃에게 선물하는 기쁨 때문이다.

4강

스타트업은 아이디어에서 출발하지 않는다

HOW TO START A STARTUP

누가 실패하는 창업으로 가는가?

아이디어는 그냥
아이디어일 뿐이다

고객과 시장에서 시작하기

조금 시끄러운 도심지 커피숍에서 여느 때처럼 스타트업 창업 팀과 만나는 날이다. 한 시간 정도의 대화에 필요한 중간 사이즈의 아메리카노를 주문해 자리에 앉는다. 인사를 나누고 서로 소개한다. 초반 20분은 주로 스타트업의 사업 모델에 대해 듣는다. 오늘 만난 젊은 창업가는 자신감이 넘친다. 보기가 좋다. 고등학교 때부터 창의력대회나 발명대회에서 여러 차례 수상했고, 특허도 여럿 출원했단다. 시제품도 만들어 언론에도 소개되었다. 창업경진대회에 나가기만 하면 상을 타는 능력을 발휘하고 있었다. 그의 이야기에 가장 많이 등장한 단어는 '아이디어가 많다'였다. 내 차례가 왔다.

"멋진 아이디어가 많다는 말이 나에게는 어떻게 들릴 것 같나요?"

이어서 말했다.

"'현재 하는 일에 성실하지 않거나 집중하지 못하고 항상 딴생각만 한다. 깊이 있는 지식은 별로 없고, 깊이를 추구하는 것이 무엇인지 모른다. 결과를 만들어본 것은 별로 없다. 시도는 하는데 완성하지 못하고, 성취한 것으로는 자랑할 게 없다'로 들리네요."

항상 칭찬만 받아왔던 그로서는 예상치 못했던 말에 충격을 받은 표정이었다. 기술에 대한 이해도 높고 가능성이 높은 아이디어들을 많이 가지고 있으니 지금 가진 좋은 아이디어들 가운데 하나를 선택해서 그것에만 집중해보기를 조언했다. 실험실 수준을 넘어 실생활에서 사용할 수 있을 만큼 완성하도록 주문했다. 경진대회에 보여줄 정도의 사업 계획이 아니라 진짜 사업을 할 만한 사업 계획을 세워보기를 권했다. 그는 아이디어가 너무 많고 다 해보고 싶어서 한두 가지만으로 만족할 수는 없다고 대답했다.

기존의 문제점을 개선하는 출발점으로서 아이디어는 꼭 필요하다. 그러나 허공에 그린 상상도와 실험실의 시제품에 머물러서 더 이상 한 걸음도 전진하지 못한 아이디어를 많이 본다. 우주조차 정복할 아이디어는 얼마든지 만들 수 있다. 결과물 없이 멋진 생각과 말만 계속하면 소위 '약장수' 취급을 받는다. 재미와 인기와 유행을 따라 떠도는 뜨내기 약장수는 많다. 혁신적인 아이디어가 가치 창조에 도움을 주지만 말보다 행동이, 행동보다 결과가 신뢰를 만든다. 실천과 구현이 있기 전까지 아이디어는 그냥 아이디어일 뿐이다.

회사 경영에서 멋진 아이디어에 의존하면 위험한 이유는 그것이 머릿속 상상에서 나온 것이기 때문이다. 사업은 고객과 시장의 목소리에서 출발해야 한다. 시작점이 정반대다. 대부분의 번쩍이는 아이디어는 자신이 경험하지 못한 잘 모르는 분야의 것들이다. 스티브 잡스도 〈더 로스트 인터뷰The Lost Interview〉(2011)에서 이렇게 말했다.

"훌륭한 아이디어가 훌륭한 제품으로 이어지는 데에는 엄청난 양의 장인적 노력이 포함되며, 그 훌륭한 아이디어를 전개시키는 과정에서 아이디어 자체도 변화되고 성장한다. 처음 떠오른 아이디어는 그대로 구현되지 않는다. 아이디어 구현 과정에서 더 많은 것들을 배우게 되고 동시에 포기해야 하는 것이 수백 가지는 생긴다. 제품을 개발한다는 것은 이런 모든 문제와 부딪히면서 원하는 과정에 도달할 때까지 5000가지 개념들을 계속 새롭고 다른 방식으로 끼워 맞추는 과정이다. (중략) 과정이 곧 마법이다."

피터 드러커는 자신의 책 《기업가 정신》에서 이렇게 말했다.[18]

"멋진 아이디어는 가장 위험성이 높고 또 가장 성공 가능성이 낮은 혁신 기회의 원천이다. 큰 재난으로 끝날 확률이 매우 높다. 이런 종류의 혁신을 통해 획득한 특허 100건 가운데 개발 비용과 특허 관련 비용을 보상하기에 충분할 정도의 수익을 내는 것은 한 건을 넘지 않는다. (중략) 멋진 아이디어에 기초한 경영 혁신의 성공 가능성을 개선하려는 시도는 지금까지 별로 성공하지 못했다. 마찬가지로 성공적인 혁신가를 만드는 개인적인 특성, 행동 또는 습관을 파악하려는 (그리고 그것을 카피해서 성공적인 혁신가를 복제하려는) 시도는 지금까지 성공하지 못했다. (중략) 멋진 아이디어를 끈기 있게 추구하다 보면 결국 보상을 받는다는 믿음에 대한 경험적 증거는 사실상 없다. 몇몇 성공적인 발명가는 오직 단 하나의 멋진 아이디어만을 성공시켰고 그 뒤로는 발명계에서 물러났다. 예컨대 지퍼의 발명자와 볼펜의 발명자가 그랬다."

그리고 혁신가는 어떻게 탄생하는지 이야기했다.

"물론 혁신가는 실천을 통해 자신의 아이디어를 개선한다. 그러나 그들이 올바른 방법(체계적, 목적 지향적)으로 실천할 때, 즉 혁신의 기회 원천들을 체계적으로 분석한 후 그들의 활동을 추진할 때 그것은 가능하다."

가치 창조에 도움을 주는 아이디어들도 있다. 오랫동안 집중해 충분히 숙성된 목욕탕에서 진짜 '유레카^{eureka}'가 나온다.

모두가
'세계 최초'를 외친다

유사 경쟁 상품 검색하기

나는 실리콘밸리에서 열리는 한국인 창업 워크숍에 심사위원으로 매년 참석하고 있다. 창업 워크숍 참석자들은 사흘간 팀을 꾸려 사업 계획을 세우고 간단한 데모 제품을 만들어 마지막 날 저녁에 발표한다. 워크숍 참석자들은 보통 10분 정도 발표와 시연을 하고 질문을 받는다. 반려동물과 관련된 획기적인 서비스라고 자랑하며 한 팀이 발표를 시작했다. 발표 첫마디가 "이것은 세계 최초입니다."였다. 나는 이런 이야기를 들으면 꼭 확인해봐야겠다는 욕구가 발동한다. 발표를 듣는 짧은 시간을 이용해 인터넷 검색을 시작했다. 키워드를 변경해가면서 몇 번의 검색을 반복하자 비슷한 제품과 서비스, 관련 회사 이름들이 주르륵 화면에 등장했다. 불과 5분밖에 걸리지 않았다. 세계 최초가 아니라 세계 100번째쯤 되는 것을 확인하는 순간이었다.

스타트업 사업계획서 검토를 거듭할수록 창업하려는 분야에 대한 창업가의 철저한 무지와 무경험과 더불어 계획의 피상성에 놀라게 된다. 부디 블로그, 신문 기사 등에서 보거나 책 몇 권 읽은 감동에 의존해 창업하지 않기를 권한다. 번뜩이는 아이디어가 떠오르면 사업계획서를 작성하기 전에 한 시간만이라도 인터넷 검색을 해보기 바란다. 사업계획서를 작성하고 회사를 설립해 직원을 채용하고 제품을 개발해 마케팅을 시작한 후에야 이미 같은 제품을 다른 회사가 선점하고 있다는 것을 알게 되는 경우가 의외로 많다. 돈과 시간은 이미 다 날아가버렸다. 그 잠깐의 검색 과정이 막상 사업을 시작해 제품을 만들고 실패할 때까지 소비하는 수천만 원 혹은 수억 원의 돈을 절약하는 가치가 있는 행동이다.

그래서 사업을 구상할 때 가장 먼저 해야 할 일은 유사 경쟁 상품의 검색과 조사다. 유사 경쟁 상품들을 깊이 연구하면, 처음에는 같아 보였던 여러 제품들이 같은 제품이 아니라 조금씩 다르다는 것을 발견하게 된다. 미국의 경제학자 시어도어 레빗^{Theodore Levitt}도 '똑같은 상품은 존재하지 않는다. 모든 제품과 서비스마다 차이점이 있다'고 했다. 집중하는 고객의 집단과, 그들의 문제점과 해결하는 방식이 다르다는 것을 발견할 수 있다. 기존 제품을 잘 조사하면 그 시장과 고객의 특성에 대한 깊은 이해를 얻을 수 있다. 그 틈새에서 자사 제품을 어떻게 차별화하고 어떤 틈새시장에 진입해야 할지 발견할 수 있다.

다른 사람들은 다 아는데 자신만 모른 채 '세계 최초'를 용감하게 부르짖는 벌거벗은 임금님과 같은 창업자는 되지 말자.

특정한 고객의
특정한 문제에 집중하라

핵심 타깃 설정하기

패션 서비스를 준비하는 스타트업이 스스로를 소개하는 문장 중 일부다.
 "온라인에서 접할 수 있는 패션 정보들이 중구난방으로 흩어져 있다. 하나의 검색 키워드에도 자신이 원하지 않는 수많은 이미지들을 비롯한 정보가 무더기로 나온다. 널려 있는 패션 SNS를 통해서는 기껏해야 휘발성의 이미지를 공유하는 것 말고는 스타일을 걸러낼 수가 없다. 이러한 상황에서는 자신이 원하는 정확한 스타일들을 찾아볼 수 없을 뿐더러 너무 많은 시간이 소요된다."
 이 사업계획서의 시작 문장은 '모든 패션 정보를 모아서 편리하게 한 번에 찾을 수 있는 서비스를 만들려고 한다'였다. 정보가 흩어져 있어서 여러 사이트를 돌아다니면서 정보를 취득하는 것이 너무 불편하다. 그 모든 정보를 한곳에 다 모으고 정리해서 사람들의 취향에 맞게 보여주면 사람들이 좋아할 것이라고 설득한다. 나도 정말 그런 서비스가 있으면 좋겠다. 아쉽게도 그런 수퍼 정보 서비스는 없다. 꼭 하나의 예를 들라고 하면 구글이 비슷한 위치에 있지 않을까 생각하는데, 구글도 쇼핑 정보는 이제 아마존에게, 소셜 정보는 페이스북과 트위터에게 뒤지고 있다. 내가 구축하려는 것이 흩어져 있는 정보들을 모은 통합 정보 사이트라고 주장하지만 사실은 그 '흩어져 있는 정보 사이트' 하나를 더하고 있다는 사실을 간과하는 것이다.

수퍼 정보 서비스가 허상인 이유는 모든 정보를 다 모으고 최신 상태를 유지하는 일이 불가능하기 때문이다. 구글도 못하고 있다. 정보는 계속 변화하고 또 생기고 없어진다. 특정한 분야로 한정해도 전 세계에 존재하는 모든 정보를 다 모아 관리할 수 없다. 설사 많은 정보를 모아서 사이트에 담았다 하더라도 사람들이 과연 자사 사이트에서만 정보를 취득하고 다른 곳은 더 이상 검색하지 않을까? 천만이다. 자사 사이트 외에 다른 사이트 역시 여전히 검색할 것이고 고객은 비슷비슷한 것을 여러 사이트에 분산시켜 카피해놓았다고 불평할 것이다.

'한곳에 다 모아둘 수 있을 것'이라는 환상, 모든 사람들의 마음을 몇 가지 알고리즘 혹은 빅데이터 기법으로 맞출 수 있을 것이라는 환상, 남들은 못하고 있는데 자신은 특별하다는 환상을 버려야 자신이 무엇을 해야 하고 무엇을 잘할 수 있을지 보인다.

구글이 최고의 인기를 구가하던 2009년에 구글 웨이브^{Google Wave}를 발표했다. 반향이 대단했다. 구글은 모든 온라인 커뮤니케이션을 다 포괄할 수 있는 통합 플랫폼 서비스를 만들고 개발자 연동 툴(API)들도 제공해서 모든 서비스들과 모든 사람들을 구글 웨이브에 다 연결시켜 사용할 수 있게 하겠다는 야심에 찬 발표를 했고 서비스도 오픈했다. 발표하는 첫날, 모든 사람들이 열광할 때 나는 이 서비스는 금방 망할 것이라고 소셜 네트워크상에 썼다. '모든 사람들을 위한 모든 것을 포괄하는 서비스란 있을 수 없다'는 원리를 이야기했다. 동시에 그런 서비스를 할 수 있을 것으로 집단적으로 믿게 된 배경은 구글이 참 교만했다고 평가했다. 2010년 구글은 구글 웨이브 프로젝트를 중단하고 오픈

소스화 하기로 결정했다.

특정한 고객의 특정한 문제를 해결하는 것이 사업의 본질이라고 반복해서 이야기를 해도 귀에 잘 들어오지 않는 것 같다. 단지 컴퓨터와 네트워크로 플랫폼을 만들면 사람들의 문제가 저절로 해결될 것으로 생각하거나, 기계적 알고리즘으로 모든 사람의 취향을 맞추고 서비스할 수 있다고 생각하는 이들이 많다. 플랫폼이라는 개념의 함정에 빠진 것이다. 사람들이 서로 교류할 수 있는 컴퓨터 시스템을 만들어두면 그것이 저절로 살아 있는 서비스로 진화할 것이라고 속는 함정이다.

많은 스타트업이 플랫폼을 컴퓨터 시스템이라고 믿는다. 컴퓨터 시스템은 플랫폼이라는 숲을 그린 그림에 불과하다. 숲을 그린 그림에는 나무가 살지도 않고 새도 날아오지 않는다. 이끼도 끼지 않고 동물들도 모이지 않는다. 숲을 만들고 싶으면 숲의 모습을 상상하지 말고 삽을 들고 땅을 파고 나무 한 그루를 심고 물을 주는 일을 해야 한다. 살아 있는 숲을 만드는 길은 살아 있는 나무 한 그루, 땅 한 뼘을 만드는 것에서 시작한다. 절대로 숲과 같이 큰 단위의 일을 도모하는 것으로부터 숲이 형성되지 않는다. 와이 콤비네이터의 폴그래엄은 자신의 블로그에 '규모를 도모하지 않는 일을 하라(Do things that don't scale)'라는 글을 올린 바 있다.

숲이라는 플랫폼을 만드는 큰 단위의 노력을 통해 살아 있는 숲이 만들어지지 않는다는 것은 과거 스타트업들의 역사를 통해 반복적으로 검증된 일이다. 사업의 과정도 동일하다. 사람들은 다르다. 완전히 다르다. 특정한 사람들이 가진 문제가 서로 다르다는 사실을 이해하고, 그 특정한 한 사람 한 사람의 특정한 문제들을 컴퓨터가 아니라 사람이 해결해야 한다는 사실을 받아들여야 비즈니스 모델의 설계를 시작할 수 있다.

불만에 가득 찬
고객을 찾아라

구체적으로 타깃 분석하기

여자 친구를 둔 어떤 남자는 이렇게 생각한다.

'그녀는 나의 큰 키와 멋진 매력에 흠뻑 빠져서 나를 좋아해.'

반면 당사자인 그녀는 자신의 이상형을 아직 찾지 못해 차선책으로 이 남자를 관리하고 있는 중이거나, 그가 항상 데이트 비용을 내기 때문이거나, 정작 자신은 큰 키의 남자는 별로이지만 큰 키를 좋아하는 얄밉게 구는 친구에게 과시하고 싶어서 이 남자를 만나고 있는 것일 수 있다. 다만 그 사실을 솔직하게 당사자에게 이야기할 수 없었을 수 있다. 사람들의 이야기는 생각보다 솔직하지 않다.

고객의 진짜 마음과 CEO가 상상하는 고객의 마음은 항상 엇갈려 빗나간다. 잘나가는 회사의 CEO도 고객이 왜 자사 제품을 사용하는지 잘 알지 못한다. 이것은 매우 어려운 문제다. 이런저런 이유라고 미뤄 짐작하기는 쉽다. 그러나 고객이 제품을 사는 진짜 속마음은 이성의 마음처럼 복잡 미묘하게 감춰져 있어서, 웬만한 구애로는 열어볼 수가 없다. 알았다고 생각했다가도 양파 껍질을 벗기면 그 속에 또 다른 깊은 이유가 감춰져 있다. 끊임없이 묻고 측정하며 확인해야 한다.

쉬운 답에 만족하며 쉽게 넘어가지 않는 것이 창업가의 중요한 자질이다. 고객은 솔직하거나 논리적으로 표현하지 않지만 자신의 필요와 고통을 여러 경로를 통해 표현하고 호소하고 말한다. 빌 게이츠는 이렇게 강조했다.

"가장 큰 불만을 가진 고객은 가장 위대한 배움의 원천이다(Your most unhappy customers are your greatest source of learning)."

그러나 이를 듣더라도 창업가들은 무시하고 다른 방향으로 간다. 무시하고 지나치는 이유는 전적으로 창업자들의 문제 때문이다. 고객의 문제를 해결하는 기술이 자기가 기대했던 첨단 기술이 아니거나, 그 문제가 포함된 분야가 지금 유행하는 분야가 아니거나, 자신이 재미있어 하거나 흥미로워하는 것도 아니기 때문이다.

심지어 그런 일은 허드렛일이어서 창피하다고 생각하는 경우도 있다. '나는 그런 시시한 일이나 하려고 창업을 한 게 아니'라고 생각하기도 한다. 만일 '배달의 민족 서비스'를 제공하는 '우아한형제들'의 김봉진 대표가 '나는 첨단 모바일 빅데이터 위치 기반 오투오정보 플랫폼 서비스를 하려는 것이지, 동네 전단지를 모아 스캔하고 타이핑하는 시시한 일을 하려고 사업을 시작한 것은 아니야'라고 생각했다면, 지금의 '배달의 민족' 같은 최고의 모바일 배달 서비스는 존재하지 못했을 것이다.

아래는 이 글을 쓰던 당시 〈포춘〉지 선정 세계 500위 기업이었던 청소 용역 회사 '서비스 마스터'의 회장이자 지금은 펜실베이니아대학교 와튼경영대학원의 이사회 의장인 윌리엄 폴라드의 이야기다.[19] 앞에서 이야기했듯이 서비스 마스터는 회사의 회장에서부터 임원 모두가 정기적으로 현장에서 청소하는 일을 하는데, 회장이었던 윌리엄 폴라드가 현장에서 청소할 때 겪은 일화다.

나는 아직도 그 일을 생생하게 기억한다. 그 일로 인해 사람들이 일상의 허드렛일을 통해서 남을 섬기는 사람들을 어떻게 대우하고 보는지 알게 됐다. 나는 사람들이 많이 왕래하는 병원 복도에서 일하고 있었다. 복도에 '미끄러움' 표지판을 세우고 대걸레질을 하려던 찰나였다. 갑자기 한 여인이 내 앞에 서더니 물었다.

"당신이 빌 폴라드예요?"

나는 그렇다고 대답했고, 그녀는 자기가 아내의 먼 친척이 된다고 밝혔다. 고개를 흔들면서 그녀는 내게 이렇게 물었다.

"직업이 변호사 아니었어요?"

마치 '좀 더 나은 직업을 가질 수 있을 텐데……' 하는 말처럼 들렸다. 나는 잠시 시선을 떨구어 양동이를 내려다보며 말했다.

"아니에요. 이게 제 새 직업인 걸요."

이때 몇몇 사람이 내 주위로 몰려왔다. 그녀는 창피했던지 내게 바짝 다가와 귀엣말로 물었다.

"가족들은 다 잘 있지요?"

직업에는 귀천이 없다고 믿는다면 변호사 출신이 청소 일도 할 수 있다는 사실을 당연하고 자연스러운 일로 받아들여야 하겠지만 현실에는 받아들이기 쉽지 않은 압력이 존재한다. 일에 대한 편견에서 비롯된 체면과 과시욕 때문에 훌륭한 사업 모델을 발견할 중요한 기회를 놓친다.

내가 필요를 느껴서 직접 만들어 사용하고 만족한 제품은 고객도 만족할 가능성이 있다. 하지만 정작 고객이 필요하거나 고객의 문제를 해결하는 제품은 '창업자가 만족하지 못하거나 재미없어 할' 가능성이 높다. 이렇게 고객과 창업가들은 영화 〈해리가 샐리를 만났을 때〉

(1989)의 주인공처럼 운명적으로 마주치긴 하지만 동상이몽을 꾸며 엇박자를 내고 단지 스쳐 지나가기를 거듭한다.

애인 같은 고객들이 외친다.

"네가 내 마음을 알아? 알고 싶기나 해? 알더라도 도와줄 마음이 있기나 한 거야?"

우리의 고객은
어디에 있는가

고객의 전환 비용을 생각하라

조선 후기 3대 풍속화가 가운데 신윤복이 있다. 그의 풍속화는 당시로서는 파격적인 남녀 간의 애정과 에로틱한 소재를 많이 다루었다. 그중에 '월하정인月下情人'이라는 그림이 있다. 초승달이 높이 뜬 한밤중, 동구 밖 후미진 뒷골목 담벼락 아래서 남녀가 밀애를 즐기는 장면이다. 은은한 초승달이 뜨고 밤안개가 담장 위로 넘어오는 은밀한 분위기에서 남자는 초롱불을 들고 여자를 인도한다. 그림 가운데에는 '달은 기울어 밤 깊은 삼경인데, 두 사람의 마음은 두 사람만이 안다(月沈沈夜三更兩人心事兩人知)'는 아리송한 한시가 쓰여 있다. 분명한 것은 이 두 남녀는 그들의 욕망을 지금 은밀히 채우고 있다는 점이다.

비즈니스 모델을 설계하는 창업자들은 '우리의 고객이 누구인가'라고 질문하지 말고 '우리의 고객은 어디에 있는가'를 질문해야 한다. 자사 제품이 제공하는 가치와 유사한 것을 제공하는 제품은 이미 많다. 춘향이 이 도령을 기다리듯이, 잠재 고객은 자사 제품의 등장을 정절을 지키며 기다리지 않는다. 이미 그들은 필요와 욕구를 어디에선가 해소하고 있다. 그들이 어디서 그 욕망을 해소하는지 알아야 한다.

수년간 교제하던 이성 친구보다 조금 더 멋진 이성이 차별화된 윙크를 한 번 했다고 지금의 이성 친구를 걷어차고 새 이성의 품으로 바로 달려가는 사람은 거의 없다. 기존에 교제하던 이성 친구와 주고받았던 선물과 투자한 시간을 다 버리고 새롭게 관계를 시작하는 일은 대단한 모험이기 때문이다. 정을 떼는 고통도 힘들고 그 이성 친구와 사귀며 맺은 사회적 관계에서 오는 압력도 있다. 지금의 이성 친구와 이만큼의 관계로 발전하기까지 겪은 긴장 그리고 갈등과 스트레스의 과정을 처음부터 다시 시작해서 겪는 것도 괴롭다. 그렇다고 조금 더 좋은(차별화된) 새 이성과 사귀기 시작해서 친밀한 관계로 발전하지 못할 리스크도 있다. 이것을 경영학 용어로 '전환 비용 Switching Cost(현재 사용하는 재화가 아닌 다른 재화로 바꿀 때 드는 유·무형의 비용)'이라고 한다. 고무신이나 군화를 거꾸로 신는 비용이라고 할까?

새로 만든 제품이 아무리 환상적일지라도 잠재 고객은 오래 사귄 이성 친구와 같이 기존 제품을 통해 그들의 욕구를 충족시켜왔다. 거기서 자사 제품으로 건너오는 데 상당한 진입 장벽이 존재한다. 단지 자사 제품이 더 좋기 때문에 고객이 쉽게 받아들일 것이라고 생각한다면 순진한 생각이다. 소셜 네트워크의 경우 이미 맺은 친구 관계, 그동안 써둔 글들, '좋아요' 받은 횟수, 팔로우/팔로어들을 버리고 새로운 소셜 네트워크에 열정을 쏟기는 쉽지 않다.

자사 제품과 서비스의 잠재 고객이 지금 어디에서 욕망을 채우고 있는지, 전환 비용이 무엇이고 얼마나 높은지를 알고 그것을 넘어설 만큼의 차별화된 제품을 만들거나 전략이 있어야 한다. 순진한 짝사랑으로 눈이 먼 창업자들이여, 남의 고객을 쉽게 확보할 수 있을 것이라 착각하지 말고 우리의 고객이 어디에 있는지 알아보는 눈을 뜨기 바란다.

솔루션이 아닌
문제를 찾아라

스타트업 첫해의 숙제

'고객은 이것들을 좋아할 거야, 기존 회사들은 이래서 못해, 나는 잘할 수 있어'

상당수의 사업계획서는 이같은 가설의 삼단 논리 비약으로 시작한다. 각 문장에 '왜'를 붙여 의문형으로 만들어 실험하고 검증하는 일이 스타트업이 해야 할 핵심인데, 당연하다고 가정하고 쉽게 그냥 넘어가서 다음 단계로 접어든다. 가설의 삼단 논리 비약을 스타트업의 숙제로 다시 만들어보면 다음과 같다.

'왜 고객이 이것을 좋아해야만 할까? 왜 기존 회사는 그것을 하지 않았을까? 왜 나는 잘할 수 있을 것이라 믿는가?'

세 가지 질문으로 만들어 앞으로 6개월, 1년 동안 숙제로 삼고 풀어야 한다.

공동 창업자들이 모여 사업 구상을 토론하면 즐거움이 가득하다. 삼단논리 비약에 취하면 세상에 안 될 것도, 무서울 것도 없다. 공동 창업자들은 아름다운 환상에 빠져든다. 드라마의 한 장면처럼 낡은 폐가에 들어가 있는데도 불여우의 마법에 빠져 환상적인 대저택에서 진수성찬을 즐기는 줄로 착각하며 야금야금 다가오는 죽음의 시간을 기다리는 처지와 같다. 스타트업 CEO가 묘사하는 제품들은 대체로 천상에만 존재하고 이 땅에는 존재하지 않는다. 모든 사람에게 쉽고 편리하고 저렴하고 취향에 맞춰서 저절로 다 된다. 그래서 잠재 고객 설문조사에는 항상 압도적인 긍정의 결과만 나온다. 린 스타트업 운동의 선도자 중 한 사람인 애시 모리아$^{\text{Ash Maurya}}$는 고객 인터뷰에 대해 이렇게 조언하고 있다.

"여러분은 먼저 문제 인터뷰를 실시해야 합니다. 여러분은 솔루션에 온 관심을 집중하고 있겠지만 문제에서 솔루션을 분리하고 문제에만 초점을 두어야 합니다. 목표는 해결할 가치가 있는 문제를 찾는 것입니다. 그리고 고객은 솔루션에 넌더리가 나 있다는 점을 기억해야 합니다. 사람들은 생활을 더 편리하게 만들어준다는 마법의 상품에 관한 선전을 끊임없이 접합니다. 그러나 상품을 선전하는 사람들의 대부분은 고객의 진짜 문제를 간과하고 있습니다."

정말 그런 천상의 제품이 있다면 나도 당장 사서 쓰고 싶다.

기술 중심의 사업계획서는 거의 100여 페이지가 신기술 설명으로 작성된 것이 많다. 다 읽기도 힘들지만, 혹시 그 기술이 현실 세계에서 작동할 가능성이나 적용 사례가 있을까 기대하며 끝까지 읽어본다. 역시 끝까지 가도 어려운 기술 용어의 밀림과 실험실을 벗어나지 못한다. 갑작스럽게 결론에는 사람들이 좋아할 거고, 세계를 정복할 거라며 말을 맺는다. 중간 과정은 모두 생략되었다.

회원이 1000만 명이 된 후에 할 수 있는 일은 무궁무진하다. 그 잠재적인 힘과 가치는 상상할 수 없을 만큼 크기 때문이다. 그런데 정작 한 명, 천 명, 만 명, 10만 명의 회원은 어떻게 모집할 것인지에 대해서는 생각하지 않는다. 이게 핵심인데 건너뛴다. 첫 번째 회원이 자사 서비스를 왜 써야 하는지 답을 가지고 그를 만족시키지 못하면 1000만 명의 회원은 없다. 하찮아 보이는 그 '하나' 그리고 '첫 번째'가 본질이기 때문이다.

  잘못된 길을 가는 스타트업에게는 공통점이 있다. 과정은 생략하고 달콤한 열매에만 초점을 맞춘다. 자신이 가진 현실적인 능력과 위치는 보지 않고, 사업의 화려한 면과 성공한 모습만 본다. 고상한 책과 창업 무용담을 너무 많이 들어버렸다. 아는 것은 너무 많다. 창업가들은 공중 부양해 세계적인 창업가들과 토론하며, 가치를 만들고, 세상을 변혁하고, 지구를 놀라게 할 방안을 고민한다. 정작 자신의 잠재 고객은 땅의 현실 세계에서 작고 구체적인 당장의 필요를 해결해주기를 바라고 있는데 말이다. 꽃을 피워야 하는 시기엔 오직 꽃에만 집중하라. 충만한 열매는 그 꽃이 피 었던 자리에서 맺힌다.

없으면 안 되는 것,
고객이 고통스러워하는 것

비즈니스 모델의 가치 5단계

중요한 사업의 비밀을 하나 공개하려고 한다. 세상에서 절대로 없어지지 않을 사업 분야가 있다. 무엇일까? 그것은 바로 '의식주' 분야다. 옷과 음식과 집은 인간 생활의 근원적인 필요 요소다. 인간이 지금과 같은 모습을 유지하는 한 없어서는 안 될 필수품이다. 영원히 없어지지 않는 산업 분야가 될 수밖에 없다. 너무 싱거운 이야기인가? 누구나 아는 뻔한 이야기인가? 최첨단이 아니어서 흥미가 안 생기고 사업하는 맛이 안 날 것 같은가? 그러나 이는 많은 것을 말해주는 진실이다. 컴퓨터와 소셜 네트워크, 모바일 산업은 지나가고 없어지더라도 의식주 산업은 영원할 것이다.

서울 가로수길 주변이 명소로 뜨기 시작할 때, 맨 먼저 들어가 분위기를 바꾼 것은 식당들이다. 구글이 2014년 매출 규모로 미국에서 46위를 기록했는데, 43위에 펩시콜라가 있었다. 오라클 Oracle이 82위를 했는데, 그 한참 위에 식료품을 주로 파는 세이프웨이 Safeway가 67위에 있었다.[20] 역시 먹는 장사가 최고라는 말이 맞다. 먹는 사업은 한물간 사업으로 생각하지만 여전히 전성기이고 앞으로도 계속 그럴 것이다.

요즘 그 가로수길에서 식당을 밀어내고 점령하는 것은 무엇인가? 바로 옷가게다. 오래된 굴뚝 산업이며 사양산업으로 알려진 의류 산업은 여전히 전성기다. 인터넷과 모바일 전자 상거래가 왔지만 가장 많이 팔리는 아이템 중 하나는 의류다. 의류 산업은 영원할 것이다.

주택 산업도 마찬가지다. 미국의 주택 경기가 휘청하더니 미국 금융기관뿐 아니라 2008년에는 세계 경제 위기가 왔다. 2014년 매출 규모를 기준으로 한 미국 기업 순위로 봐도 건축 자재를 판매하는 도소매상인 홈데포HomeDepot가 구글이나 펩시보다 한참 앞선 33위에 올라 있다. 건설업을 만만하게 보지 마라. 건설업이 흔들리면 국가나 세계 경제가 흔들린다.

스타트업에게 '당신 사업이 제공하는 주된 가치가 무엇'인지 물어보면 많은 경우 재미와 흥미라고 한다. 즐겁고 재미있으면 사람들이 좋아하고 자사 제품을 꼭 쓸 것이라 한다. '재미와 흥미'라는 가치는 고객을 흡인하는 힘은 강하지만 그 기간이 가장 짧다. 재미와 흥미를 주된 가치로 두는 사업은 연예 산업과 게임 산업 분야다. 만일 재미와 흥미를 자신의 사업 중심 가치로 생각한다면, 흡인력은 강하지만 주기가 짧은 재미라는 가치를 붙잡는 노하우를 연예 산업과 게임 산업에서 배워라.

이보다 더 긴 흡인력을 갖는 것은 '있으면 좋은 것'이다. 그러나 단지 있으면 좋은 것 정도의 아이템으로는 사업을 시작하지 마라. 와이 콤비네이터의 CEO 샘 알트만은 강의에서 이렇게 말했다.

"서류로만 보면 괜찮은 회사들이 대부분 실패하는 이유는 사람들이 좋아하는 제품을 만드는 데 그쳤기 때문입니다. 사람들이 원하긴 하지만 간절하지는 않은 무언가를 만드는 것은 실패로 가는 지름길이며, 자신이 왜 실패했는지조차 알아차리기 힘듭니다. 여기 두 종류의 접근이 있습니다. 많은 사용자가 조금씩 좋아하는 것을 만들거나 소수의 사용자가 열렬히 사랑하는 무언가를 만드는 일입니다. 아주 중요한 조언을 하겠습니다. 소수의 사용자가 사랑하는 것을 만드세요. 소수의 사용자가 사랑하는 것을 많은 사람이 사랑하도록 확장하는 일이, 많은 사람이 좋아하는 것을 많은 사람이 사랑하게 만드는 것보다 훨씬 쉽습니다."

'재미와 흥미' 위에 '필요한 것'이 있다면, 다시 그 위에 '없으면 안 되는 것'이 있다. 의식주 산업이 바로 '없으면 안 되는 것'의 대표 주자다. 이곳은 시장이 확실하고 큰 대신 경쟁이 치열하다. 그러면 시장을 나눠볼 수 있다. 특정 분야에서 없으면 안 되는 것이 있다. 검색은 인터넷에 있어서 없으면 안 되는 것이다. 그래서 구글이 인터넷 기업에서 일등을 하게 된 이유다. 특정 영역에서 없으면 안 되는 것이 무엇인지 찾아 제공한다면 성공 가능성이 높은 큰 회사가 될 수 있다.

마지막으로 가장 큰 흡인력을 가지면서 오래 지속할 수 있는 중요한 가치 요소는 '고통스러운 것'이다. 무언가 고통스러운 상황에 있는 고객은 해결책이 있다는 소문만 들어도 제 발로 뛰어와 제품을 자발적으로 산다. 시장은 좀 작더라도 고객의 즉각적인 반응과 강한 충성도를 가진 탄탄한 사업을 만들 수 있다.

나는 이를 일컬어 '비즈니스 모델의 가치 5단계'라 한다. 1단계 재미와 흥미, 2단계 있으면 좋은 것, 3단계 필요한 것, 4단계 없으면 안 되는 것, 5단계 고통스러운 것이다. 당신의 비즈니스 모델이 추구하는 가치를 여기에 대입해보라. 고객이 '고통스러워하는 것'이나 어떤 분야에서 '없으면 안 되는 것'을 찾아라. 만일 발견하고 그 사업을 시작하면 로켓을 타는 즐거움을 경험하게 될 것이다.

딸은 유행을 사고,
엄마는 품질을 산다

소비자 욕구 파악하기

오래전 우리 집에는 국산 브라운관 TV가 있었다. 20년을 넘게 사용했다. 채널을 바꾸는 로터리 손잡이가 접촉 불량이었고, 가끔 화면이 일그러지긴 했지만, TV 머리통을 '탕탕' 손바닥으로 치면 금방 멋진 화면을 뿜어내며 즐거움을 선사했다. 평면 TV 등으로 세대가 거듭 바뀌어도 우리 집 브라운관 TV는 그 이후로도 오랫동안 만족을 주었다. 훌륭한 품질이었다. 역시 한국 가전 회사가 세계를 석권할만했다.

  TV 프로그램에 장인 정신을 가진 기업가가 출연해, 여러 가지 어려움에도 불구하고 정직하게 품질을 유지하고 인간 승리를 이뤄내는 장면을 자주 본다. 가슴이 뭉클해 눈물이 고인다. '그래! 나도 사업을 하면 저런 품질의 제품을 만들 거야'라고 결심한다. 품질은 최고의 절대적인 가치라고 배운다. 품질이 과연 절대적인 가치일까? 아니다. 고객은 품질을 사는 게 아니다. 고객은 욕구의 만족을 산다. 그게 항상 품질은 아니다. 어떤 경우 품질의 강조는 불필요한 원가를 상승시킨다.

  개발자 창업자의 경우 기술 지상주의에 쉽게 빠져들어 무엇이건 컴퓨터를 통한 자동화로만 문제를 해결하려고 덤빈다. 우주 볼펜 이야기가 있다. 그냥 연필을 써도 되는데 우주 공간에서 사용할 필기구인 우주 볼펜을 연구 개발하느라 수십억 원의 연구비를 소비해 하나에 수백만 원 하는 우주 볼펜을 개발했다는 가상의 스토리다. 최고의 속도, 최신의 기술, 모든 것의 자동화가 그런 예이다. 다른 한편으로 볼 때, 무엇을 품질이라고 정의해야 할까? 데이터의 양, 반응 속도, 디자인, 보안이 품질로 규정될 수도 있다. 제조업의 경우 내구성일 수도 있고, 편리함일 수도 있다. 품질이라는 용어도 매우 주관적이고 고객 집단에 따라 달라진다는 것을 잊지 말아야 한다.

피터 드러커가 든 예를 보자. 십대 소녀가 구두에서 얻고자 하는 욕구는 유행이다. 구두에 유행이 '담겨' 있어야 한다. 가격은 부차적인 문제이며 내구성은 전혀 문제가 안 된다. 어차피 내년에는 유행이 바뀔 것을 안다. 그러나 이 소녀가 나중에 결혼해 아이를 낳으면 유행은 걸림돌이 된다. 물론 아주 촌스런 구두를 사지는 않겠지만 그녀가 원하는 요소는 내구성과 가격, 편안하게 발에 딱 맞는 것들이다. 똑같은 품질의 구두가 십대 소녀에게는 최고의 선택일지라도 바로 위의 언니에게는 최악의 선택이 될 수 있다.

요즘 핸드폰은 살 때는 번듯하지만 1년만 지나도 싫증이 난다. 배터리는 새로이 충전해도 하루를 견디지 못한다. 스마트폰 앱들은 점점 느려진다. 메모리는 음악과 사진 파일들로 가득 차서 더 이상 사진을 찍을 수도 없다. 새로 나온 핸드폰에 탑재된 첨단 기술과 멋진 디자인을 비교하면서 상대적인 불만족이 더해진다. 여기에다가 통신 회사들은 사실상 비싼 이자의 할부 금융과 같은 보조금을 통해 핸드폰 교체를 쉽게 만들어 유혹한다. 같은 핸드폰도 10년 전의 가치와 지금의 가치가 달라졌다. 실용품에서 패션 상품으로 변했기 때문이다. 통화가 잘되는 것만으로 핸드폰을 선택하지 않는다. 핸드폰은 장난감이자 목걸이나 시계와 같은 패션 액세서리가 되었다.

  지인이 최고급 세단을 탄다. 그의 친구가 '당신이 그 차를 모는 모습이 참 멋지다'라고 한 순간 그는 '이 멋진 차를 탄 내 모습을 정작 나는 한 번도 본 적이 없는데 그 많은 돈을 지불했구나'라는 생각이 들었다고 한다. 최고급 세단을 타는 자신의 멋진 모습을 단지 상상하면서 만족하고 있었던 것이다. 품위와 같은 가치 요소들도 가만히 살펴보면 품위 있어 보일 것이라는 상상이 바로 진짜 가치 요소라는 것을 발견할 수 있다. 현실의 겉모습 너머 더 깊은 곳에 뿌리내린 가치를 판단하는 날카로운 눈을 뜨자.

  내구성이나 성능과 같은 품질을 무시하라는 이야기가 아니다. 품질은 중요하다. 그러나 가치에 대한 일차원적 시각에서 벗어나야 한다. 현상을 꿰뚫어 이면을 보는 눈을 열고 머리를 부드럽게 움직여보라. 그 뒤에 고객 만족을 위해 제공해야 하는 진정한 가치가 숨겨져 있다.

5강

흐르는 강물에 배를 띄워라

HOW TO START A STARTUP

창업을 했다면 성과를 만들어라

모든 것을 측정하고
또 측정하라

제품 개발보다 측정이 먼저다

"인정할 것은 인정하자. 여러분은 거짓말을 한다. 정도의 차이는 있지만 우리는 모두 거짓말을 한다. 그중에서 창업가는 정도가 가장 심한 편에 속한다. 창업가는 특히 자신을 잘 속인다. 속이는 것은 어쩌면 창업가로 성공하기 위한 필수 조건일지도 모른다."

앨리스테어 크롤, 벤저민 요스코비츠가 공저한 《린 분석》의 도입부에 나오는 내용이다.

스티브 잡스는 비즈니스에서 '현실왜곡장(reality distortion field)'을 쓰기로 유명했다. 그의 자서전을 쓴 월터 아이작슨[Walter Isaacson]은 스티브 잡스의 현실왜곡장을 이렇게 설명했다.

"잡스가 거짓말을 하는 성향이 있다는 사실을 수사적으로 그럴듯하게 표현한 것뿐이었다. 그러한 행위는 의도적인 현실 거부에서 비롯했으며, 결국 타인뿐 아니라 자기 자신도 기만하는 것이었다. 잡스의 경우 그것은 종종 무언가를 달성하기 위한 술책이었다."

잡스는 미래에 대한 비전을 가지면 그것을 스스로 내면화해 현실을 왜곡해버린다. 그리고 주위 사람들에게 그것을 믿게 만든다.

《린 분석》을 다시 한 번 살펴보자.

"어쨌든 여러분은 제대로 된 결정적 증거도 없이 어떤 것이 진실이라고 사람들을 설득해야 한다. 현실왜곡장은 창업가에게 반드시 필요하다. 그러나 자신의 거짓말이 만들어낸 거품을 스스로 믿기 시작하면 더는 살아남을 수 없다. 직감은 영감을 준다. 스타트업을 운영하는 내내 직감에 귀 기울이고 이용할 필요가 있다. 직감은 중요하다. 단 직감을 테스트할 필요는 있다. 직감이 실험이라면 데이터는 증거다."

현실왜곡장이라는 마취 흥분제가 필요하긴 하지만 내면은 냉철하게 현실을 직시해야 한다. '유리하게 손질한 데이터'와 '예외적인 성공 케이스'와 '자가발전한 외부 평가'를 기반한 자화자찬식 성과 자랑에 빠진 조직은 미래가 없다. 공공 기관이나 큰 회사에서 자주 발견되는 현상이지만 스타트업도 마찬가지다.

스포츠 선수들이야말로 진짜 프로들이다. 타율, 출루율, 방어율, 골, 어시스트, 패스 성공률, 분·초 등 정량적 핵심 지표에 따라 여지없는 평가와 보상을 받는다. 하지만 그들은 결과를 변명하지 않고, 심판의 오심도 경기의 일부라고 인정하며 남 탓, 환경 탓을 하지 않는다. 숫자와 사실에 근거한 냉철한 판단과 결정을 통해 기존의 관습을 깨트리고 자기와의 싸움에서 이겨 목표를 달성하는 모습은 언제나 감동적이다.

세계적인 품질관리학자인 에드워드 데밍$^{Edward\ Deming}$은 말했다.

"측정 가능한 모든 것을 측정하라. 그리고 측정이 힘든 모든 것을 측정 가능하게 만들어라."

또한 피터 드러커는 '우리는 측정할 수 없다면 관리할 수 없다'고 이야기했다. 자신의 비즈니스 모델이 무조건 잘될 것이라고 생각한다면 여기에는 가설이 없는 것이 된다. 가설이 없으니 당연히 측정도, 분석도 관심이 없다. 그냥 제품을 만들기만 하면 무조건 고객이 모일 것이라 생각하는 창업자들은 자신의 제품을 고객들이 좋아할 이유가 무엇인지 모르니 무엇을 측정해야 할지 모르고 당연히 발전도 없다. 이렇게 사업하다가 실패하면 배운 것조차 없다. 제품의 개발보다 측정이 우선이다. 제품이 나오기 전부터 잠재 고객과 만나고 통화하면서 가설과의 격차를 확인하는 측정이 시작된다. 상상하는 것은 자유이지만 현실 세계의 틈새가 얼마나 좁은지 똑바로 직시하고 나아가라.

사업 가설이
동작하게 하라

가설과 검증의 방향성

스타트업 모임이 많아졌다. 강의 듣는 것도 좋고 네트워킹도 좋다. 깊은 대화까지는 나누지 못하지만 생각의 폭을 넓힐 좋은 기회다. 개별적으로 연락해도 답장조차 받기 어려운 좋은 투자자를 직접 만나고, 운이 좋으면 몇 분간 사업에 대해 소개할 기회도 얻을 수 있다. 투자자와 직접 만나서 얼굴을 보며 이야기하는 것은 잘 쓴 사업계획서나 소개 동영상보다 훨씬 큰 효과가 있다. 이런 황금 같은 기회가 주어져도 준비되지 않아서 사업을 제대로 설명하지 못하는 경우가 많다. '제품이 준비되면 정식으로 인사 드리겠다'고 말한다. 제품을 보여주거나 사업계획서를 가지고 정식으로 프레젠테이션을 해야 설득력이 있다고 생각한다. 훌륭한 투자자는 창업자가 무엇을 어떻게 하려고 하는지 짧은 몇 분의 시간 동안 요약된 이야기를 듣고도 자신이 관심을 가질만한 것인지 아닌지 판단한다. 정작 스타트업 창업자들은 예쁜 디자인과 프레젠테이션 기교로 현혹하는 것을 설득이라고 생각하는 것이 아닐까?

스타트업 창업자들은 제품 개발의 완료가 사업의 시작이라고 생각한다. 자신의 생각을 검증하는 것을 목표로 잡지 않고 자신의 생각을 구현하는 데 집중해 외주를 들여 제품부터 만든다. 고객의 필요를 찾아 진화하는 과정을 거친 제품의 완성은 스타트업 여정의 최종 목표 지점이다.

그런 측면에서 비즈니스 모델이란 가설과 검증이라는 좌표에 찍힌 점들을 연결한 선의 벡터^{vector} 값으로 이루어진 방향성이다. 처음 가진 아이디어에 담긴 가설을 확인하기 위해 실험한 정량적인 결과가 그래프에 한 점 두 점 찍힌다. 그로부터 새로운 가설을 세우고 또 그것을 확인하기 위한 실험을 설계하고 실행한다. 그 결과는 정량적으로 산출되고 그래프에 점으로 기록된다. 이 점들을 연결하고 해석하면 하나의 일관된 방향이 보이기 시작한다. '시장의 필요와 고객의 고통'이 점점 명확하게 보이기 시작한다. 그 화살표가 가리키는 방향으로 한 걸음 한 걸음 전진하는 과정을 묘사하는 것이 바로 비즈니스 모델이다. 시간이 지날수록 더 정교한 실험과 결과물로 가설을 덮어나가는 과정이 비즈니스 모델의 동적인 특징이다.

스타트업의 설득력은 멋진 디자인의 완제품이나 홈페이지가 아니라 '고객의 문제가 무엇인가? 그 문제를 어떻게 해결할 것인가?'라는 질문 자체에 있다. 질문은 가설이다. 좋은 질문은 배후의 가설이 무엇인지 그 가설을 얼마나 잘 이해하고 정의해서 접근하고 있는지를 보여주는 답안지와 같다. 그 가설 자체에 동의가 되지 않으면 멋진 디자인의 완제품이나 홈페이지는 아무것도 아닌 것이 되고 만다. 사업 발표할 때 이야기해야 하는 것은 제품이나 기능이 아니라 자신의 가설, 풀려고 하는 문제다. 제품보다 제품을 만들게 된 배경이 더 중요한 이유다.

하지만 가설만 가지고 이야기를 하는 사람은 소설가나 몽상가다. 창업가는 가설만 가진 것이 아니라 그 가설을 가지고 행동하는 사람들이다. 즉 검증이라는 과정을 통해 넘어지고 일어서면서 앞으로 나아가는 사람들이다. 검증이란 실험과 그 결과물을 말한다. 긍정적인 결과물일 수도 있고 부정적인 결과물일 수도 있지만 더 중요한 것은 그것을 통해 고객과 시장에 대해 배운 지식이다. 비즈니스 모델을 이야기할 때 그동안 걸어온 가설과 검증의 궤적을 포함해서 보여줘야 이해하기 좋아진다. 소셜 네트워크에 이런 내용을 공유한 적이 있다.

"아이템을 찾고 창업하는 것은 식은 죽 먹기였어요. 사업을 계획하고 멋진 디자인으로 홈페이지를 만드는 것도 쉬워요. 사무실을 얻고 직원을 채용하는 것도 좋았어요. 원하는 제품을 개발하는 것은 쉽다 못해 재미가 넘쳤어요. 그런데 사업은 왜 망했죠?"

많은 사람들이 공감하며 댓글을 달고 토론했다. 진짜 왜 망했을까? 잘못된 질문을 하고 열심히 문제를 풀었기 때문이다. 옳은 질문을 하는 것에 집중해야 하는데, 문제 푸는 데 앞서 나갔고 고객과 멀어졌다. 많은 스타트업 창업자들이 사업계획서를 검토해달라고 자료를 보낸다. 열어 보면 사업계획서가 아니라 제품 기획서다. 제품이 어떤 기능을 가지고 있는지가 중요한 것이 아니라 무엇을 할 것인지, 무슨 가치를 고객에게 줄 것인지를 정리하는 것이 사업계획서의 출발점이다. '무엇을 만들 것인지'를 생각하지 말고, '왜 그것이 하고 싶은지, 그리고 하고 싶은 것이 무엇인지'를 물어야 한다. 프로그래밍이나 홈페이지나 데이터베이스, 회원 가입이 없어도, 종이와 연필과 프린터로도 그것이 동작하는지 실험할 수 있다.

스타트업이 투자자에게 보여줄 첫째 목표는 '내가 제품을 만들 능력이 있다'가 아니라 '내 사업 가설이 동작한다'이어야 한다.

반응이 없으면
미련 없이 버려라

제품-시장 궁합 맞추기

광고 회사에서 잘나가던 닉은 외부에서 스카우트된 여성 상사 달시 때문에 위기를 맞는다. 경험도 없는 여성용 제품에 대한 광고 회의를 해야 한다. 여성 제품이 가득 담긴 박스를 받고 아이디어를 억지로 짜내느라 매니큐어를 바르고, 제모 왁스도 붙여본다. 스타킹을 신고, 브래지어를 들고 있다가 딸에게 변태로 오해도 받는다. 그러던 중 물이 담긴 욕조 안으로 미끄러지며 물에 빠진 헤어드라이어를 통해 감전된다. 기절했다가 깨어나니 여자들의 생각을 들을 수 있는 능력을 갖게 된다. 멜 깁슨과 헬렌 헌트가 열연한 영화 〈왓 위민 원트What women want〉(2000) 이야기다.

제품을 먼저 정해놓고 이것을 왜 써야 하는지, 어떻게 하면 많이 사용하게 할지를 고민해야 하는 광고업계 종사자들의 고충이 담겼다. 스타트 업계에도 이와 같은 일이 벌어진다. 순간 떠오른 아이디어로 제품부터 결정하고 나서 고객의 문제와 필요를 억지로 끼워 맞춘다. 창업을 하기로 먼저 결정해놓고 그다음에 무엇을 할까 아이템을 고민하거나, 아이템과 기술을 먼저 결정해놓고 고객을 역으로 끼워 맞춘 사업계획서는 표시가 난다. 트렌드를 좇는 창업자들이 잘 빠지는 대표적인 함정이다. 사업계획서는 억지 논리로 채워지고 설득과 논쟁을 가설 검증의 도구처럼 쓴다. 복잡한 기술과 숫자를 제시하며 설득하려 한다. 화려하고 방대한 프레젠테이션으로 밀어부친다. 가치 있는 것을 만들고 싶다는 이야기는 많이 듣는데, 정작 가치의 짝인 고객의 문제점으로부터 출발한 이야기는 드물다.

제품에 내포된 가치 제안(value proposition)과 고객의 필요와 문제점은 항상 짝을 이룬다. 이를 '제품-시장 궁합(product-market fit)'이라 부른다. 이 용어는 2007년 6월에 스탠포드대학 수업에서 마크 앤드리슨 Mark Andressen이 처음 사용했다.[21] '어떤 요인이 스타트업을 성공으로 만드는가?'라는 질문에 대해 마크 앤드리슨은 팀, 제품, 시장 세 가지를 놓고 무엇이 중요하고 왜 중요한지 이야기하며, '제품-시장 궁합'이라는 용어를 처음 사용했다. 제품과 시장의 필요는 궁합이 맞아야 한다. 제품-시장 궁합이 천생연분인 좋은 가설은 설득도 필요 없다. 들으면 저절로 고개가 끄떡여지고 '맞아, 맞아'가 저절로 터져나온다. 사업은 저절로 동작한다.

많은 스타트업은 제품-시장 궁합을 맞추지 못해 초기에 실패한다. 사업이라는 무대 위에 고객이 등장하긴 하는데 '억지 춘향' 격으로 끌려나온 듯 등장하면 안 된다. 사실은 창업을 결정한 것이 시장의 필요나 고객의 문제를 해결하기 위한 것이 아니라 자신이 하고 싶은 것으로 먼저 정해 놓고 고객의 필요를 거기에 끼워 맞춘다. 비싼 취미 활동으로 하는 사업도 많다. 연대보증을 서서 빚을 얻어 고용을 창출하고, 수집한 데이터를 공짜로 나눠주며 즐거워하는 비싼 자선사업을 하고자 생각한다면 굳이 경영을 공부할 필요가 없다. 이 책을 힘들게 다 읽을 필요도 없다. '구체적인 고객의 구체적인 문제점이 없는' 제품을 만들고 있다면 스티브 잡스의 할아버지가 멘토로 오셔도 두 손 두 발 다 들고 되돌아가실 것이다.

제품-시장 궁합으로 이루어진 비즈니스 아이디어는 소모품과 같다. 여러 측면에서 검증하면서 사람들에게서 '와우!' 하는 반응을 얻지 못하면 미련 없이 버려라. 미련 때문에 여기저기 땜질해 억지로 우기며 재사용할 수 있는 것이 아니다. 제품을 미리 만들어놓고 마케팅에 돈을 쏟아부은 후에는 매몰 비용^{sunk cost}(의사 결정 후 발생하는 비용 중 회수할 수 없는 비용, 함몰 비용) 때문에 버리지 못하는 경우를 많이 본다. 허점을 채우고 각종 공격을 방어하느라 일관성 없는 기능과 비전으로 땜질해서 너덜너덜해진 '수퍼' 비즈니스 모델에 감염되지 마라.

흐르는 강물에
배를 띄워라

고객 가치의 물줄기 찾기

물은 높은 곳에서 낮은 곳으로 흐른다. 자연법칙이다. 만고불변의 진리다. 물이 낮은 곳에서 높은 곳으로 흐를 것을 기대하며 산꼭대기에 수력발전소를 지으려는 사람은 없다. 경영의 원리도 자연법칙과 같은 일정한 원리가 있다. 아쉽게도 창업가들 중에는 이런 원리를 이해하지 못한 채 배를 끌고 산에 오르며 사업은 어렵다고 부르짖기도 한다.

사업은 쉽다. 높은 곳에서 낮은 곳으로 흐르는 물줄기를 찾아 거기에 배를 띄우면 된다. 노를 젓지 않아도, 엔진을 달지 않아도 배는 전진한다. 낙차가 큰 곳을 만나기라도 하면 성공의 속도가 너무 빨라서 현기증까지 난다. 어느 날 아침에 눈을 뜨면 성공해버린 자신을 발견하게 될 것이다. 지금 사업하느라 힘들어 죽겠는데 이 무슨 염장질인가 하는 이들도 있을 것이다. 중요한 원리일수록 쉽고 간단하고 다 아는 뻔한 이야기이다. 제품-시장 궁합이 천생연분인 좋은 가설은 설득도 필요 없고 사업은 저절로 동작한다고 이야기했다. 이것이 바로 흐르는 물줄기다.

탁월한 능력과 초인적인 의지로 사업의 성공을 만들어냈다는 창업

무용담은 주로 창업자가 아닌 제삼자가 또 다른 창업자가 아닌 제삼자들을 즐겁게 하기 위해 쓴 소설일 가능성이 높다. 사업이 힘들고 고통스럽긴 하지만 성공을 만드는 진정한 힘은 고객 가치의 물 흐름이다. 물 흐름은 고객이 가치 있게 여기는 것들 사이의 이동이다. 고객의 불편, 고통과 편리함 사이에 존재하는 격차다. 비용이 높은 곳과 낮은 곳 사이의 낙차다. 더 빠르거나 더 느린 것과 같은 시간의 차이다. 이들 격차로 인해 물이 흐른다. 문제를 해결한다는 말은 비싼 것을 더 싸게 만들거나, 소비되는 시간을 절약할 수 있게 만들면 물은 저절로 흐른다는 말이다. 그 위에 띄운 사업이라는 배가 움직인다. 고객은 스스로 돈을 내고 해결책, 즉 가치를 산다. 할인도 하지 않는데 신제품을 먼저 사기 위해 가게 앞에서 밤샘도 한다. 동창회 명부를 뒤져 전화하고 밥 사주며 부탁해야만 제품을 팔 수 있는 비즈니스와는 근원적으로 다르다. 마치 창업가가 그 격차를 창조해내는 것처럼 과장하지만 그 격차는 스스로 형성되어 있고 기존에 이미 존재하는 것이다.

 시장의 특정 지점에 진공상태의 공간이 만들어지는데, 창업자는 거기에 빨대를 꽂은 사람에 불과하다. 진공이 빨대를 통해 제품을 흡인한다. 넷스케이프^{Netscape}의 창업자인 마크 앤드리슨은 이것을 '좋은 시장은 스타트업에게서 제품을 끌어당긴다'고 비유했다. 시장이 성공을 끌어당긴다. 창업자는 단지 그 진공상태를 발견하고 거기에 제품이라는 빨대를 꽂은 일을 한 사람이지, 창조하는 사람은 아니다.

 그러므로 스타트업 사업은 낙차 사이를 흐르는 물줄기를 찾거나 진공상태인 방을 찾는 탐색^{searching} 활동이다. 자신의 신념을 관철시키거나 능력을 입증하는 초인적인 활동과는 다르다. 고객에게 가치 있는 것을 발견하고 만드는 것만이 사업의 목표라고 생각하며 끈질기게 탐색하는 창업가가 바로 흐르는 물줄기를 찾는다. 의지가 강하고 요령에

능한 창업가는 탐색하기보다 배를 끌고 정상을 향해 오르막을 올라가거나 흐르지 않는 물에서 노를 저으면서 흐르는 물에 올라탔다고 거짓말하기도 한다. 잠깐 돈을 벌지는 모르지만 천기를 거스르는 일은 오래 지속하지 못한다. 고객의 문제점을 발견하고 기존의 해결책보다 좋은 해결책을 제시하면 사업은 순항할 것이다. 이것이 바로 스타트업 비즈니스 모델의 핵심이다. 사업은 쉽다. 흐르는 강물에 배를 띄워라.

사업하지 말고
사업 준비를 하라

스타트업은 탐색전이다

나는 '사업계획서'라는 말을 가능하면 쓰지 않으려고 노력한다. '사업'이라는 말과 '계획'이라는 말 그리고 마지막에 '서'라는 단어가 합쳐져서 스타트업 창업자들을 오해하게 만든다.

'사업'이라는 말을 들을 때 머릿속에 떠오르는 것이 무엇인가? 정주영, 이병철과 같은 사업가들의 모습? 언론에 등장하는 대기업들? 자신이 경험했던 직장? 증권회사의 애널리스트들이 TV에 출연해서 복잡한 주가 차트와 숫자로 도배된 재무제표를 보여주며 소개하는 회사들의 사업 이야기인가?

머리에 떠오르는 이미지는 대부분 대기업들의 모습일 것이다. 사업이라고 하면 무언가 거창한 전략을 세우고, 관료적인 보고서를 만들고, 공격적인 투자와 마케팅을 해서 성공하는 것을 연상한다. 막 창업해서 10평도 안 되는 사무실에 두세 사람이 모여 무언가 모색하고 추진하는 모습은 '사업'이라는 단어를 통해서는 쉽게 연상되지 않는다.

초기 기업, 즉 스타트업의 사업은 대기업의 사업과 전적으로 다르다. 사업이라는 단어를 통해 스타트업 기업이 해야 하는 일을 상상하는 것은 오히려 오해를 조장한다. 스타트업은 사업을 하는 것이 아니다. 사업을 준비하는 활동을 한다. '사업'과 '사업의 준비'는 완전히 다른 활동이고 다른 결과를 목표로 한다.

'계획'이라는 말은 영어로 'plan'이다. 계획은 '기획'이라고도 한다. 우리가 회사를 다니면서 보고 듣고 또 직접 만들었던 기획(서)들의 작성 과정과 모습은 어떠한가? 시장과 경쟁사 조사, 고객 설문 조사, 포커스 인터뷰도 한다. SWOT 분석(미국 경영컨설턴드 앨버트 험프리 Albert Humphrey 가 만든 기업 경쟁력 분석 방법론)을 통해 나름대로 방향도 정한다.

지적으로 정직하고 성실한 사람들은 그런 과정 중에서도 '진짜' 시장과 경쟁사 환경이 어떠한지 궁금해하며 시간을 들이고 발로 뛰며 고객과 제품 개발자들을 만나 조사하기도 한다.

그러나 그런 사람은 많지 않다. 또 그렇게 하고 싶어도 현실은 시간이 부족하고 권한도 제한되기 때문에 기획자들은 '진짜'보다 '모조품' 기획 경험을 더 많이 한다. 일정한 결론과 방향을 정해놓고 거기에 필요한 근거를 찾기 위해 인터넷을 뒤지고 신문과 책에서 유리한 문구나 자료를 찾아 채워 넣은 요식행위로서의 기획서 작성에 익숙해진다. 보고할 때 한두 질문에 요령껏 임기응변을 잘하는 사람이 능력 있는 조직원으로 등극한다. 이 능력은 대학에서 리포트를 작성하고 발표해서 A 학점을 받는 방법을 배울 때 확실하게 터득한다. 적당히 끼워 맞추고 때우는 일이다.

또한 계획은 그 출발점이 '나'라는 것을 암시한다. 계획은 '나의 계획' 혹은 '우리 조직의 계획'이다. 나의 의도다. 나의 바람이다. 내가 중심에 선다. 대기업은 이미 검증된 시장과 기존에 판매하던 상품을 가지고 어떻게 더 잘할 수 있는가를 고민한다. 이때 '나' 혹은 '우리 조직'을 중심에 세우고 나의 존재를 전제로 어떻게 고객과 시장에 효과적으로 접근할 것인지에 대한 '계획'을 세우는 것은 맞는 접근이다.

스타트업은 아직 '나' 혹은 '우리 조직' 혹은 '우리 사업'이라는 전제나 기반을 갖지 않은 상태다. 스타트업은 '나' 혹은 '조직'이 발을 디딜 단단한 땅 한 뼘이 없다. 그것은 오로지 고객과 시장으로부터 얻을 수 있다. 나로부터 출발해서는 안 된다. 내 생각이 중요하지 않다. 내 계획과 바람 위에 올라서지 않는다. 스타트업은 그 땅 한 뼘을 찾는 일이 주된 임무다.

그러므로 스타트업에게 적합한 용어는 '계획' 혹은 '기획'이 아니라 '탐색'이다. 접근 방법도 '문서 작성'보다는 '가설 검증'이 더 적합하다. 책상에 앉아서 토론하고 자료 찾고 문서 작성하는 것보다, 문밖으로 나가서 잠재 고객을 직접 만나고 이야기를 나누고 잠재 고객의 생각을 확인하는 활동을 통해 얻은 숫자와 배움에서 누적된 지혜가 더 중요하다. 수학 문제를 푸는 것과 같은 비즈니스 모델의 '해법 공식'을 확보해야 한다.

고객에게 가치를 반복적으로 제공하면서 규모를 만들 수 있는 해법 공식을 깨닫는 것은 바로 내 사업의 '천기'를 얻는 것이다. 5년 재무 계획 같은 것은 천기와 아무 상관없는 숫자 놀음이다. 엑셀 프로그램에 상상의 데이터와 몇 가지 간단한 수식을 넣어 자동으로 계산한 숫자대로 사업이 돌아갈 것을 믿는 투자자나 고객은 없다. 그것을 만든 창업자 본인도 그렇게 안 될 것을 알지 않는가? 대기업에서 하던 것을 흉내 낸 그런 문서를 가지고 스타트업의 사업 계획을 설명할 수도 없고 그것으로 시장과 고객을 설득하기도 쉽지 않다.

마지막 단어인 '서', 즉 문서는 사람들에게 설명할 때 필요하다. 그러나 그것을 거창하게 사업계획서라고 하기보다 말로만 설명하면 아쉬워서 보조적인 용도로 사용한다. 실리콘밸리에서는 이것을 피칭 덱

_pitching deck_이라고 부른다. 경험적으로 아는 것이지만 문자보다 말이 더 정직하다. 문서에는 거짓말과 바람을 혼합해 가득 채워도 마음의 불편을 덜 느낀다. 파워포인트로 만든 말도 안 되는 거짓 약속을 줄줄 읽어도 죄책감이나 모순의 고통을 느끼지 않는다.

그러나 문서 없이 거기 있는 5년 재무 계획을 다른 사람들 앞에서 직접 자기 말로 약속해보라. 자신의 일상적인 말로 그런 식의 과장되고 심지어 허황된 이야기를 한다면 심리적으로 엄청난 저항을 받을 것이다.

사실 무심결에 일상적인 말로 사업 소개를 이어갈 때 종종 반짝이는 보석과 같은 진짜 사업의 힌트를 발견하기도 한다. 그래서 많은 초기 기업 투자자들은 스타트업의 피칭을 자료 없이 일상적인 말로 직접 듣고 싶어 한다.

피칭 덱에 무엇을 담아야 할까? '무엇을 왜 하려고 하는지'를 설명해야 한다. 거기에는 고객과 시장의 필요와 문제 그리고 해결책이 포함된다. 이것이 바로 우리 사업의 가설이다. 이 가설들은 아직 검증되지 않은 많은 변수들이 존재한다는 것을 전제해야 한다.

많은 스타트업들은 자신의 아이디어인 고객의 문제점과 해결책을 기정사실로 전제하는 실수를 범한다. 내가 틀렸을지도 모르고, 맞다고 하더라도 다른 방향일 수 있다. 그래서 믿음직한 초기 창업가들은 자신의 가설이 틀릴 수도 있다는 전제에서 어떤 가설을 세우고 검증해왔는지 이야기한다. 그리고 창업 팀은 누구이고 이 일을 왜 잘할 수 있을지 설명해야 한다.

마지막으로 자본 유치가 필요하다면 이를 분명히 명시하라. 가능하면 기업 가치에 얼마의 금액을 투자 유치 중이라고 공개해도 좋다. 그 돈을 어떻게 쓰고 그것으로 어떤 결과를 만들어낼 수 있을지 설명할 수 있으면 좋다. 무엇보다도 중요한 것은 그것이 문어체보다는 친구에게 말하는 것과 같은 구어체로 만들면 금상첨화다.

우물 안에
갇히지 마라

비즈니스 모델의 함정

자신의 비즈니스 모델이 너무나 환상적인가? 세계 최초인가? 누구도 생각하지 못한 멋진 아이디어인가? 대박인가? 생각할수록 무궁무진한 잠재력을 가지고 있는가? 누가 훔쳐보고 따라 할까 불안한가? 누구도 당신과 토론해서 이기지 못하는가?

그렇다면 창업가로서 당신은 심각한 함정에 빠진 것이다! '환상적'이라고 과장하는 비즈니스 모델 대부분은 '피상적'인 지식에 근거한, '포괄적'인 시장을 지배하는, '모호한' 전략의, '낙관적' 시나리오인 경우가 많다. SF 소설과 그리 다르지 않다. 더 큰 문제는 '슈퍼맨'을 보고 자신도 날 수 있다는 자신감과 도전 정신으로 5층 옥상에서 뛰어내리는 어리숙한 아이와 같은 창업가들이다.

기존에 '제대로 된 것이 없어서' 사업을 한다는 이야기를 듣고 확인해보면 많은 경우 기존에 있는 제대로 된 것을 '제대로' 조사하지 못했거나, 개인적 취향에 맞지 않는 것을 제대로 되지 않았다고 판단한 것이다. 이는 '제대로'에 대한 '관점'이 다른 것이다. '제대로'라는 말은 실체가 모호한 주관적이고 상대적인 말이라는 것을 기억해야 한다.

우주선을 타고 먼 우주에 가서 지구를 보면 한국은 작아서 만만해 보인다. 막상 한국에 내려 직접 도전해보면 대한민국 대통령이나 서울 시장은 고사하고, 구청장 자리 하나 차지하는 것도 쉽지 않다. 허름한 뒷골목에도 골목대장이 모두 터를 든든히 잡고 있다. 발 디딜 빈 공간이 없다는 것을 발견한다. 정치 이야기가 아니라 사업 이야기다. 이 세상에 만만한 시장이란 없다. 기존에 앞서 자리 잡은 회사나 경쟁자들을 쉽고 만만하게 보고 그 제품을 폄하하는 것 위에 자신의 비즈니스 모델을 세우면 사상누각이 된다. 언론에서 삼성을 비판한다고, 파워 블로거가 네이버를 우습게 이야기한다고 스타트업인 자신마저 덩달아 그들을 만만하게 봐서는 안 된다.

밖으로 나가 행동하지 않고 책상에서 공동 창업자들과 생각만 하고 토론만 하면 비즈니스 모델이라는 우물은 더 깊어지고 스스로 갇혀 벗어나기 힘들어진다. 어떤 창업자이건 그 우물에 한두 번 갇히긴 하지만 스스로 알을 깨고 나오듯이 그 우물을 벗어나는 창업자들이 살아남는다. 자신의 상식과 관점을 수정하거나 폐기하는 눈과 능력은 본능을 거스르는 능력을 가진 것이다. 단기적으로 수억 원의 자본 투자를 받은 것과 같은 가치의 능력이다. 장기적으로는 변화하는 미지의 미래를 헤치고 나갈 중요한 조종간을 소유한 것과 같다.

형용사에
속지 마라

동사로 말하기

"좋은 글이란 쉽고 짧고 간단하고 재미있는 글입니다. 멋 내려고 묘한 형용사 찾아 넣지 마십시오. 글맛은 저절로 우러나는 것입니다."

유홍준 교수가 어느 강연에서 한 이야기다. 어떤 게임 프로그래머는 자신의 블로그에 이런 글을 남겼다.

"좋은 기획서는 형용사가 없다. 사실이다. 형용사는 실무 개발자를 혼동으로 빠뜨리고, 수많은 똥개 훈련으로 개발자를 지치게 하는 단어다. 따라서 최종적으로 프로그래머에게 전달하는 기획서에는 형용사를 사용해서는 안 된다. 모든 형용사를 구체적인 숫자·스케치·스크린샷·동영상·도표로 전환해야 한다."

창업자들은 머릿속에 있는 경험, 문제의식, 가치관 그리고 고객과 시장에 대한 상상력을 조합해 비즈니스 모델을 만든다. 글과 말로 표현해 전달한다. 논리적이고 비판적으로 사고하고 토론하고 글을 쓰는 훈련이 부족하면 생각의 미로에서 벗어나지 못하고, 단어와 표현에 스스로 잘 속는다. 그 대표적인 것이 바로 형용사의 사용이다.

나는 사업을 소개하는 내용들이 형용사로 도배되어 있으면 호기심을 잃어버린다. 좋은 형용사는 많지만 구체적인 내용 없이 사업계획서에 사용하면 내용을 과장하거나 의미를 모호하게 만든다. '아름답다'는 말은 사람마다 다른 미적 감정에 호소해 상상력을 자극하는 문학에서는 유용하지만 사업계획서에는 맞지 않다. 형용사로 묘사하지 말고 무엇을 할 것인지 '동사'로 말하라. 형용사를 자주 쓰면 그것이 무엇인지 이해한 것처럼, 자신이 가지고 있는 것처럼, 또 실현할 수 있는 것처럼 스스로를 속인다. 부사도 비슷한 역할을 한다.

사업계획서에 자주 사용되는 형용사 또는 부사는 어떤 것들이 있을까? '효율적인, 열심히, 합리적인, 혁신적인, 더 빠르게, 세상을 변화시키는, 고객이 만족하는, 신뢰할만한, 가치 있는, 최적화된, 의미 있는, 전문적인, 우수한, 효과적인, 싸고 좋은, 실질적인, 차별화된, 뛰어난, 창의적인, 더 좋은, 열정적인, 제대로 된, 쉽고 편한, 맞춤형인, 취향에 맞는' 등이다. 일상생활에서도 무의식적으로 자주 사용하는 표현이다.

이런 형용사들은 창업가들의 글과 입이 아니라 고객의 입에서 나올 때만이 진정한 가치가 살아난다. 사업계획서에서 형용사를 다 제거하고 다시 읽어보자. 핵심 뼈대가 있는가? 사업을 발표할 때에도 형용사를 제거해보자. 속옷만 입고 무대 위에 선 것같이 허전함을 느끼는가? 형용사는 사업가들을 유혹해 혼돈으로 이끄는 신화 속의 사이렌^{Siren}의 노래와 같다.

6강

지금, 당장 시작하라

HOW TO START A STARTUP

스타트업의 강력한 에너지

오늘 할 일을 지금 결정하고
당장 시작하라

전략계획과 공상 구분하기

식탁에는 푸짐한 음식이 차려져 있고 불판에는 지글지글 고기가 익는 회식 자리에 자주 등장하는 썰렁한 다짐이 있다.

'나는 다이어트를 할 거야. 오늘 회식이 끝나고 내일부터!'

우리는 그 다이어트가 내일에도 시작되지 못할 것을 알고, 그 내일은 다만 영원한 내일이 될 것을 안다.

스타트업 창업자가 이야기하는 거창한 미래의 비전에 대해 두세 번 질문으로 파고들면 금방 바닥이 보인다. 비전을 구체화하는 전략과 계획이 없기 때문이다. 전략과 계획이 무엇인가? 많은 사람들은 전략계획을 열정, 도표, 미래 예측과 같은 것으로 오해한다. '열정을 가지고 열심히 하겠다', '투자를 받아 돈이 생기면 할 수 있다' 등의 무책임한 이야기는 넘어서야 한다. 열정은 있어야 하지만 열정만으로 전략과 계획을 다 설명할 수 없다. 염원과 텔레파시로는 세상을 한 뼘도 좋게 바꾸지 못한다.

경영학의 각종 기법, 도표, 계산식 그리고 컴퓨터 시뮬레이션을 가지고 전략계획을 표현하려 한다. 현학적이고 논리적으로 완벽하게 그려진 전략계획을 자주 본다. 화려하게 장식된 황금 마차라도 말馬 없이는 혼자 달릴 수 없듯이 전략계획 역시 지금 당장 첫발을 디디며 실행할 계획 없이는 전시물에 불과하다. 전략계획을 미래를 예측하는 수단으로 오해하기 때문이다. 기업가는 미래를 예측해 베팅하는 사람이 아니라 오늘의 실행으로 미래를 바꾸는 사람이다. 전략계획은 미래에 실행할 일을 계획하는 것이 아니다. 그것은 '게으른 회피'를 멋지게 포장한 것이다. 전략계획의 중요한 조건은 바로 미래에 영향을 미칠 수 있는 '오늘 할 일'을 '지금 결정'하고 '당장 시작'하는 것이다. 그래서 피터 드러커는 사람이 미래를 예측할 수 없기 때문에 (지금 실행할 것을 결정하는) 전략이 필요하다고 이야기했다.

  오늘 회식에서 고기 열 점 먹는 대신 다섯 점만 먹기로 하고 바로 실행하는 것이 바로 전략계획이다. 내일 할 일을 오늘 계획하는 것은 전략계획이 아니라 공상에 불과하다. 전략계획과 공상을 구분하라.

스스로를
속이지 마라

생각과 행동 사이의 불일치 인지하기

어떤 기업의 회장에게 시간 사용의 우선순위를 어떻게 배분하고 일하느냐고 질문했더니 '고객, 회사 내부, 지역사회에 각각 30퍼센트씩 사용한다'고 답해 왔다. 컨설턴트들이 그 기업 회장의 시간 사용을 몇 달간 측정했더니 예상 외의 결과가 나왔고 당사자인 회장은 그럴 리가 없다며 믿지 않았다. 그래서 다시 더 오랜 시간을 측정했는데 역시 동일한 결과가 나왔다. 그 후에야 회장은 그 결과를 받아들였다. 회장이 가장 많은 시간을 사용한 분야는 회사와 거래하는 친분 있는 지인들의 부탁과 질의를 처리하는 것이었다. 전혀 기대치 않았던 결과에 모든 사람들이 놀랐다. '가랑비에 옷 젖는다'는 속담이 다시 한 번 입증되는 순간이 아닐까.

  인간의 감각 가운데 가장 불확실한 감각은 시간 감각이다. 사람들로 하여금 밀폐된 공간에서 시계 없이 한 시간을 같이 있게 하고 각각에게 얼마의 시간이 지났는지 적도록 했는데, 20분부터 두 시간까지 오차가 생겼다. 짬이 날 때 잠깐 하는 일이라는 말은 대부분 착각이다. 항상 바쁘고 시간이 부족한 사람에게 업무 효율과 생산성을 높이기 위해서는 인지력을 개발하고 시간 관리를 조정하게 하는 것이 더 큰 도움이 된다.

사람들의 시간 감각뿐 아니라 생각과 행동 사이에도 심각한 불일치가 있는데, 정작 그 불일치가 얼마나 깊고 광범위한지 스스로는 잘 모른다. 사람은 자기 행동의 동기가 되는 속마음을 감추고 합리화하면서 보호하는 데 있어서 대단한 고수다. 만들어진 스토리나 과장된 신념을 내세우며 자책감을 마비시키고 스스로를 속인다. 개인뿐 아니라 조직도 쉽게 집단 최면에 걸리고 착각한다. 회사 혹은 조직의 사명 선언서 혹은 추구하는 가치를 만들고 홈페이지와 사업계획서 첫 부분에 장식하지만, 정작 예산과 인력은 그 사명과 가치가 아닌 다른 곳에 배치하고 있는 것을 쉽게 발견한다. 현실적으로 시급한 일들 때문에 가치를 추구하기 어렵다고 변명하지만 사실은 사명과 가치의 힘을 믿고 추구하는 것이 아니라는 고백일 뿐이다. 권력과 돈을 배치하고 할당하는 곳이 바로 그 조직이 진짜 믿고 추구하는 것이다. 사람이건 조직이건 진정성을 평가할 때 그가 하는 말이나 글로 평가하지 말고 그가 하는 행동과 결정으로 평가해야 한다.

가치 있는 일에 집중해서 일하는 것이 좋다는 것도 알고 그렇게 하고 싶기도 하지만 생각과 행동 사이의 불일치를 인식하는 민감한 인지 능력이 없으면 스스로 속이면서 이중적인 행동으로 돈과 에너지를 낭비한다. 돈도 없고 리소스도 부족한 스타트업은 효과적으로 일하는 법을 더 잘 배워야 하는데 생각과 행동 사이의 불일치를 인지하는 능력을 키우지 못하면 경쟁력이 약해진다.

홈페이지 첫 화면의 디자인이나 모바일 앱 첫 페이지의 중심 화면에 들어가는 이미지 배치 역시 창업자의 속마음과 추구하는 가치의 표현이다. 왜 이 메뉴를 두 번째 화면이 아니라 맨 첫 화면에 두기로 했는가? 왜 홈페이지에 예쁜 디자인이 필요하다고 생각하고 거기에 돈을 쓰고 있는가? 왜 이 기능을 추가하기로 했는가? 다른 결정을 할 수도 있는데 그렇게 한 이유를 따져보라. 당신이 추구하는 가치와 동기와 믿음이 모두 다 행동으로 표현되어 그곳에 담겨 있다.

생각과 행동 사이에 가로막힌 벽을 뚫어 볼 수 있는 눈이 있는가? 그것은 천리안이 아니라 지적으로 정직한 눈이다.

전진하고 있다고
오해하지 마라

준비 과정은 사업이 아니다

사업을 모두 매각하고 난 후에 알게된 사실이 있다. 세상에서 가장 쉬운 일을 발견했다. 결론부터 말하자면 그것은 '말'로 하는 일이다. 화려한 말로 비전을 외치고, 정교한 말로 계획을 세운 후에 정작 일은 다른 사람을 시키면서, 이것저것 집적대는 겉핥기 프로젝트들이 있다. 책 한두 권 읽거나 단기 해외 견문을 통해 듣고 본 얕은 지식을 가지고 그린, 멋지지만 얄팍한 계획과 말과 그림들이 눈을 현혹하고 어지럽게 만드는 것을 너무 많이 봤다. 물론 거기에 돈을 쏟아부어 프로젝트를 실행하지만 참담한 결과뿐이다. 가짜로 만든 이야기는 항상 진짜를 본 사람이 하는 이야기보다 더 그럴듯하다. 직접 경험하지 못했기 때문에 상상의 나래를 자유롭게 펼칠 수 있고 본 적도 없으므로 아름답고 화려한 색채를 마음껏 입힐 수도 있다. 직접 해보지 않은 사람은 뭐든 다 가능한 것처럼 희망을 주며 스스로도 속고 남들도 속일 수 있다. 진짜를 본 사람은 거짓말하기가 참 어렵다. 실상을 이미 보았기 때문이다.

만들어진 가짜 창업 스토리들을 많이 들어서 그런지, 사업이란 뭔가 화끈하고 열정적이며 거창한 것이라고 오해하고 그런 식으로 사업을 접근하기도 한다. 달성할 것을 구체적으로 목표하기보다 운을 바라며 거대한 일을 시도하는 것은 오히려 쉽다. 사업은 '첫 고객을 만족시키는 것, 첫 매출 100만 원을 버는 것, 월 운영비를 버는 것' 같은 지극히 소박하고 쫀쫀한 것으로부터 시작한다. 그런데 이게 더 어렵다.

창업가들에게 사업에 집중하라 했더니 사업을 위한 주변 활동에 집중한다. 고객을 만나기보다 홍보에 더 집중한다. 지난 한 주 동안 활동의 결과로 기존에는 알지 못했던 새로운 고객을 만난 숫자가 더 많을까? 아니면 고객보다 다른 창업가들을 만난 숫자가 더 많을까? 고객을 분석하라 했더니 고객을 분석하는 방법론에 집중하다가 지쳐버린다. 고객에게 가치를 제공하라 했더니 가치를 담는 제품과 그 제품을 담는 그릇인 회사 조직과 조직의 복리후생에만 집중하고 정작 고객에게는 집중하지 않는다. 나라에서 가장 훌륭한 IT시스템을 가진 정육점이 있다고 생각해보자. 이익금의 대부분을 첨단 기술을 도입하고 시스템 개편에 다 사용하고 정작 고기의 품질 개선은 이루어지지 않는다면 사업과 무관한 취미 생활로 전락할 위험이 있다. 피터 드러커는 이를 이렇게 경고하고 있다.

"경영자들이 '전문적인 인적 자원 관리'를 하기 위해, '최신 공장'을 가동하기 위해, '진정한 과학적 시장조사'를 하기 위해, '가장 현대적인 회계 제도'를 도입하기 위해, 또는 '완벽한 엔지니어링'을 실행하기 위해 노력하는 것은 장려되어야만 한다. 그러나 기능적이고도 특수한 분야에서 전문가적 솜씨를 발휘하려고 노력하는 것 역시 위험한 측면이 있다. 그것은 인간의 비전과 노력을 기업의 목적과는 다른 데로 향하게 하는 경향이 있다. 기능적인 업무가 그 자체로 목적이 된다는 말이다. (중략) 이런 합법적인 갈망은 적절히 견제되지 않으면 기업의 힘을 분산시킨다. 그리고 그 결과 각각 오직 자신의 기능 분야에만 관심을 기울이고, 자신의 '비밀'을 열심히 보호하고, 기업 자체의 성장보다는 기업을, 자신의 영역을 확대하려는, 기능적인 왕국들이 느슨하게 모인 연합체로 전락시키는 원심력 노릇을 하게 된다."

 사업을 기획하고 추진하고 있을 때에는 마치 앞으로 전진하고 있다고 오해한다. 사무실을 임대하고, 법인 설립과 등록을 하고, 직원을 채용하고, 벤처기업 인증을 받고, 제품 기획 회의를 하고, 조직 워크숍을 하면서 사업이 차곡차곡 진행되고 있다고 생각한다. 그러나 혹시 '준비하는 과정'을 '달리고 있는 것'으로 오해한 게 아닐까? 열심히 왔다 갔다는 하는데 정작 앞으로는 한 걸음도 나아가지 못한 게 아닐까? 사실 이런 활동들은 필요한 것이긴 하지만 정작 사업의 본질은 제자리걸음을 한 것이다. 한 명의 고객이 생겼는가? 단돈 1000원이라도 벌었는가? 아니면 목표로 하는 잠재 고객과 시장에 대해 이전에 알지 못했던 것 어떤 하나라도 새로운 사실을 알게 되었는가? 그렇지 않으면 한 걸음도 전진하지 않은 것이다. 사업을 시작하기 전과 다를 것이 하나도 없다. 변죽을 올리는 일은 쉽다. 그러나 그것으로 진짜를 하는 줄 착각하지는 말자.

현재와 연결된
변곡점을 만들어라

'What'이 아닌 'How'에 집중하기

"혁신은 무엇^{What}에 대한 혁신이 아닙니다. 혁신의 90퍼센트는 어떻게 ^{How}에 대한 혁신입니다. 내가 전에 했던 일을 전보다 낫게 하는 사람, 그 사람이 혁신가입니다. 인터넷의 앞선 트렌드를 아는 것, 다 필요 없습니다. 내가 맡고 있는 일에서 소비자의 니즈^{needs}를 확실히 파악하고 어떻게 하면 그것에 부합할 수 있을까를 치열하게 고민해 실행하는 것, 거기에서 회사의 승부가 가려집니다."

2010년 초 네이버의 이해진 의장이 한 말이다. 깊이 생각한 흔적과 경영의 내공이 담겨 있다. 네이버가 잘되는 이유가 보인다.

'창의, 혁신' 하면 뭔가 신기한 것, 새로운 것, 참신한 것, 거창한 것으로 쉽게 오해한다. 과거에 본 적 없는 뭔가 독특한 것을 만드는 데 집중하기도 한다. 누가 '창의'를 그렇게 가르치는가? 창의는 온갖 잡음 속에서 원리를 이해하고 기본 위에 서는 것에서 시작한다. 그리고 '혁신'은 그 기본을 지금보다 조금 더 잘하는 것이다. 이미 형성된 시장, 즉 흘러가고 있는 물줄기를 조금 바꾸는 것이다. 운하를 파서 없는 물줄기를 새로 만들려 하지 말자. 'What'에 대한 혁신, 즉 지금 있는 것을 부정하고 뒤집어엎은 후에 새로운 '무엇'을 만드는 것이 아니라 'How'에 대한 혁신, 즉 지금 있는 것을 '어떻게' 더 잘할 것인가에 집중하는 것이 혁신이다. 비즈니스 모델 역시 기존에 있는 사업과 고객 그리고 제품과 서비스에서 고객의 필요에 따라 조금 좋게 만드는 것으로도 성공할 가능성은 높아진다.

다시 이해진 의장의 이야기를 들어보자.

"사람들은 왜 일을 똑바로 못하느냐, 혁신이 없느냐고 물으면 자신에게 맞지 않는 또는 하찮은 일을 해서 그렇다고 합니다. 하지만 10년 이상 이 업무를 해온 내 기준에서 보면 이런 뻔한 일에서 혁신을 이뤄내는 사람이 진정한 혁신가입니다."

이는 피터 드러커의 이야기와도 일맥상통한다.[22]

"기존의 사업은 그것이 시장에 관한 지식이든, 기술에 관한 지식이든 간에 자신이 전문으로 하는 분야에서 혁신을 추진해야 한다. 기업은 자신이 잘 아는 분야에서만 혁신을 해야 한다."

아트 마크맨Art Markman 텍사스대학교 교수가 〈패스트 컴퍼니Fast Company〉라는 매체에 기고한 '창의적인 사람의 다섯 가지 습관Five Habits of Creative People'이라는 제목의 글에서 이렇게 말했다.[23]

"창의적인 천재는 자기 파괴적인 삶에서 영감을 얻은 것 같지만 이는 오해다. 그들은 잘 규율된 일상을 유지했고 그런 일상에서 창의가 나왔다. 소설가 스티븐 킹은 매일 아침 글을 썼다. 그는 '창의성을 만들기 위한 일상은 매일 잠자리에 드는 것 만큼이나 규칙적인 것'이라고 말했다. 순간적이고 번뜩이는 영감은 창의성이나 혁신과는 상관없다. 혁신은 진부한 일상 안에 있는 흥미로움에 대해 아주 작지만 서서히 영감을 쌓아가는 과정이다. 이것은 마치 진주조개가 자신의 속살을 상처 내는 모래를 겹겹이 에워싸는 과정에서 마침내 진주를 탄생시키는 것과 같다. 혁신은 오랜 시간 열심히 일하는 과정에서 서서히 스며드는 것이다. 뮤즈^{Muse}가 어느 순간 나타날 것이라 기대하지 마라. 묵묵히 열심히 일을 해라."

새로운 것을 하는 것은 쉽다. 다른 사람이 좋아하건 아니건 상관없이 자기 마음대로 만들면 된다. 오히려 기존에 고착된 것을 고객의 필요에 따라 더 낫게 개선하는 것은 훨씬 더 어렵다. 자기 마음대로 안 되는 일이다. 혁신은 지금 안 되는 것을 되도록 하는 것이긴 한데, 현재와 동떨어진 점프가 아닌 현재와 연결된 변곡점을 만드는 활동이다. 성공한 기업들은 관습의 중력에 저항하고, 그 어떤 것도 당연시 여기지 않으며, 현재에 만족하지 않고 작은 개선을 꾸준히 추구하며, 점진적이고 지속적으로 눈에 보이지 않게 혁신을 이뤄 왔다. 작지만 견고하게 하루하루 쌓아 올린 '혁신'이 성공한 기업들의 역사를 만든 것이다. '창의와 혁신'을 원하는가? 지금 하던 일을 더 열심히, 깊이 들여다봐라. 창의와 혁신을 과대 포장하는 사람들에게 현혹되지 마라.

디지털 유목민으로
살아라

성급하게 터 잡지 않기

창업하면서 개인사업자로 등록할지, 법인사업자로 등록할지 고민한다. 두 가지 선택만 있는 것은 아니다. 나는 제3의 선택, 즉 '무사업자'를 추천한다. 사업자 등록이 사업의 시작은 아니다. 가능하면 가볍고 부담 없는 상태를 전략적으로 유지하며 쉽게 실패하고, 쉽게 흩어지고, 쉽게 다시 모일 수 있는 게릴라가 되어야 한다. 사업자 등록은 비즈니스 모델이 검증되고 공동 창업자와 더 이상 헤어질 수 없고, 제법 큰 매출이 생겨서 세금계산서를 직접 발행할 수밖에 없는 상황이거나 외부 투자를 받게 된 맨 마지막에 할 것을 권한다.

법인사업자로 등록하면 법적 의무 사항들이 여럿 생긴다. 기본적으로 법적인 기준을 충족한 회계 기장을 해야 한다. 다른 회사와 거래할 때 세금계산서를 발급하거나 받을 때 관련된 증빙서류도 챙겨야 한다. 급여를 지급할 때 적합한 세금을 미리 떼어서 적립했다가 세금 신고 때 각각 개인 이름으로 세금 신고도 하고 납부도 해야 한다. 종업원 고용과 관련된 각종 보험을 처리하고 관리해야 한다. 부가세라는 이름의 세금도 계산하고 신고해야 한다. 만일 직접 처리해본다면 사업하는 것보다 더 많은 부하가 걸린다고 불평할 창업자도 많이 나올 것이다. 외부 업무는 회계법인에게 맡겨도 되지만 비용도 들고 여전히 시간도 소모된다. 매년 절차에 따라 주주총회를 열고 관련 서류를 보관하고 연말 결산 후 세금 신고도 해야 한다. 사무실을 옮기거나 대표이사가 이사를 했는데 등기하지 않으면 벌금이 나온다. 법인을 청산하지 않은 채 그냥 두면 국세청에 기록이 남는다. 청산 과정은 사업 등록보다 훨씬 더 복잡하고 까다롭다. 법인과 관련된 지켜야 할 사항들 중에는 단지 세금이나 돈 문제뿐 아니라 형사적인 문제가 되는 사안들도 많다.

스타트업은 멤버들끼리 의리를 지켜 끝까지 함께하겠다는 경우가 많다. 의리도 좋지만 비즈니스 모델에 적합한 사람이 모여 팀을 이루는 것이 더 중요하다. 좋은 팀이 잘 구성되면 시너지를 만들어내기도 하지만 대부분의 공동 창업자들은 회사가 커지기 전에 불화와 고통을 겪으며 헤어지는 것이 현실이다. 적합한 팀이란 고정적이지 않고 회사의 단계에 따라 달라진다. 회사와 직원의 관계는 노선 버스를 탄 승객에 비유하여 설명하기도 한다. 다른 목적지로 가는 버스를 탔다는 것을 발견했는데 운전기사와의 의리를 생각하며 종점까지 가는 것은 어리석은 일이다. 빨리 실패하고, 빨리 흩어지고, 빨리 다시 모이는 곳이 바로 스타트업이다. 스타트업은 임시적인 조직이라고 앞서 이야기했다.

법인 설립을 하거나 혹시 그 전이라 하더라도 공동 창업자끼리의 지분이나 역할을 사전에 명확히 하기 위해 '주주간 계약'을 꼭 맺어라. 법인 설립 전이어서 주주라는 용어가 불편하면 '공동 창업자 간 계약'이라고 해도 된다. 스타트업은 언제든지 짐 싸서 이동할 수 있는 디지털 유목민이 되어야 한다. 막상 터를 잡고 보니 풀이 충분하지 않거나 늑대 소굴이 근처에 있는 것을 발견했는데도 이미 집을 지어놓고 책임질 직원을 다수 채용했기에 부담스러워하며 이러지도 저러지도 못하는 스타트업들이 많다. 물론 빚이라는 덫에 걸려 주저앉는 경우도 있다. 지속 가능함이 확인되기도 전에 성급하게 터를 잡는 것은 디지털 유목민이 해서는 안 되는 일이다.

공동 창업자
계약을 맺어라

팀이 깨지지 않는 비결

2013년 말, 회사를 시작한 지 2년밖에 안 되었는데 3조 원의 현금을 준다는 페이스북의 인수 제의를 거절한 회사가 있다. 또 2년이 채 지나지 않은 2015년 초에는 중국 알리바바로부터 2300억 원을 투자 받은 회사가 있다. 스냅챗Snapchat이라는 회사 이야기다. 이 회사는 거액 인수 제의를 거절한 것으로도 유명하지만, 스탠포드대학교 출신의 공동 창업자 간 회사 소유권과 지분 관련 소송으로도 유명하다.

  2011년 봄, 브라운과 스피겔은 스냅챗 아이디어를 생각하고, 여름방학 동안 산타모니카 해변에 있는 스피겔의 아버지 집에서 서비스 개발을 시작했다. 코딩을 위해 머피가 합류해 셋이서 함께 스냅챗을 개발하기 시작했다. 그해 7월, 서비스를 오픈 하자마자 대박이 날 것이라는 것을 알 수 있었다. 그러나 법인을 설립하는 과정에서 스피겔과 머피는 브라운을 배제하고 주식을 한 주도 배정하지 않았다. 이들은 8월 중순부터 대립하기 시작했고 법원에 소송을 했다. 페이스북의 주커버그 역시 지분과 사업의 소유권 분쟁으로 송사에 휘말렸다가 거액의 보상으로 합의한 바 있다.

아이러니한 이야기이지만, 사업이 잘 안되면 모든 게 다 괜찮다. 공동 창업자들은 더 친밀해진다. 서로 돕는다. 그러다가 사업이 잘되거나 잘될 것 같은 징조만 보여도 갑자기 문제가 생긴다. 서로 간에 하는 말이 달라진다. 과거에 했던 말과 행동의 해석이 달라진다. 좋았던 친구가 섭섭하게 행동하는 것처럼 보인다. 불만이 넘치고, 서로 불안해하고 믿지 않는다. 사업을 시작하는 공동 창업자들이 '우리는 의리가 있어서 절대로 그렇지 않을 거예요'라고 말하지만 그것은 정말 두고 볼 일이다. 창업자가 100퍼센트 지분을 가지고 있어 공동 창업자 없이 창업해도 핵심 역할을 하는 초기 직원들과의 불화와 다툼, 심지어 기술이나 영업 정보와 관련된 분쟁이 종종 일어난다. 초기 직원이 사업을 카피해 경쟁 회사를 만드는 경우도 많다. 공동 창업의 경우 시작 시점에서 반드시 주주 간 계약 혹은 공동 창업자 간 계약을 맺어야 한다.

공동 창업자 간에 협의하고 명시해야 하는 중요한 내용은 다음과 같다.

1. 공동 창업자 각각의 역할과 지분: 회사의 구조와 운영에 대한 철학을 따라 다양한 조직 구조와 역할을 나눌 수 있다. CEO가 절대적인 지분을 소유할 것인지 아니면 공동 창업자들이 서로 비슷한 지분을 나눠 가질 것인지, 누가 대표이사 역할을 할 것인지, 공동 대표 혹은 각자 대표 체제로 운영할 것인지 등등을 토론하고 결정해 기입한다. CEO 외에 CTO나 COO와 같은 포지션도 정할 수 있다.
2. 공동 창업자 각각의 의무 사항, 근무 기간, 전임 근무, 파트타임 근무 여부와 기간: 여기서 중요한 것은 근무 기간이다. 특히 근무 기간을 지키지 않고 회사를 떠나는 경우 어떻게 할 것인지에 대해 정해야 한다. 주로 이탈하는 공동 창업자의 소유 주식을 남는 공동 창업

자에게 반환하는 형식을 취한다. 공동 창업자들의 근무 기간은 가능하면 길게 잡는 것(최소 5-10년)이 회사를 위해 좋다. 근무했던 기간이 일정 기간을 넘었으면 회사를 그만두더라도 일정 부분의 주식을 소유하도록 허용하는 규정을 두기도 한다. 예를 들면 최소한 5년은 회사에서 일해야 하고 그 이전에 회사를 떠나면 소유한 모든 주식은 반환하게 하되, 5년을 넘기고 떠난 경우 근무한 기간은 근무 기간에 비례해서 주식의 소유를 확정^{vesting}하는 방법을 사용하기도 한다.

3. 소유 주식의 매매 제한, 위반 시 반환 조건과 절차: 여러 사람이 공동 창업을 하는 경우 회사의 주식이 공동 창업자들에게 분산된다. 각각의 근무 기간을 모두 다 지켜서 주식 소유가 확정되었다 하더라도 공동 창업자들의 주식을 외부에 매각하는 것을 제한하는 것이 필요할 수도 있다. 우선 매수권$^{First\ Refusal\ Right}$(특정 주주가 주식을 제삼자에게 매각하려고 할 때 그보다 먼저 그 주식을 같은 조건으로 살 수 있는 권한)을 명시하거나, 공동 매도권$^{Tag\ Along\ Right}$(특정 주주가 주식을 제삼자에게 매각하려고 할 때 동일한 조건으로 같이 매각할 수 있는 권리) 등을 명시하는 방법이 있다.

4. 최종 의사 결정 방법: 특별히 정하지 않아도 회사의 최종 의사 결정에 실무적인 것은 기본적으로 대표이사에게 있고, 그 위에 이사회가 결정 권한을 가진다. 그 위에는 주주총회가 결정할 수 있는 사항도 있다. 상법에 명시되어 따라야 하는 것들이 있다. 그러나 예외적인 사항이 꼭 필요하다면 주주 간 협약에 추가하면 된다.

5. 경업^{競業} 금지: 공동 창업자들이 의기투합해서 사업을 시작했다 하더라도 사업의 과정은 험난한 풍랑 속을 헤쳐나가는 것과 같다. 재난 영화에 자주 등장하는 소재가 재난에 고립된 사람들이 고통과

위협과 심리적 압박을 이기지 못해 분열을 일으키며 위기를 자초하는 모습이다. 사업의 과정도 똑같다. 대립하는 공동 창업자들이 회사 정보를 가지고 경쟁 회사를 만들기도 한다. 그래서는 안 된다고 서로 동의하면 일정 기간 동안은 같은 사업을 하지 않는다고 서로 서약할 수 있다.

6. 계약의 종료 시점: 계약의 종료 시점이나 혹은 종료 조건을 명시하는 것이 꼭 필요하다. 그렇지 않으면 영원한 계약이 된다. 영원한 계약이란 상상하지 못한 결과를 만들기도 한다. 보통 회사가 상장하거나, 다른 회사에 인수되거나, 공동 창업자의 주식이 일정 분량 줄어들거나 하는 조건을 달고 계약의 권리와 의무 사항을 해지한다. 또는 5년, 10년 이렇게 기간을 명시하는 경우도 있다. 계약이 종료되더라도 살아남는 조항을 예외적으로 만들 수도 있다.

  잠재성이 있는 스타트업을 만나 투자 의향을 밝히고 그전에 창업자들 간에 주주 간 협약을 맺어오라고 했더니 깨져버린 팀이 여럿 있다. 그 팀의 협의 과정이 눈에 보이는듯하다. 엑셀러레이터 투자는 시작에 불과한데, 벌써부터 성공에 대한 기대(성공 그자체도 아니고)의 냄새를 맡고 욕심의 화신이 분출한 것이다. 양보하고 협의하며 끝까지 판을 깨지 말고 합의하라. 이런 도전을 넘지 못하면 공동 창업은 좋은 스타트업의 재앙이 될 위험이 있다.

  법률 전문가가 아니어도 문법을 지켜 조리있게 작성하면 좋은 계약서가 된다. 인원수만큼 프린트해 인감도장 찍고, 인감증명서를 발급해 각각 한 부씩 나눠가져라. 공동 창업자들의 우정을 보호하는 최후의 보호막이 될 것이다.

협상과 계약은
신중하게 하라

을도 갑에게 요구할 수 있다

협상과 계약에서는 실수가 용납되지 않는다. 계약서에 도장을 찍는 순간 문장과 단어 심지어 구두점의 위치에 따라 피할 수 없는 권리와 의무가 생긴다. 중요하고도 엄중한 행위이므로 쉽게 생각하지 마라. 나는 스타트업을 도와 멘토링을 할 때 어떤 계약서이건 도장을 찍기 전에 반드시 멘토와 전문가의 자문을 받으라고 조언한다. 모든 계약서는 변호사의 검토를 받아야 한다. 모든 계약에는 두 가지 내용이 들어간다. 하나는 사업적 내용이고, 다른 하나는 법적인 내용이다. 우리가 변호사에게 조력을 얻을 수 있는 분야는 법적인 내용에 한정된다. 하지만 투자를 받는 경우 기업 가치를 얼마로 하는 것이 적절한지, 창업자의 매각 금지를 몇 년으로 해야 하는 것인지, 납품 계약에서 무상 유지 보수 기간을 어떻게 정하고 몇 시간의 기술 지원을 보장해야 하는지 등과 같은 사업적인 결정 사항은 변호사 자문의 범위 밖 내용이다. 협상과 계약에는 비즈니스적 결정 사항과 법률적 요건 두 가지가 함께 섞여 있기 때문에 하나는 변호사, 또 다른 하나는 그 분야의 경험이 있는 멘토의 도움을 동시에 받아야 한다.

대기업과 인수 협상을 하는 스타트업을 도울 기회가 여러 번 있었다. 마치 대학생과 초등학생이 게임을 하는 것 같이 협상 상대가 안 되는 것을 발견한다. 아는 것, 경험 그리고 맷집도 완전히 다른 선수가 서로 샅바를 붙잡은 형국이다. 대기업은 실무자와 법무 담당 부서들이 협력하며 다층 구조로 방어막을 구축하고 서로 평계를 대며 압박한다. 수많은 협상 과정을 통해 상대방의 심리를 파악하고 울렸다 웃기며 게임하는 것에 익숙한 대기업의 담당자와 협상을 벌이는 초보 창업자들은 정말 '고양이 앞의 쥐'같이 보인다. 스타트업 창업자에게 도움을 주고 싶어도 마음이 조급하고 꼭 성사시키고만 싶어 노심초사하는 창업자들의 심장은 도와주는 조언을 감당하지 못한다.

모든 협상 준비에 있어서 첫째로 큰 힘은 '안 해도 된다'는 마음가짐이다. 이 협상을 꼭 해야만 하거나, 꼭 하고 싶은 상태에서 협상에 들어가면 백전백패일 뿐 아니라 원래 자신이 하고 싶었던 것도 얻지 못하는 경우가 많다. '꼭 해야만 하는 속마음'이 노출되는 순간 그 게임은 장기로 비유하면 차, 포를 떼고 게임하는 것이나 마찬가지다. 협상 준비에 있어서 두 번째로 중요한 준비는 이번 협상이 안 되었을 경우를 대비한 '대안'을 마련하는 것이다. '대안'은 협상을 깨트리고 다른 결정을 하도록 만드는 것이지만, 아이러니하게도 대안이 단단할수록 이번 협상을 성사시키도록 촉진하는 촉매제의 역할을 한다. 협상 준비의 세 번째 요소는 '딜 브레이크$^{deal\ break}$' 조건을 확정하는 것이다. 제휴 혹은 투자 유치를 정말 하고 싶다 하더라도 특정한 조건을 얻지 못하면 제휴 자체가 의미가 없는 경우가 있다. 가격의 상한선 혹은 하한선, 영업권의 보장이나 기간, 판매하는 제품의 브랜드 혹은 저작권 등등의 다양한 조건이 있다. 경영자의 철학이나 회사의 전략적 방향에 결정적으로 방해가 되는 것들이 바로 딜 브레이크 조건들이다. 이 조건이 명확할수록 협상은 효과적으로 진행되고 오히려 타협할 것은 타협하고 양보하지 못할 것은 버티는 힘이 생긴다.

　협상 과정에도 상대가 '안 한다'고 말할 때까지 버틸 수 있는데 협상이 파기될까 봐 불안해하며 눈치를 보는 초보 협상가들을 자주 본다. '안 한다'라고 한 번 말했다고 모든 협상이 다 파기되는 것은 아니다. 이게 바로 상대방의 '딜 브레이크' 조건을 확인하는 절차다. 내가 안 한다고 말하였더니 상대방 역시 '안 한다' 하면 그때 양보하면 되는데, 미리 양보해버리는 실수를 한다. 패를 보고 패를 까라.

　을의 입장에 있는 작은 회사들은 을이 갑과 협상할 수 없다고 생각한다. 협상을 영업의 연장선으로 오해한다. 알아서 양보하면 상대방도 알아서 챙겨줄 것으로 기대한다. 아니다. 갑도 많은 부분 양보할 수 있는 융통성 있는 조건들이 있다. 갑 역시 협상이 깨졌을 때 치를 대가를 불편해한다. 이미 업체를 선정했는데 이번 협상이 깨지면 처음부터 업체 선정을 다시 시작해야 하는 불편함과 고통이 있다. 담당자가 조직 내부에서 받는 압력도 있다. 그것이 무엇인지 구분해내고 확인할 때까지 을은 갑과 협상할 수 있다. 협상과 계약의 세계에서 가장 많이 쓰는 거짓말이 '표준 계약서'다. 세상에 수정하지 못하는 '표준 계약서'란 없다. 다만 '누가 얼마나 아쉬운지' 그리고 '수정하는 것이 얼마나 불편한지'라는 두 가지 변수로 이루어진 협상만 있을 뿐이다.

　청춘과 열정으로 사업을 시작했는가? 계약서에 날인하는 곳까지 왔다면 '사업은 낭만이 아니다!'라고 외쳐라.

7강

이윤보다 고객을 사랑하라

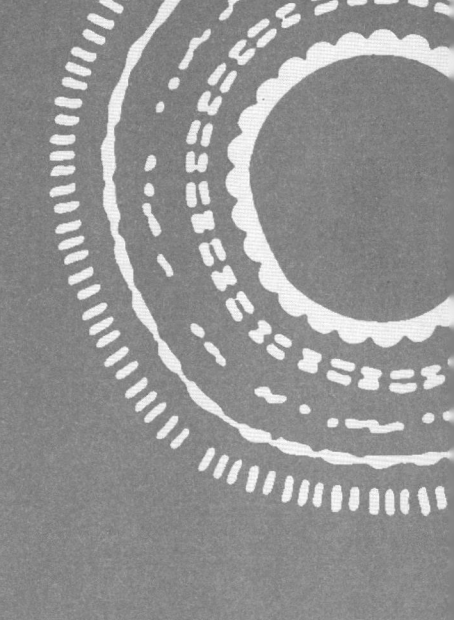

HOW TO START A STARTUP

스타트업 마케팅 전략

작은 틈을 파고들
날카로운 무기를 만들어라

소외된 틈새 고객층 공략하기

언젠가 스타트업이 준비하는 소셜 네트워크 서비스를 소개받았는데, 서비스에 포함된 내용과 기능들이 너무 많고 복잡했다. 나는 복잡한 기능 때문에 고객이 어떤 서비스를 제공하는지 이해하기 어려워 초기 성장이 힘들 것이라고 지적했다. 스타트업의 창업자는 페이스북도 기능이 많지만 크게 성공했지 않았느냐면서 기능을 줄이고 싶지 않다고 고집했다. 페이스북도 처음부터 지금처럼 많은 기능을 가진 것은 아니었다. 시작할 때는 단지 하버드 여학생들의 사진을 공유해 평가하는 기능뿐이었다.

"마이크로소프트 역시 처음부터 지금과 같은 컴퓨터 사업의 넓은 분야를 아우르는 제품을 가지고 출발한 것은 아니었다. 마이크로소프트는 CPM이라는 운영체제를 위한 프로그래밍 언어인 BASIC에서 출발했다. 아주 작은 분야에서 출발한 것이다. 이제 막 걸음마를 시작한 신생 기업은 모든 것을 한꺼번에 태워버릴 수 있는 화염발사기가 아니라 성냥의 작은 불씨에서부터 시작해야 한다."

가이 가와사키는 《당신의 기업을 시작하라》에서 이렇게 이야기했다.

지금 하려는 일이 얼마나 방대한지 모른다면 아직 사업에 대한 이해가 매우 부족한 상태다. 사업의 전정기관(前庭器官)인 현실감각이 개발되지 않은 것이다. 자신의 사업 시장과 고객을 분석해서 쪼개고 쪼개서 더 이상 나눌 수 없는 하나의 점이 될 때까지 나누고, 그 하나의 점이 된 문제에 집중한 날카로운 솔루션을 만들어라. 경영학 용어로 이를 '시장세분화'라 한다. 경영은 사람에 관한 학문인데 사람들은 매우 다양한 욕구를 가지고 있다. 심지어 보통의 사람들은 이해할 수 없는 이상한 취향을 가진 사람들도 있다. 시장세분화는 바로 이런 특징을 파고드는 것이다. 세상에 양이 있으면 음이 있듯이 모든 것이 양면적인 특징을 가지고 있고 이런 특징을 응용하면 된다. 선두 업체가 낮은 가격의 보급형 제품으로 높은 시장점유율을 기록하고 있나? 그러면 높은 가격의 프리미엄 제품에 대한 욕구가 채워지지 않을 것이고 거기에 잠재 시장이 존재한다. 구글이나 아마존과 같은 IT기업들이 고객 정보를 공개하게 하고 이를 바탕으로 광고나 쇼핑을 통해 돈을 벌면서 공짜로 서비스를 제공하고 있는가? 그렇다면 자신의 정보를 소중하게 여기고 공개하고 싶어 하지 않는 사람들의 욕구도 반드시 존재한다. 아직 채워지지 않은 사람들의 욕구의 빈틈을 찾아라.

비즈니스 모델을 설계할 때 자신이 디딜 땅 한 뼘이 어디인지 먼저 확인해야 한다. 규모가 크고 포괄적인 단위로 분류된 세상, 소위 무슨무슨 시장, 무슨 무슨 트렌드라고 불리는 곳에는 만만한 것이 없다. 빈틈도 안 보인다. 스타트업의 자원은 절대적으로 부족하다. 자신의 역량도 사실 대단하지 않다. 그럼에도 불구하고 트렌드를 좇아 그 중심에 판을 벌이는 것은 어리석은 일이다. 송장도 발 뻗을 자리를 살핀다. 타깃 고객 집단을 좁히라고 하면 시장이 작다고 우려한다. 보잘것없고 초라하게 본다. '에계, 겨우?'라 말하며 실망한다. 중심 무대에서 놀고 싶은데, 변변찮은 뒷골목 자투리 시장에 도전하는 것은 싫다고 한다. 하수는 폼 나는 것을 좇아다니고, 고수는 허름한 변두리 요지를 알아보고 길목을 미리 선점한다. 트렌드에 소외된 채 불평하며 변두리에 삼삼오오 모여 있는 집단이 어디에 없는지 둘러보라. 뒷골목에서 딴짓하고 있는 틈새 그룹이 있는지 찾아라. 그 틈새 그룹에게 딱 맞는 맞춤복과 같은 제품을 만들어 시장에 진입해야 한다.

작은 틈새를 파고드는 날카로운 창이 깊게 파고들며 틈을 넓힌다. 천리 길도 한 걸음부터다. 소외된 틈새 작은 집단의 구체적인 문제를 해결하면 얼리어답터가 충성도 높은 핵심 고객이 된다. 그냥 좋은 수준으로는 안 되고, 까다로운 그들이 친구들에게 자랑할 만큼 좋아야 한다. 그들이 만족하지 않으면 그다음은 없다. 스내플^{Snapple}이 거대 탄산음료로 획일화되고 포화된 미국의 음료 시장에서 개성과 여유 그리고 다양한 맛을 제공해 차별화와 자유에 대한 욕구를 가진 틈새 고객층을 파고들어서 성공했다. 천연 원료를 사용한 주스와 차 제품을 생산했다. 한 번에 다 마실 수 있는 작은 병으로 생산해서 차별화시켰고 유통 과정도 독자적으로 구축해 시내 작은 상점 등을 통해 틈새시장 확보에 성공했다. 스내플은 2014년 미국 소프트 드링크 시장에서 17.1퍼센트라는 높은 시장점유율 을 기록하는 회사가 되었다.[24]

스타트업들은 어쨌거나 작게 유지하라, 날카로워라. 작으면 절대 안 망한다. 작을수록 날카롭다. 날카로우면 큰 놈을 이긴다. 그리고 하나만 집중하라. 한 놈만 패라! 깐 데 또 까라. 그러면 승리한다.

통로를 관찰하고
또 관찰하라

스타트업 성공 마케팅

나는 운동경기를 경기장보다 집에서 TV 중계로 보는 것을 더 좋아한다. TV 중계에는 슬로모션이 있기 때문이다. 경기장에서는 생생한 현장감이 있겠지만 잠깐 한눈파는 사이에 골이 들어가면 끝이다. 하지만 TV 중계에서는 다각도에서 찍은 다양한 영상을 슬로모션으로 다시 보여준다. 여기에 전문 해설가가 규칙과 상황을 친절하게 설명해주니 상황을 좀 더 잘 이해할 수 있다. 스타트업 창업자들도 자신의 제품에 대한 마케팅의 과정을 슬로모션으로 볼 수 있다면 이해도 쉽고 더 잘할 것 같다.

스타트업 마케팅을 슬로모션으로 한번 살펴보자. 첫 단계는 '노출'이다. 노출해야 고객이 인지awareness할 수 있다. 길 가다가 배가 고픈데 마침 삼겹살 집이 눈에 들어왔다. 그 옆에 식당들이 많이 있는데 왜 삼겹살 집이 눈에 들어왔을까? 삼겹살 굽는 냄새 때문일까? 특이한 간판 때문일까? 평소에 삼겹살을 좋아했기 때문일까? 여러 이유가 있겠지만 중요한 것은 '노출' 없이는 고객에게 발견되지 않는다는 것이다. 키워드 광고, 블로깅과 검색 최적화, 소셜 포스트, 길거리 전봇대에 붙이는 전단까지 고객의 길목에 가능한 많이 노출시켜야 고객에게 발견될 확률이 높다.

두 번째 단계는 고객의 '관심consideration'이다. 노출된 제품, 사실 '가치 제안'이라는 낚시 대부분은 무시된다. 소비자는 하루에 수백 개의 광고에 노출된다. 그러다가 어쩌다 낚시성 멘트 혹은 관심 가는 키워드 때문에 노출에서 눈에 띄는 단계, 즉 관심을 가지는 단계로 진입한다. 노출에서 관심 단계로의 진입은 고객의 머릿속에서 순간적으로 이루어지는 것이지만 좋은 키워드, 호기심 가는 카피, 고객의 필요를 정곡으로 찌르는 표현, 현실감 있는 이미지, 동영상 등이 도움을 준다.

세 번째 단계는 고객의 '반응engagement'인데, 웹이나 모바일에서는 '클릭' 혹은 '터치' 혹은 '좋아요' 등이 해당된다. 관심이 있다고 모두 클릭하지 않는다. '관심'과 '클릭' 사이에는 넘어야 할 수많은 장애물이 있다. 인터넷 사이트에서 관심 가는 모든 링크를 다 클릭해보는가? 아니다. 일단 시간이 부족하다. 관심은 가지만 클릭하기에는 두려움을 느낀다. 바이러스나 스팸웨어에 감염되면 어쩌나 두려워서 잘 모르는 사이트는 클릭하지 않는다. 그러나 그런 장애물을 넘을 만큼 관심이 있으면 그만 클릭하고 만다. 포털에서 사용자에게 수천 번 노출해도 그중에서 한 사람이 드디어 사이트로 들어온 것이다. 창업자는 가능한 경우를 다 고려해 사이트에 메뉴 A, B, C를 만들고 이 가운데 하나를 누를 것이라고 기대하지만, 정작 고객은 브라우저 뒤로 가기Back 버튼이나 우측 상단의 윈도우 종료(×) 버튼을 가장 많이 누른다. 심지어 사이트에 고화질 이미지를 많이 넣거나 네트워크 환경이 나쁜 곳에 서버를 두면 페이지가 뜨는 시간이 오래 걸려, 고객은 사이트가 로딩되는 그 몇 초를 기다리지 못해 뒤로 가기나 취소 버튼을 누르는 비율도 상당하다. 사이트 방문에 성공했다 하더라도 사이트를 처음 방문한 고객은 5초

이내에 머무를 것인지, 나갈 것인지를 결정한다고 한다. 5초 이내에 읽고 인지할 수 있는 글자 수를 계산해보라. 홈페이지의 첫 페이지를 어떻게 구성할지에 대한 중요한 가이드라인이다.

마지막은 고객의 '행동^{action, conversion}을 유발'하는 단계다. 미팅에 나가서 처음 만난 남녀가 헤어질 때 전화번호를 서로 교환하려고 한다고 가정해보자. 전화번호를 알려주지 않고 떠난다면 그 만남은 총알로 비유해볼 때 불발이다. 홈페이지에 방문한 잠재 고객에게 회원 가입이나 이메일 주소를 남겨달라고 요청하며 구애해야 한다. 수천 번의 노출 중에서 클릭해 들어온 소수의 잠재 고객들 가운데서도 소수의 사람만이 이메일을 남기거나 회원 등록을 한다. 익명의 '잠재 고객'이 드디어 자신의 '고객'이 되는 역사적인 순간이다. 그 고객은 이메일 주소를 남기면 스팸메일 폭탄을 맞을지 모른다는 두려움이나 바이러스 감염과 같은 두려움을 뛰어넘어 당신에게 사랑을 고백한 것이다.

노출-관심-반응-행동 유발에 이르는 통로를 설계해 만들고 관찰하고 또 관찰하라. 끊임없이 수정하며 관찰하라. 영화 〈원티드^{Wanted}〉(2008)에서 평범했던 청년 웨슬리는 혹독한 훈련을 통해 날아오는 총알이나 파리의 날갯짓까지 슬로모션으로 보는 수준으로 발전한다. 이와 마찬가지로 스타트업 창업자도 관찰에 관찰을 계속해 마케팅의 과정이 슬로모션처럼 보이는 경지에 이르면 하산해도 된다.

바로 앞에 있는
고객부터 만족시켜라

스타트업 마케팅의 시작점

2002년 한·일 월드컵 당시, 대한민국 축구 국가대표 팀 감독이었던 히딩크는 한국 축구를 획기적으로 바꿨다. 과거에는 한 골 먼저 먹으면 급한 마음에 상대편 골대를 향해 뻥뻥 장거리 패스를 날렸다. 요행을 바라고 크게 한 건을 노리지만 시간과 체력만 낭비하고 결국 패배로 경기를 마쳐야 했다. 하지만 히딩크의 축구는 달랐다. 비록 지고 있고, 시간이 부족해도, 볼을 잡으면 후방에서 패스를 하며 전열을 정비해 훈련한 대로 차근차근 골 기회를 만들어 나갔다. 그런 축구가 월드컵 4강 신화를 만들었다.

새로운 서비스를 시작한 스타트업은 조급해한다. 한 사람의 얼리어답터 혹은 한 사람의 고객을 만족시켜야 규모를 만들 수 있다는 것을 알기는 하지만, 과거 한국 축구처럼 급한 마음에 큰 것을 노리며 뻥뻥 장거리 볼을 찬다. 쉽고 빠르게 성장하고 싶은 창업자들은 전략적인 큰 그림을 그리거나 제휴를 통해 지름길을 찾는다. 경품 걸고 이벤트를 진행하거나 행사에 의존한다. 유명인을 끌어들인다. 언론을 동원한다. 이런 활동의 결과 회원은 잠시 늘어나지만, 부싯돌 불꽃으로는 물을 끓일 수 없듯이, 이벤트 때문에 들어온 뜨내기 고객들로 서비스를 활성화시키기에는 역부족이다. 모닥불을 피우지 않고서는 부싯돌 불꽃과 같은 인위적인 자극만으로 사업을 지속할 수 없다.

무리하게 사용자 확보에만 매진하는 스타트업의 위험을 《린 분석》에서 이렇게 경고한다.

"만약 스타트업이 모든 시간과 돈을 사용자 확보에 투자했음에도 이 사용자들이 너무 빨리 이탈해버린다면 섣부른 사업 확장 노력은 큰 실패로 이어질 수 있다. 이 사용자들을 되찾으려 노력한다면 때는 이미 늦었다. 처음으로 회원 가입할 수 있는 두 번째 기회란 없다."

모닥불 불길이 새 불길을 만들 듯이, 한 번 확보된 고객이 유지되고 유지된 고객이 새 고객을 만드는 자연 성장을 이루게 하는 것이 마케팅의 목표다. 실리콘밸리에서 2006년에 우푸^{Wufoo}라는 회사를 창업해 5년 조금 넘은 시점에 회사를 매각하여 백만장자가 되고 와이 콤비네이터의 파트너가 된 케빈 헤일$^{Kevin\ Hale}$은 이렇게 이야기했다.

"저의 스타트업 철학은 10억 달러의 매출을 달성하기 위한 최고의 방법은 맨 첫 고객의 첫 매출 1달러를 벌게 만드는 핵심 가치에 집중하는 것입니다. 이 가치만 제대로 만들어낼 수 있다면 이외의 모든 것들은 자동적으로 이뤄질 것입니다."

첫 고객에게 첫 번째 돈을 받을만한 가치를 만드는 것이 100만 명의 회원을 만드는 것보다 더 중요하다는 이야기다. 스타트업 마케팅의 온탕에 빠지지 말자. 사업은 장거리 경기다. 차근차근 만들자.

스타트업 마케팅의 반대 극단도 있다. 어떤 스타트업의 홈페이지나 소개 문서는 대기업의 기업 이미지 광고 같다. 사회 공헌이나 복리후생은 열심히 홍보하는데, 이 회사가 정작 무슨 제품을 만드는지는 알 수가 없다. 벌써부터 대기업 흉내를 내는 것인지는 알 수 없지만, 시간과 돈과 기회를 낭비하지 말고 제품의 고객 가치를 직접적으로 알리는 데 집중하라.

어떤 스타트업의 홈페이지나 페이스북 페이지 소개에 들어가 보면 심지어 창업자 이름도 감추고 자기 소개조차 없다. 신비주의 마케팅을 하는가? 자신이 우주의 중심 무대에 있다고 착각하지 말자. 아무도 나에게 관심이 없다. 떠들어라. 알려라. 소개하라. 고객을 직접 만나라. '스팸으로 간주되지 않을까?' 정도로 나가서 떠들어야 사람들이 '이런 게 있었네' 정도로 인지한다. 가까운 친구들의 칭찬에 마취되어 세상 전부가 자신을 칭찬하는 것으로 오판하지 마라.

호수에 있는 물을 그 옆에 있는 자신의 우물에 담아야 하는 스타트업이 있다. 그런데 접근법이 좀 이상하다. 바가지로 모래를 퍼서 호수에 붓고 있다. 왜 그렇게 하느냐 물어보면 모래를 호수에 계속 부으면 물이 넘쳐서 옆에 있는 우물로 채워질 것이라고 말한다. 사업의 주변 분위기를 만들고, 좋은 제휴 구조와 환경을 만드는 언저리 일들에 집중하는 스타트업들이 하는 일이다. 그냥 그 바가지로 호수 물을 직접 퍼서 우물에 담는 것이 더 빠르고 확실한 방법이 아닐까? 뜬구름 잡는 간접 마케팅 활동 대신 고객을 직접 만나라.

2014년 스탠포드대학교 학부 4학년일 때 미국 레스토랑 음식 배달 앱인 도어대쉬^{Doordash}를 창업해 1년도 채 되지 않아서 벤처투자사 세쿼이아 캐피털$^{Sequoia\ Capital}$로부터 150억 원을 투자 받은 스텐리$^{Stanley\ Tan}$는 자신의 사업 시작에 대해서 이렇게 이야기한다.

"다른 주목할만한 점은 우리는 이 웹사이트를 한 시간 만에 개설했다는 점입니다. 우리는 배달 서비스를 위해 운전기사 확보나 알고리즘이나 백엔드 인프라 발송 시스템을 만드느라 6개월이란 시간을 쏟지도 않았습니다. 이런 것들 가운데 어떤 것도 갖추지 못했죠. 초기에는 단순하게 아이디어를 실험하고, 잘 돌아가기만 하도록 노력했으며 사람들이 정말 이것을 원하는지 알아보기 위해 사이트를 개설하고 운영해 본 것입니다. 처음에는 일을 간단하게 처리해도 괜찮습니다. 오늘 강의에서 '큰일을 도모하지 않는 것'에 대한 이야기해달라고 요청 받았습니다. 우리는 처음에 배달원이 되었죠. 수업에 갔다가 끝나고 나서는 음식을 배달했습니다. 고객 지원도 했었는데, 여러분들도 알다시피 어떤 때는 강의 중에 전화를 받아야만 했습니다. 오후가 되면 유니버시티 거리University Avenue에 가서 우리 회사(도어대쉬)를 홍보하느라 전단지를 뿌렸죠."

지금 내 손에 닿는 곳에 있는 고객부터 만족시키고 그 주변에 있는 고객의 반응을 보면서 진화해 나가야 한다. 이것이 바로 온탕과 냉탕이라는 양극단을 오가는 실수를 거듭하는 스타트업들에게 길을 보여주는 마케팅의 시작점이다.

마케팅보다 사랑과
정성을 담아라

스타트업이 대기업을 이기는 힘

나는 김치볶음밥을 참 좋아하지만 분식점에서는 거의 먹지 않는다. 김치볶음밥의 핵심은 바닥에 약간 눌은밥인데, 너무 타면 딱딱해서 싫고 눌은밥이 적으면 김치볶음밥이 아니라 그냥 김치비빔밥이어서 맛이 밋밋하다. 분식점에서는 김치와 밥을 볶아서 김치볶음밥을 만들긴 하는데 그 '눌은밥'의 심오한 맛을 경험할 수 없어서 나 같은 '김치볶음밥 마니아'는 주문하지 않는다. 분식점을 운영하면 그런 김치볶음밥을 만들 수 없는 이유가 열 가지가 넘는다는 것을 잘 안다. 이해한다. 그러나 그럼에도 불구하고 관심을 갖고 그렇게 만드는 분식점 주인만이 맛집의 반열에 올라서고 성공한다. 그래서 김치볶음밥은 내가 집에서 직접 만든다. 우리 아이들이 제일 좋아한다. 아이들이 맛있게 만드는 비결이 무엇이냐고 물으면 나는 항상 '사랑과 정성'으로 만들기 때문이라고 말한다. 진짜 사랑과 정성을 들여 재료를 준비하고 불의 세기와 시간을 잘 맞춰서 볶아야 맛있다. 많은 분식점 주인들은 장사가 안돼 문을 닫은 후에도 자신의 김치볶음밥이 무엇이 문제인지 여전히 모른다. 그리고 이 정도면 괜찮은 김치볶음밥이라고 주장한다.

스타트업의 제품이나 서비스가 잘 안되는 이유가 디자인이나 기능이나 홍보, 이벤트의 부족, 제품의 기능이 미비해서 그렇다는 이야기를 자주 한다. 그래서 엉뚱한 일을 열심히 한다. 디자인과 기능이 부족한 것이 아니라 CEO의 관심, 즉 사랑과 정성이 부족하다는 것을 안다면 방향을 제대로 잡을 수 있을 것이다. 스타트업 CEO들은 자기 제품을 자신이 가장 잘 안다는 착각에 빠져 있는데, 파워 고객만큼이나 자기 제품에 관심을 가지고 써보면서 잘 아는 CEO가 있다면 그 회사는 성공할 것이다. 심지어 CEO가 직접 설계하고 개발한 제품조차 고객이 어떤 식으로 사용하는지, 왜 그렇게 쓰는지, 또 고객이 사용하는 제품의 활용처가 창업가가 생각했던 것과 완전히 다르다는 비밀을 잘 모른다. 제품 기능보다 고객에 대한 관심과 정성이 CEO에게 성공의 눈을 열게 한다.

《린 분석》에서는 이렇게 말한다.

"제품이 시장에 나와 얼리어답터 고객을 확보하고 이들이 제품을 테스트할 요량으로 사용할 시점에는 이들이 여러분의 제품을 어떻게 사용할지조차 알 수 없다. 여러분의 가정과 사용자의 실제 활동은 크게 다를 수 있다. 사람들이 다중 사용자^{multiuser} 게임을 즐길 것이라고 예상하고 개발했지만 나중에 알고 보니 사용자들이 사진 업로드 서비스로 이용할 수도 있다. 설마 그럴리가 하는 생각을 하겠지만 플리커^{Flicker}가 바로 이렇게 시작했다."

제품에 관심을 가지지 말고 고객의 행동에 관심을 가져야 한다.

사업은 이웃을 돕는 마음에서 출발한다. 이웃을 도우려면 이웃에 대한 관심과 사랑이 있어야 한다. 사업의 성공을 첨단 기술, 화려한 마케팅, 많은 자본의 유치와 투입, 전략적 선택과 영웅적 결단과 같은 활동의 결과로 오해한다. 이런 활동들이 있긴 해야 하지만 더 근본적인 성공의 원리는 이해하지 못한다.

요즘 스타트업 창업의 열풍이 일어나고 있다. 그리고 스타트업들은 기존의 대기업이 장악하던 시장에 뛰어들어 승리하고 있다. 그 성공의 원리가 앞에서 이야기한 기술과 자본과 차별화된 멋진 마케팅이라고 이야기하지만 사실 진짜 원리는 다른 곳에 있다. 대기업으로 성장한 기업들이 규모와 효율을 추구하느라 잃어버린 고객 만족을 다시 고객에게 되돌려주는 것이 바로 스타트업을 성공으로 이끄는 혁신의 원천이다. 즉 성장과 효율을 추구하는 경영과 고객 만족 경영의 대결 구도에서 고객 만족 경영이 이기는 현상이 바로 오늘날 스타트업들이 대기업을 이기는 힘이다.

향수 냄새와 꽃향기는 둘 다 향기롭지만 분명히 다른 것처럼, 마케팅에 있어서도 정교하게 설계된 마케팅 메시지와, 고객에게 관심과 정성을 갖고 진짜 세상을 아름답게 만드는 사랑의 메시지는 분명히 다르다. 둘 다 달콤하고 아름답지만 시간의 시험을 거치면 다른 결과를 만든다. 아직도 마케팅을 진실함과는 상관없어도 되는 어떤 정치적 수사 또는 겉만 번듯한 거짓 메시지 정도로 생각하는 창업가가 있는가? 이 세상에서 가장 아름답고 설득력 있는 희귀한 메시지는 바로 진정성을 함유한 사랑과 정성이라는 것을 모든 창업가가 알면 좋겠다. 사업은 사회와 고객에 대한 진실된 봉사다.

고객을 숫자로
파악하지 마라

고객의 마음을 알아가는 게 진짜 마케팅이다

파리 날리는 식당이 있었다. 전단 만들 돈도 부담스러운 상황이었다. 어떻게 할까 고민하다가 하루에 두세 팀 있는 손님이라도 자주 오게 만들자 하는 심정으로 손님들의 전화번호를 모으기 시작했다. 그러고는 매일 문자를 보냈다. 한 명 한 명에게 특별하게. 그렇게 모은 전화번호가 700개가 넘었다. 어느 날 거짓말처럼 줄 서서 기다려야 하는 식당이 되었다. 불과 6개월 만이다. 지인이 알려준 경기도 부평에 있는 어떤 식당의 실화다.

회사들 가운데 자신의 본업과 고객에는 정작 관심을 기울이지 않는 조직이 얼마나 많은지! 그것에 대해 회의도 하고 계획도 세우지만 진짜 고객이 어떻게 느끼고 뭘 생각하는지를 알아보지 않고 과거의 관성에서 벗어나지 못한다. 이미 해볼 것은 다 해봐서 더 할 것은 없다고 단정한다. 회사가 어려워지는 것은 경쟁이나 시장이나 거시적인 경제 침체가 원인이 아니라 바로 그 회사 조직들의 이런 고객에 대한 무관심과 패배주의 때문이다.

스타트업의 모든 것은 고객으로부터 출발해야 한다. '브랜드'도 자신이 만든 예쁜 디자인이나 로고, 캐릭터, 멋진 이름이 아니라 '고객에게 어떤 식으로 인식되고 있는가?'를 고민한 결과물이어야 한다. 스타트업은 홈페이지를 통해 고객에게 가치 있는 것을 제공하겠다고 약속하고 잠재 고객의 이메일 주소를 수집하지만, 숫자만 헤아려 그래프를 그려 넣고 끝이다. 구애에 끌려 자신의 전화번호를 남겨준 이성에게는 정작 별 관심이 없으면서 구애의 숫자에만 몰두하는 것과 같다. 어쩌다 단체 이메일로 회사 제품을 소개하기도 하는데, 이게 바로 고객의 사랑 고백에 대한 배신의 스팸메일이 아니고 무엇인가? 페이스북 마케팅 부사장 알렉스 슐츠Alex Schultz가 고객 관계에 대해 이렇게 이야기한다.

"모든 사람들이 이메일 마케팅에 집중을 하는데, 제 의견에 그것은 스팸입니다. 뉴스레터도 아주 잘못되었어요. 뉴스레터를 보내지 마십시오. 왜냐하면 여러분은 똑같은 뉴스레터를 모든 회원들에게 보낼 것입니다. 그래서 3년 동안 여러분 서비스를 이용하고 있는 사람과 바로 어제 회원 가입을 한 사람이 같은 뉴스레터를 받게 됩니다. 그들이 같은 내용의 메시지를 받아야 할까요? 아니죠. 여러분이 할 수 있는 가장 효과적인 이메일은 '알림'입니다. 어떤 것을 알려야 할까요? 여기서도 사람들이 잘못된 생각으로 빠집니다. 페이스북 유저로서 저는 페이스북에서 제가 받은 모든 '좋아요'에 대해 알림 이메일을 받기를 원하지 않습니다. 왜냐하면 전 페이스북 친구가 많고 아주 많은 '좋아요'를 받기 때문입니다. 하지만 페이스북에 처음으로 가입한 유저라면, 처음으로 받은 '좋아요'는 마법 같은 순간입니다. 우리는 오직 우리 서비스를 자주 이용하지 않는 유저들에 대해서만 알림 이메일을 보냅니다. 그래서 그들에게는 그것이 스팸메일이 되지 않습니다."

좋은 창업가는 고객을 한 명, 한 명 구분해 각각을 개별적으로 대하는데, 그저 그런 창업가는 고객을 집단으로 본다. CEO가 주기적으로 가장 많은 시간을 투자해 고객을 직접 만나지 않으면, 그 회사의 고객 사랑은 관념적인 아름다운 모습이나 통계와 전략으로 변질돼버린다.

덴마크의 한 허름한 5층짜리 목조건물에 자리 잡고 있는 컨설팅 회사 레드 어소시에이츠$^{ReD\ Associates}$의 공동 창업자들은 숫자와 데이터에 기반하여 고객의 행동을 예측하고 분석하는 숫자 더미와 스프레드시트에 대해 비판적인 입장을 견지한다. 그들은 2014년 11월, 국내 언론사와의 인터뷰를 통해 다음과 같이 말한 바 있다.[25]

"정말 인간이 숫자와 데이터로 전체를 설명할 수 있는 존재라고 생각하나요? 저는 아니라고 생각합니다. 숫자로 나타난 정보는 사람의 부분일 뿐, 아무리 이를 조합한다고 해도 완벽한 한 사람을 만들어낼 수 없기 때문입니다. 그런데 회사는 커지면 커질수록 고객을 이해한다면서 각종 숫자와 데이터에 몰두하게 됩니다. 정작 고객은 만나지 않으면서 숫자와 데이터에 의지해 고객을 추측하려고 합니다. 경영자는 고객 대신 다른 경영자들을 만납니다. 그들만의 리그가 생기죠. 이 사람들이 나누는 대화를 잘 들어보세요. 놀랍게도, 어떤 시점부터는 더는 사람들이 하는 말을 하지 않습니다(전문용어로만 대화한다는 의미). 이것은 무언가가 잘못돼가고 있다는 신호입니다."

사업의 지표를 측정하는가? 잘하고 있다. 통계 외에 변동치까지 관리하는가? 정말 잘하고 있다. 그러나 정작 '어제 방문했던 그녀가 오늘은 왜 안 왔을까?'라는 질문이 그런 지표와 통계 속에 묻혀서 잊혀진다면 차라리 지표는 버리고 그녀에게 전화 한번 직접 하라. 이게 진짜 마케팅이다. 고객 한 사람씩 이름을 부르는 CEO가 고객을 안다. 알면 서로 사랑한다.

편집광처럼
고객에게 집착하라

개별 서비스 제공하기

100만 명 이상의 회원을 보유한 포털의 대형 카페 운영자 이야기를 들어보면 한결같다. 회원 10명, 100명일 때부터 하루 종일 온라인 카페에서 눈을 떼지 않고 살았다. 주변 사람들로부터 중독이 심각하다는 우려의 이야기를 자주 들었다. 질문이 올라오면 밤낮없이 즉시 답하고, 회원이 신규로 가입하면 인사하고, 소개하고 대화 나누며 친해지고, 매일같이 필요한 자료를 찾아 게시판에 올렸다. 수년간 아침에 눈뜨면 세수도 하기 전에 컴퓨터를 켜고 맨 먼저 카페에 들어가서 밤사이에 올라온 변화를 체크하고 질문에 답하고 자료를 올렸다고 한다. 대형 카페뿐 아니라 5만 명, 10만 명짜리 소형 카페도 이렇게 활성화되기까지 운영자들의 밤낮없는 노력이 투입된 결과라고 한다. 카페 커뮤니티 하나를 잘 운영하려면 그것 하나에 편집광적인 집착을 가지고 집요하게 회원들의 일거수일투족을 모니터링하면서 회원의 필요를 찾아 채우고 불편을 해결하고 질문에 답을 달고 필요한 것을 공급하는 집사와 같은 일을 오랫동안 해야만 한다고 말한다.

이런 식으로 하면 무슨 사업을 해도 성공했을 것이라 사람들이 이야기한다고 한다. 맞다. 진짜 그렇다. 사업도 같다. 이렇게 해야 한다. 외주 개발사를 통해 용역으로 시스템을 개발하고 서비스를 시작하면 그냥 가만히 둬도 수백만 명의 사용자들이 모여 북적거릴 것이라고 기대한다면 그것은 정말 착각이라고 말할 수 있다. 소프트웨어로 만든 컴퓨터 시스템이 중요한 것이 아니다. 시스템이 회원을 만들고 회원의 즐거움을 만드는 것이 아니라 편집증적인 집중력으로 한 명 한 명 회원의 활동과 질문과 필요를 즉각적으로 채워주는 운영진의 노력이 성공을 만든다는 것을 알아야 한다.

감나무 아래에서 입을 열고 감이 떨어지기를 기다리는 창업자들을 자주 만난다. 좋은 터를 잡고 멍석을 깔고 누워 기다리면 감이 입안으로 떨어질 것이라고 기대한다. 트렌드를 따라 컴퓨터 시스템을 구축해 서비스를 개시하기만 하면 성공할 것이라는 기대와 같다. 회원이 늘어도 회원 각각에 대해서는 잘 모른 채 총량 지표, 즉 허무 지표$^{vanity\ metrics}$만 쳐다보며 어떻게 하면 전체 숫자를 늘릴 것인지만을 고민한다. 고객 한 사람 한 사람에 맞게 직접적으로 서비스를 제공할 생각은 미처 못한다. 개별 고객의 필요를 채워줄 엄두도 내지 못한다. '그 많은 사람들을 내가 어떻게 다 상대한다는 말이야?'라고 되묻는다. 100만 명의 고객이 있다면 그들을 다 만나라는 것은 아니지만 적어도 눈에 띄는 고객들을 각각 감동시키다가 보면 그 감동이 100만 명 모두에게 전염된다. 집요하게 고객의 필요를 찾아 해결하는 스토커 같은 CEO가 고객을 감동시킨다.

가격표만 바꿔도
혁신이다

고객의 가치 체계 이해하기

나는 차를 세우고 주차장 문을 닫기 전에 우편물을 가지러 집 앞에 있는 우편함으로 간다. 열쇠로 우리 집 우편함을 열고 수북이 쌓인 우편물을 꺼낸다. 대부분이 전단지, DM, 쿠폰들이다. 우편함에서 주차장 입구까지 걸어오는 짧은 시간에 능숙한 손놀림으로 광고성 우편물을 분류하며 생각한다. '어떻게 이렇게 매일 똑같이 쓸데없는 쿠폰을 보내 사람을 불편하게 만드냐'며 불평한다. 그러다가 어느 날 바로 그 쿠폰이 필요해서 찾으니 없다. 분리수거함을 뒤져도 없다. 일주일을 기다려도 찾던 쿠폰은 오지 않는다. '개똥도 약에 쓰려면 없다'며 투덜거리다 제품을 정상가격으로 산 적이 종종 있었다. 쿠폰의 혜택을 받으려고 해도 상당한 노력이 필요하다. 가격에 민감한 고객은 시간과 노력을 들여 쿠폰을 모으고 관리한다. 시간이 부족해 그렇게 하지 못하는 나 같은 사람은 정가를 지불하고 제품을 살 수밖에 없다. 정가로만 팔았으면 가격에 민감한 고객을 잃었을 것이고, 가격을 인하했으면 높은 가격을 지불하고도 살 의사가 있는 고객에게서 추가 이익을 얻지 못했을 것이다. 이것이 바로 가격 정책의 마법이다.

제품을 가격을 120원으로 정했는데 어떤 사람들이 100원이면 사겠다고 하면 어떻게 할까? 몰래 100원에 팔면 될까? 정직하게 가격을 아예 100원으로 내리면 어떨까? 높은 가격을 지불할 의사가 있는 고객을 유지하면서도 가격 민감한 고객까지 확보하려면 어떻게 할까? 이때 쿠폰을 활용해 서로에게 영향을 주지 않으면서 두 가격으로 제품을 판매할 수 있다. 이 회사는 같은 상품을 가지고 두 집단의 고객에게 적합한 다른 두 가격으로 제품을 판매해 매출과 이익을 극대화한다.

쿠폰과 포인트는 유행처럼 쓰는 전략이 아니다. 선심성 고객 서비스의 일환으로 모든 분야에 다 적용할 수 있는 방법도 아니다. 회원 모집 이벤트에 단골로 쓰는 방법이 아니다. 고객의 가격 민감 정도에 따라 실행하는 가격 전략 중 하나다. 가격에 대한 일차원적 생각에서 벗어나야 한다. 피터 드러커는 "사업가들이 고객의 진짜 가치가 무엇인지 깊이 생각하지 않는 이유는 경제학자들이 '가격'을 정답이라고 말하기 때문"이라고 말했다. 맞다 그래서 가격만 중요하고 그 너머에 있는 고객의 진짜 가치에 대해 깊은 고민을 하지 않는다. 사람들은 같은 제품과 서비스들이라면 가격이 싸면 좋아할 것이라고 단순하게 생각한다.

어떤 사업 분야의 후발 주자로 시작하는 스타트업이 자신의 전략은 '싼 가격으로 시장을 장악한 후에 그때 가서 가격을 올릴 예정'이라고 한다. 나는 말한다.

"시장 장악을 너무 만만하게 보는 것 같습니다. 단지 가격이 싸다고 시장이 장악되는 것도 아니고, 시장은 단기간에 장악되는 속성을 가지지도 않습니다."

그렇게 가격으로 시장을 파괴하겠다고 들어온 후발 주자가 제일 먼저 스스로 파괴당하고 넘어진다. 가격은 고객이 고려하는 가치의 여러 요소 중에 하나에 불과하고 생각만큼 단순하지 않다.

잭 웰치가 경영하던 GE의 열차 사업부는 차량 가격을 가지고 씨름하지 않았다. 고객인 철도 회사들이 진짜 원하는 것은 싸고 좋은 차량이 아니라, 중단 없는 열차 운행이라는 것을 알기 때문이었다. 차량을 판매하는 것보다 운행 중단 감소 방안과 이를 연동시킨 가격을 제시했다. 차량에 가격을 매겨 팔지 않았다. 차량을 제공하고 활용하긴 했지만 이들이 판매하고 가격을 매긴 것은 열차 운행 그 자체였다. 결과적으로 더 큰 이익을 내면서도 고객을 만족시켰다. 같은 원리로 제록스는 복사기에 가격을 매기지 않고 '복사에 가격을 매겨 큰 성공을 거두었다.

  제품이나 서비스의 가격 구조를 결정하는 것은 고객의 가치 체계에 따라야 한다. 주변의 상품과 서비스를 돌아보라. 어디에 가격표가 붙었는지, 즉 무엇에 가격을 매겨놓았는지 잘 살펴보라. 고객이 진정으로 가치 있게 여기는 것에 상품의 가격이 매겨져 있으면 그 사업은 성공한다. 혁신은 같은 제품에 가격만 재정의하는 것만으로도 만들어낼 수 있다.

8강

직원이
아닌
협력자를
구하라

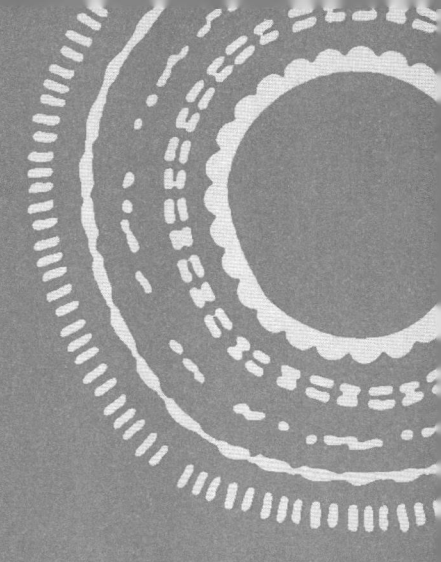

HOW TO START A STARTUP

누구와 함께 어떻게 일할 것인가?

지속적인 매출 이익이
발생할 때까지 혼자 가라

언제 직원을 채용하나?

허블 망원경을 수리하기 위해 우주로 갔다가 사고를 당해 표류하는 라이언 박사에게 매트 중위가 소리를 지른다.

"지금 호흡이 너무 빨라! 산소를 아껴야 돼! 너무 빨리 줄고 있어, 침착해!"

영화 〈그래비티 Gravity〉(2013)의 한 장면이다. 나는 이 세 마디 대사를 성급하게 직원을 채용하려는 창업자들에게 외치고 싶다.

"지금 캐시버닝 cash-burning(현금 고갈)이 너무 빨라! 돈을 아껴야 해! 너무 빨리 줄고 있어, 침착해!"

직원 급여는 초기 스타트업에게 가장 큰 자금 소진의 요인이다.

왜 창업자들은 성급하게 직원을 채용하려 할까? 창업의 순서가 사업자 등록, 사무실 임대, 직원 채용 그리고 제품의 개발과 마케팅이라고 생각하며 직원 채용을 서두른다. 심지어 많은 스타트업 안내서에서도 이렇게 얘기한다. 앞에서 이야기한 린 스타트업 방법을 따르는 스타트업의 창업과는 거리가 먼 순서라고 할 수 있다.

기술자가 아닌 창업자들은 개발자를 채용해 제품을 개발하면 된다고 쉽게 생각한다. 직장 경력이 있는 창업자들은 위임과 관리를 중요하게 여기고 조직부터 갖추려 덤빈다. 기획이나 서비스 운영은 직원에게 맡기고 대외 업무와 네트워킹에 집중하는 것이 창업자의 역할인 것으로 오해한다. 직원이 없으면 손발이 없다고 생각한다. 내 손발은 어디로 휴가 보내버렸는가?

'회사라면 직원을 채용하는 것이 당연하다'고 생각한다면 틀렸다. 큰 회사도 직원 채용을 신중하게 해야 하지만 스타트업은 더욱 신중해야 한다. 만일 직원을 채용하지 않는다면 굳이 독립된 사무실을 유지할 필요도 없어진다. 몸이 가벼우면 쉽게 안 망한다.

그렇다면 스타트업은 언제 직원을 채용해야 하나? 원칙은 '본업에서 지속 가능한 매출 이익으로 급여를 줄 수 있을 때'다. 혹은 외부 투자를 받아서 일정 기간 동안 안정적인 급여를 주면서 사업을 궤도에 올릴 수 있다고 판단될 때이다. 공동 창업자들끼리는 급여를 가져가지 않아도 되지만 직원에게 그러면 위법이다. 악덕 기업주로 인터넷에 오르내리거나 고용노동부에 신고 당해 전과자가 될 위험도 있다.

'직원 없이 나 혼자 어떻게 하란 말이냐'라고 반문할 수 있다. 멋진 아이디어 외에는 자신이 직접 할 수 있는 것이 없는 아이템으로 창업하려 하는가? 그것은 자기 사업이 아니다. 그래도 그것을 꼭 해야 하겠다면 그 일을 직접 배워라. 창업의 열정을 빚을 얻어서 직원을 관리하는 데 쓰지 말고 그 일을 배우는 데 쏟아라. 6개월만 배우면 웬만한 앱을 직접 개발할 수 있다. 요리 못하는 식당 주인이 주방장 때문에 골치를 썩다가 망한 이야기가 얼마나 많은가?

사업의 핵심 요소를 자신 혹은 공동 창업자의 힘으로 구현할 수 있을 때 창업하라. 적어도 공동 창업자 가운데 한 사람은 사업의 핵심 재능을 가져야 그 분야의 창업 자격이 있다. 능력 있는 공동 창업자조차 설득하지 못하고 있나? 고객과 투자자를 설득하는 것도 똑같이 어려운 일이 될 것이다. 자신의 손으로 성공의 초석을 만들고 나서 직원을 채용하라.

서로에게 어울리는
상대를 찾아라

면접의 기술

 면접관으로서 가장 힘든 일이 바로 신입 사원 면접이다. 정답으로 완전 무장한 로봇과 대화하는 것 같다. 면접과 채용은 점수로 사람을 평가하는 시험이 아니라 조직과 개인이 서로 맞는 상대를 찾는 과정이다. 좋고 나쁨, 옳고 그름을 구분하는 자리가 아니다. 자신의 개성과 장점을 드러내야 서로를 발견할 수 있다. 그렇지 않으면 오로지 출신 학교와 점수라는 불완전한 기준이 주된 평가 기준이 될 수밖에 없다.
 면접 때 자신을 드러내면 손해라는 의견도 많다. 자신을 드러내 표현하는 방법이 미숙했거나, 장점을 제대로 개발하지 못했거나, 서로 맞지 않는 만남이었을 것이다. 자신을 드러낸 것 자체가 잘못된 것은 아니다. 무엇보다 정직의 가치를 믿자. 가짜로 포장된 스펙을 더 좋아할 것이라고 미리 짐작하고 상대방에게 거짓과 가짜를 말하지 말자. 있는 그대로의 자기 모습과 진실을 원할 것이라고 가정하고 정직하게 접근하자. 정직하게 접근했다가 뒤통수를 한두 번 맞더라도 그것이 더 안전하고 좋다고 믿기 바란다. 일본 대기업 파나소닉^{Panasonic}(구 마쓰시타전기공업)을 굴지의 기업으로 키워낸 마쓰시타 고노스케는 이렇게 말했다.

"선의의 책략이든 악의의 책략이든 결국 책략은 책략일 뿐이다. 옛 말에 '술수를 부리지 않는 것이 진짜 술수'라는 말이 있다. 여러 갈래로 복잡하게 얽힌 사람들의 일에서 어려운 일을 만난다면 술수를 부리지 않고 정직하게 대처하는 것이 중요하다는 생각을 잊어버리지 말자."

초보 면접관은 폐쇄적 질문을 하는 실수를 자주 한다. 질문 속에 답이 있다. 질문자의 의도가 훤히 보이는 뻔한 질문을 한다. '영업을 잘합니까? 대인 관계가 좋습니까?'를 질문하면서 '예'라는 답 외에 어떤 답을 기대하는가? 초보 면접관 CEO는 '무엇을 할 수 있을지'를 묻고, 베테랑 CEO는 '무엇을 했었는지'를 묻는다. 초보 CEO는 보이지 않는 미래의 잠재성을 찾으려 하고, 베테랑 CEO는 눈에 보이는 현재의 능력을 확인하려 한다. 나는 과거 수천 명을 면접 보고 채용해 같이 일했다. 하지만 내가 경험하지 못했거나 지식이 없는 분야의 면접에는 반드시 그 분야를 경험해서 잘 아는 사람을 공동 면접자로 초청했다. 면접자로서 무엇을 물어야 하는지, 무엇이 좋은 답인지, 심지어 내가 모르는 것이 무엇인지도 모르기 때문이다. 비개발자 스타트업 CEO가 개발자를 채용할 때 꼭 참고하라.

면접의 팁을 하나 더 얘기한다면, 응시자가 종사했던 이전 직장의 사업 분야에 대해 배우고 교육받는다는 자세로 질문해보라. 그의 전문성과 태도에 대해 많은 것을 알 수 있다. 나는 재무회계 분야 지원자를 만날 때마다 '단식부기(일정한 원리 없이 현금 유입과 유출을 기록하는 방식)가 있는데, 왜 굳이 복식부기(대차 평균의 원리를 이용해서 현금 유입과 유출에 대해 원인과 결과를 대변, 차변에 기록하는 방식)를 해야 하는지'를 물었다. 사실은 면접을 위해서라기보다 내가 진짜 궁금해서 알고 싶은 것이어서 물었다. 이 질문에 대해 나를 시원하게 만들어준 사람은 한 사람밖에 없었다. 그가 결국 입사해서 이니시스의 사장 자리까지 승진했다.

GE 회장인 잭 웰치에게 '면접 볼 때 하나만 질문해야 한다면 무엇을 물어볼 것인가?'라고 물었을 때, 그의 대답은 '왜 이전 직장을 그만두었는가?'였다. 그 질문의 답을 파고 또 파고 또 질문하면 그의 직장 윤리, 능력, 지혜, 시장에 대한 안목 등 모든 것이 다 나온다고 했다. 그 이야기를 읽은 후에 나도 면접을 볼 때 이 가이드라인을 따랐다.

면접의 기술에서 꼭 하고 싶은 이야기가 있다. 중요한 역할을 할 사람을 채용할 때 서류 전형과 면접을 통해 채용하는 것은 엉뚱한 사람을 잘못 채용할 위험이 높고, 또한 가장 게으른 방식이라는 것이다. 실력 있고 업무 성과를 높이는 사람은 기존 회사에서도 높은 연봉을 보장하고 성장의 기회를 주며 붙잡고 있을 가능성이 높다. 이런 실력자들은 모르는 회사에 이력서를 넣고 면접을 보러 다닐 필요가 거의 없다. 이직 기회가 생기기도 전에 낚아채려고 호시탐탐 노리는 사람이 주변에 북적거린다. 중요한 포지션에 맞는 사람을 채용하려면 시간을 들여 찾아다니고 삼고초려하며 기다리면서 채용해야 한다는 점을 잊지 말자.

나는 과거 여러 곳에서 창업가들에게 '남이 내 돈 안 벌어준다는 사실을 염두에 두라'고 자주 이야기했지만, 이번에는 '내 돈 벌어줄 남을 잘 모시는 것이 좋은 경영'이라고 말하고 싶다.

사람은
변하지 않는다

채용의 기술

직원 채용은 신중해야 한다. 채용할 때 우선적으로 고려해야 하는 것은 그 사람이 일을 잘하느냐가 아니라 내가 창업한 회사의 문화를 보존할 수 있느냐다. 에어비엔비Airbnb의 창업자들은 창업한 후 첫 직원을 채용하는 데까지 6개월이나 걸렸다고 이야기한다. 수천 명의 이력서를 검토하고 수백 명을 인터뷰해서 첫 번째 직원을 채용했다. 에어비엔비의 창업자 브라이언 체스키Brian Chesky는 이렇게 이야기한다.

"어떤 사람들은 우리가 첫 엔지니어를 뽑는 데 왜 이렇게 긴 시간을 썼는지 묻곤 합니다. 우리의 생각은 이랬습니다. 첫 엔지니어를 조직에 들이는 것은 DNA 칩을 회사에 심는 것이나 마찬가지입니다. 만약 우리가 성공적으로 첫 엔지니어를 채용했다고 가정하면, 미래에 딱 이 사람과 같은 천여 명의 직원들이 회사에서 일하게 되는 것입니다."

첫 번째 직원은 그 이후 회사 문화의 모형 DNA라고 생각할 만큼 중요하게 생각했다고 한다.

새로운 일을 시작할 때, 이 일을 앞에서 개척해야 할 사람을 채용할 때는 더 신중해야 한다. 적임자가 없으면 차라리 그 일을 추진하지 않고 적합한 사람을 발견할 때까지 보류하는 것이 좋다. 쿼시아 벤처스 Khosia Ventures 파트너인 키스 래보이스 Keith Rabois는 이런 새로운 일을 개척하고 성취하는 직원을 구분해서 대포와 포탄의 비유로 설명한다.

"엔지니어들을 많이 채용한다고 해서, 더 많은 일을 할 수 있는 것은 아닙니다. 때때로 생산성이 떨어지는 일도 있지요. 만약에 디자이너를 더 많이 뽑는다면, 끝나는 일보다 안 끝나는 일이 확실히 더 많아질 겁니다. 그 이유는 바로, 아주 대단한 사람들이라도 실상은 포탄인 경우가 많기 때문입니다. 하지만 여러분이 회사에 필요한 것은 대포이지요. 대포를 통해서만 포탄을 발사할 수 있습니다. 그러므로 회사의 생산성은 대포를 확보해야만 늘어납니다. 그 후에 포탄들을 옆에 둔다면, 정말 많은 일들을 할 수가 있죠. 스타트업 대부분은 대포가 하나인 회사로 시작해서, 대포가 두 개인 회사가 됩니다. 이렇게 되면 두 배나 되는 일을 할 수 있게 되죠. 세 개가 되면 훌륭합니다. 네 개가 되면 끝내주죠. 이런 대포들을 찾기가 매우 힘듭니다. 그러니 만약에 이분들을 찾아낸다면 지분을 아주 많이 주시고, 승진시켜주시고, 매주 저녁을 사주세요. 왜냐하면 이 사람들은 대체할 수가 없어요. 또 이런 사람들은 처한 환경과도 밀접한 연관이 있습니다. 어떤 회사에서는 대포이지만, 다른 회사에서는 아닐 수도 있다는 것이지요. 대포란 무엇인가를 정의해보자면, 문제의식에서부터 구체적인 아이디어를 이끌어내고 사람들을 모아 제품을 완성시켜 문제를 해결하는 사람들이라 할 수 있겠습니다. 이것은 주변 환경에 당연히 영향을 받겠죠. 여러분의 머릿속에 아마 '누가 대포인지 어떻게 판별하지?', '대포가 아닌지는 어떻게 판별하지?'와 같은 두 가지 질문이 떠오를 것 같습니다. 한 가지 방법은 매우 작은 일을 맡겨보는 것으로부터 시작하는 것입니다. 아주 사소한 것도 좋습니다."

스타트업이 직원 숫자가 늘어날수록 일의 진전 속도는 더 느려지는 이유를 잘 설명했다.

과거에 검증된 성과가 있고 비전과 능력이 '딱 이 사람이야' 할 바로 그 사람을 만날 때까지 그 일의 추진을 보류하며 견딜 뚝심이 있는가? 아니면 적당히 무난한 사람을 채용하며 타협할 것인가?

"A급 플레이어가 A급 플레이어를 채용하지만, B급 플레이어는 C급 플레이어를 채용하고, C급 플레이어는 D급 플레이어를 채용한다. Z급까지 가는 데 그리 오래 걸리지 않는다. 회사는 그렇고 그런 사람으로 금방 채워진다."

스티브 잡스의 이야기다.

일이 많아져서 사람을 채용하고 난 후에 거꾸로 채용한 직원을 먹여 살리기 위해 일을 찾아야 하는 고민에 빠진 회사들이 많다. 개인의 인생도 그렇지만, 먹고 살기 위해 혹은 먹여 살리기 위해 사업을 운영하는 단계로 접어들면 로켓이 될 가능성은 잃은 것이다. 낮은 단가의 용역을 받아들일 수밖에 없고, 그러면 좋은 직원들은 가장 먼저 회사를 그만둔다. 용역을 마무리하기 위해서는 다른 직원을 채용해야 하는데, 그보다 못한 직원을 채용하게 된다. 이렇게 회사는 악순환의 고리에 들어간다.

비용 측면에서도 그렇지만 조직 관리 측면에서도 채용은 신중해야 한다. 특정 포지션이 일을 제대로 못하면 연관된 업무 전체에 병목현상이 발생한다. 병목현상을 피해보려고 조직 개편에 개편을 거듭하며 더 큰 동맥경화를 향해 치닫는다. 스타트업의 경우 대단한 것처럼 보였던 공동 창업자나 초기 멤버들의 알량했던 능력의 밑천이 드러날 때도 같은 현상이 발생한다. 친근감과 호감을 역량으로 오해했던 대가를 치른다.

사람 관계에서 가장 힘든 일은 상대가 변할 것이라 기대하며 시도하는 것들 때문에 발생한다. 실망, 고집, 다툼, 분노, 강요 등등이다. 독일 출신의 심리학자 레빈$^{K.\ Lewin}$은 인간의 행동 원리를 정의하면서 인간의 행동^{behavior}은 타고난 인성^{personality}과 이를 둘러싼 환경^{environment}의 변수와 상호작용의 결과라고 하면서 인성(P)은 잘 변하지 않는다는 의미의 함수를 만들었다. 사람은 잘 변하지 않는다는 것을 인정한다면, 그의 잠재성과 변화될 미래의 모습이 아니라 현재 모습 그대로를 받아들이고, 어떻게 함께할 것인지 고민하면 행복하게 일할 수 있다. 인간이 쉽게 변하지 않을 것이라 가정하면 무엇보다도 채용할 때 신중해야 한다는 결론을 얻는다.

신중히 보고 채용했다 하더라도 채용한 지 6개월 이내에 그 사람과 계속 일할 것인지 여부를 결정해야 한다. 그 일에 어울리지 않는 사람을 그대로 두는 것은 친절이 아니다. 시간을 질질 끄는 것은 서로에게 고문일 뿐이다. 비뚤어진 친절은 의도치 않은 잔인한 결과를 부른다.

자기 일을 하면서
부하의 일을 도와주는 사람

리더로 성장하는 매니저

'한국군과 미군의 차이'라는 짧은 카툰이 있다. 한국군과 미군이 함께 근무하는 카투사 부대에서 눈이 많이 내려 비상이 걸렸을 때, 한국군은 사병들 중심으로 출근해 대기했고, 미군은 장군과 부대장 등 의사 결정권자들이 출근해 대기하는 상황을 묘사했다. '사건이 터지면 (중략) 경험과 실력을 바탕으로 더 좋은 의사 결정을 빨리 할 수 있다는 것, 그게 우리가 생각하는 높은 계급의 참된 의미야'가 마지막 대사다.

'매니저'란 자기 일을 부하 직원에게 떠넘기고 관리하는 사람이 아니라, 자기의 일을 하면서 부하 직원의 일을 도와주는 사람이다. 전자는 5년 이내 머리와 입만 살아 있고 본인의 손발로 직접 할 수 있는 것이라고는 아무것도 없는 화석이 될 것이고, 후자는 리더로 성장할 것이다. 모든 조직원들 사이의 관계는 그것이 설사 상하 관계라 하더라도 본질적으로 권리가 아니라 책임이자 의무라고 말하면서 피터 드러커는 상사의 책임에 대해 이렇게 이야기했다.

"아래로 향한, 다시 말해 자신의 부하들에게 대한 책임들을 져야 한다. 그는 먼저 부하들이 무엇을 해야 하는지를 알고 또 이해하도록 분명히 교육을 시켜야만 한다. 그는 부하들이 그들의 목표들을 수립하는 것을 도와주어야만 한다. 아래로 향한 관계를 단 한마디로 정의하자면 '조력assistance'이라는 말이 가장 가까울 것이다. (중략) 부하들의 직무들은 마땅히 그들의 것이다. 그것은 객관적인 필요 때문에 존재한다. 부하들이 거둔 성과와 결과들 역시 마땅히 그들의 것이다. 그리고 그 책임도 마찬가지다. 그러나 부하들이 그들의 목표를 달성할 수 있도록 자신의 모든 역량을 발휘해 도와주는 것은 상급자의 의무다."

스타트업 직원 숫자가 50명 이하일 때 조직에 이 개념을 정착시키지 못하면, 조직이 커질수록 효율이 더 떨어지는 회사가 된다는 것을 알아야 한다.

경력 직원들 가운데 손발이 될 직원이 있어야 그 일을 할 수 있다는 말을 자주 하는데 그 말은 이렇게 해석할 수 있다.

'나는 필요 없는 사람이니 나 대신 진짜 일을 할 수 있는 그 직원을 채용해서 나를 해고하세요'

그런데 웃기는 일은 많은 조직이 그 일을 잘할 사람을 채용해서 그 일을 할 수 없다는 사람 밑에 배치한다는 사실이다. 할 줄 아는 사람에게 권한을 줘야 하는데 반대로 한다. 그러면 조직의 허리에는 보고 받고 보고하고, 지시받고 지시하면서 잡음만 더하면서 의사소통과 일의 진행을 방해하는 중간 관리자들로 가득 채워진다. 왜 이렇게 될까? 전통적으로 중간 관리자의 업무를 하향적으로 잘못 규정하기 때문이다. 중간 관리자를 권한, 권력으로 규정한 것이다. 중간 관리자의 역할은 의무로 재정의해야 한다. 중간 관리자의 업무는 항상 자신의 상급자의 목표에 무엇을 어떻게 기여할 것인지 상향적으로 규정해야 한다.

자포스Zappos는 전통적인 계층적 조직 구조를 버리고 홀라크라시Holacracy라고 불리는 수평적 조직 구조를 2015년부터 도입하기로 결정했다. 자포스의 CEO인 토니 셰이$^{Tony\ Hsieh}$는 전 직원에게 이메일을 보내 4월 말까지 보스 없는 조직에서 적응할 수 없는 사람들은 회사를 그만두라고 권고했다. 그는 직원들에게 보낸 이메일에서 세계적인 경영 구루^{guru}(스승) 게리 하멜$^{Gary\ Hamel}$의 이야기를 인용했다.

"누구도 좋은 아이디어를 죽일 수 없으며, 모두가 자기의 주장을 내세울 수 있고, 누구든지 리더가 될 수 있으며, 아무도 독재를 할 수 없고, 스스로가 일할 명분을 선택해야 하며, 다른 이들이 성취한 것을 바탕으로 손쉽게 새로운 것을 쌓을 수 있으며, 악질과 독재자들을 견딜 필요가 없고, 말썽꾸러기들이 변방으로 밀려나지 않으며, 탁월함이 이기며, 열정을 죽이는 정책은 뒤집히고, 위대한 공헌은 인정 받고 찬양을 받는다."

이런 덕목이 승리하는 조직을 만들려면 전통적인 계층제를 폐지해 관리자들을 없애야 한다고 주장하며 조직 구조를 바꾼 것이다. 권력을 가진 보스 또는 관리자가 직위를 내세워 부하 직원의 아이디어를 죽이고, 타인을 괴롭히며, 열정을 죽이는 정책을 만들도록 내버려두지 않겠다는 의지이기도 하다.[26]

아직도 지시와 힘, 권력으로 사람들을 이끄는 것을 카리스마라고 오해하나? 〈하버드 비즈니스 리뷰〉의 편집장이었던 조안 마그레타는 이렇게 말한다.[27]

"오늘날의 경영에서 감독 요소는 상당히 축소됐으나 우리는 여전히 권위와 통제를 혼돈한다. 권위를 통해 상과 벌을 주고 감독하는 것과 한 개인의 성과를 통제할 수 있다는 것은 동일하지 않다. 사람들은 처음으로 경영자가 됐을 때… 마침내 통제권을 갖게 됐다고 느끼는 순간 자신이 오히려 인질이 돼버렸다는 사실을 깨닫게 된다. 그리고 자신이 오히려 전에 없이 의존적이 되었다는 사실을 깨닫게 된다. 경영이란 다른 사람들을 통해 성과를 내기 때문이다. 다른 사람들의 적극적인 협조 없이는 경영은 별 성과를 거둘 수 없다."

조직에는 상사가 필요하지만 '상사의 지시 사항'만 없어지면 장담하건대 조직은 생산성이 두 배가 된다. 상사로 하여금 평가만 하게 하고, 요청이 있는 경우 지원만 하게 하고, '상사의 지시'를 금지시키면 조직은 정말 잘 돌아갈 것이다. 이런 방식의 조직에서 가장 갑갑해할 사람은 권위적이고 무능한 CEO이리라.

"경영의 목표는 뛰어난 사람들을 데리고 훌륭한 결과를 내는 것이 아니라, 평범한 사람들을 데리고 탁월한 결과를 내도록 만드는 활동이다. 세상에 뛰어난 사람들은 항상 부족하기 때문이다."

피터 드러커가 말했다. 맞다. 그래야 경영이 효과가 있는 것이다. 좋은 매니저는 평범한 사람을 데리고 더 나은 결과를 만드는 경영자다.

경력과 명성 뒤의
실력을 보라

경력자 채용의 기술

나도 화려한 경력을 가진 유명인들의 현란한 자기 자랑 입심에 쉽게 넘어가던, 어리버리했던 초보 경영자였다. 고문, 자문, 이사, 심지어 대표이사 자리까지 만들어 모셔서, 이분들의 도움을 받으면 사업을 쉽게 할 수 있을 것으로 믿었다. 이런 분들의 공통점이 있었다. 유명하고 인품 좋고 말을 참 잘한다. 물론 훌륭한 분들도 있었지만 많은 경우 돈만 쓰고 별 효과가 없었고, 한번은 회사가 망할뻔도 했다. 경력에 따라오는 실력을 확인하지 않고 명성만을 보았던 대가를 톡톡히 치렀다.

스타트업이 성장해서 분야별로 경험 있는 사람이 필요할 때가 온다. 경력자를 채용할 때 스타트업의 멤버로서 '일을 할 사람'을 찾아야지 유명세를 좇아 '상전'을 모셔서는 안 된다. 스타트업에 적합한 태도가 바탕이 되지 않는 능력은 발휘되지 않을 뿐 아니라 오히려 조직의 분위기를 해친다. 누가 스타트업에 멤버가 될 수 있는 경력자일까? 자신의 손으로 '직접 일'해서 '직접 결과'를 만들어낼 수 있는 사람이다. 앞에서도 이야기했지만 '손발이 있어야 일을 할 수 있다'고 이야기한다면 채용을 재고하라. 그것은 자기 능력이 아니다. 나이와 경력, 직위와 과거 무용담을 많이 이야기하는 사람 역시 재고하길 바란다. 그 무용담에 등장하는 무공이 스타트업에서는 무용지물인 경우가 많다. 지구를 1초에 몇 바퀴를 날거나, 달리는 기차를 붙잡아 세우는 힘을 가진 슈퍼맨도 크립톤 행성에서는 그냥 평범한 인간으로서 발을 땅에 딛고 뛰고 손으로 헤쳐 나가야만 하는 존재가 되는 것과 같다. 대기업에서는 날고 기던 경력자도 스타트업이라는 크립톤 행성을 처음 경험하게 되면 스스로도 놀라워하며 어떻게 할 줄 모른다.

사회 경험이나 직장 경험이 없는 스타트업 창업자는 경력자들의 부풀려진 이력서와 과장된 자기 소개에 잘 속는다. 면접할 때도 속마음을 훤히 다 보여준다. 오히려 사회 경험이 많은 응시자가 자기 홍보에 열을 올리며 소위 스타트업 회사의 제품과 관련된 '시장'이란 이렇고, '영업'이란 이런 세계이고 어떻게 해야 한다며 초보 창업자를 한 수 가르쳐주기라도 하면, 감동과 신뢰가 넘치고 바로 합격시키고 싶은 심정이 된다. 경력자를 채용할 때 많이 아는 척하는 사람보다 겸손한 사람을 채용하라. 이미 많이 안다고 스스로 생각하는 사람은 새로운 환경에서 성장할 준비가 안 된 사람이다. 경력자의 채용은 회사의 대들보를 세우는 일이니만큼 더욱 더 신중을 기해야 한다.

경력자를 채용한 후에도 회사 경영에 있어서 회사를 가장 잘 이끌 유일한 사람은 창업자 자신이라 생각하고 자신감을 가지고 자신의 비전과 철학을 관철하라. 그리고 자신의 생각을 구현하는 '협력자'로서 경력자를 활용하라. '남이 내 돈 안 벌어준다'는 말은 외부 회사와 제휴를 할 때만 염두에 둘 것이 아니라 경력자를 채용해 내부 조직을 구축할 때도 꼭 기억해야 하는 신조다.

북극성이 조직을
이끌도록 하라

커뮤니케이션의 기술

어느 정치인이 자주 하던 말이 있다.
'소통이 부족해서 국민이 모른다.'
스타트업이 자주 하는 말은 이것이다.
'설명이 부족해서 상세한 자료를 보내드리겠다.'
중소기업 사장들이 자주 하는 말도 있다.
'그렇게 이야기했는데 직원들이 못 알아 듣는다.'
자기는 제대로 말했는데 국민, 투자자, 직원 혹은 고객들이 못 알아 들어서 생기는 문제란다. 진짜일까? 공동 창업자 두세 사람만 있는 스타트업에도 의사소통의 문제가 심각하다.

CEO는 오차 방정식을 풀 수 있지만, 조직의 직원들이 그 방정식 풀기를 기대하는 것은 무리다. 조직과 직원에게는 일차 방정식을 제시해야 한다. 회사의 성공을 가능케 하는 간단하고 분명한 하나의 공식을 제시해야 한다. 어쩌면 CEO가 풀려던 오차 방정식은 원래 답이 없는 가짜 방정식이고 직원들에게 설명할 간단한 일차 방정식이 사실은 해결해야 하는 진짜 문제이었을지도 모른다. 조직의 비전은 분명하고 단순하게 정의하고 제시해야 한다.

페이스북 마케팅 부사장 알렉스 슐츠의 이야기를 들어보자.

"잰 쿰$^{Jan\ Kaum}$이 왓츠앱^{WhatsApp}에서 했던 것을 보면, 좋은 예가 될 것 같습니다. 그는 언제나 메시지 '발신 숫자'를 공개했죠. 만약 여러분이 메시지 앱을 서비스한다면, 메시지의 '발신 숫자'가 정말로 중요한 유일한 지표이자 목표가 될 것입니다. 만약 사람들이 하루에 한 번 앱을 사용한다면 그것은 굉장한 일이죠. 그러나 만일 사람들이 메시지를 하루에 하나만 보낸다면 메시지 앱에서는 좋은 일은 아닐 것입니다. 그래서 잼 쿰은 메시지 '발신 숫자'에 주목하고 이를 공개했습니다. 에어비엔비를 봐도, 회사 내부 직원들 사이에는 '숙박 수'에 관해 이야기하고 대화를 나누고, 또 도표를 만들어 공개합니다. 테크크런치^{TechCrunch}에서 볼 수 있죠. 에어비엔비는 얼마나 많은 숙박이 이루어졌는지를 기준점으로 삼고, 이를 세계의 거대 호텔 체인들과 비교해봅니다. (중략) 이 회사들은 각각 다른 북극성을 가지고 있습니다. 북극성은 회사마다 상황이 다르므로 획일적으로 월간 활동 사용자$^{monthly\ active\ user}$로만 평가할 필요는 없습니다. 제가 이베이^{eBay}에 있었을 때, 북극성은 '총거래량'이었습니다. 사람들이 매출액으로 이베이를 평가하려고 했지요(이베이는 마켓 플레이스이므로 총거래량은 판매자와 구매자가 거래하는 전체 금액을 집계한 것이다. 매출은 바로 그 거래 수수료다. 만일 매출을 북극성으로 선택하면 거래 수수료율을 높게 책정하려고 할 것이고, 그러면 판매자의 이익이 줄어들거나 판매가격이 높아져서 총거래량은 줄어들 가능성이 있다. 두 지표는 이율배반적인 지표가 될 수 있다-저자 해설). (중략) 모든 회사들은 자신의 북극성이 필요합니다. 특히 성장을 하려고 할 때는 리더가 결정한 북극성이야말로 정말로 중요합니다."

마크 주커버그는 페이스북 성과의 여러 지표 가운데 특별히 하나의 지표를 선택해 집중하도록 했다. 다시 알렉스 슐츠의 이야기다.

"여러분이 생각하기에 페이스북에 가입을 하고 만난 놀라운 순간은 뭐라고 생각하나요? 여러분이 초록색 버튼(페이스북 앱)을 눌렀을 때 경험하는 것은 무엇일까요? 마크가 몇 년 전에도 스타트업 스쿨에서 말했었죠. 바로 친구들을 만나는 것이에요. '친구들을 만나는 것' 정말 심플하죠. 회사의 북극성은 보통 정말 심플합니다. 저는 많은 회사들과 대화를 나누어봤는데, 정말 자기가 하는 일들을 정말 어렵게 보이려고 합니다. 그렇지만 여러분들이 친구가 올린 페이스북의 사진을 처음 보는 순간은 정말 단순하죠. '오! 이 사이트가 무엇 하는 사이트인지 바로 알았어' 하죠. 마크가 지난번 와이 콤비네이터에서 이야기한 것처럼 '사람들로 하여금 14일 이내에 10명의 친구를 만들게 하자'가 바로 우리가 하려는 것입니다. 소셜 미디어 사이트의 가장 중요한 것은 친구들을 연결시키는 것입니다. 친구가 없으면 뉴스피드에 아무것도 없을 것이고, 다시는 이용하지 않겠죠. 알림이 뜨지도 않을 것이고, 사이트에서 흘러다니는 재미있는 이야기를 전해주는 친구도 없을 것입니다. 그래서 페이스북의 놀라운 순간은, 여러분이 친구의 사진을 보는 그 순간이죠. 서비스의 성장을 위해 우리가 하는 일이 바로 이것입니다. 여러분이 링크드인과 트위터, 왓츠앱의 가입 절차를 살펴보면 이들 서비스들이 추구하는 가장 중요한 것은 빠르게 즉시 원하는 사람을 팔로우하고 연결하고 메시지를 보내는 것입니다. 이것이 바로 이 영역에서 해야 하는 일이니까요. 가입하고 처음 보게 되는 것 중에 가장 중요한 것은 연결하고 팔로우하고 메시지를 보내고 싶은 사람이 보이게 하는 겁니다."

마크 주커버그가 정한 북극성, 즉 페이스북의 핵심 목표는 회원이 가입한 지 14일 이내에 10명의 친구를 맺도록 하는 것이다. 간단하다.

복잡하지 않다. 핵심을 아는 CEO는 정말로 누구나 이해하기 쉬운 간단한 북극성을 찾아 조직에게 알려주고 그 북극성을 기준으로 모든 일을 하도록 정렬시킨다. 조직 커뮤니케이션의 첫걸음이다. 이것을 《린 분석》에서는 OMTM$^{\text{One Metric That Matters}}$(하나의 핵심 지표)라고 부른다.

"이어 원 랩스$^{\text{Year One Labs}}$)에서 조언자이자 투자자로서 스타트업을 평가할 때 우리는 OMTM을 얼마나 명확하게 이해하고 추적하는지를 보았다. OMTM을 즉시 말할 수 있고 현재 단계와 일치하면 그 스타트업은 긍정적인 평가를 받았다. 반면에 OMTM을 모르거나, 단계에 맞지 않은 지표이거나, 지표가 여러 개이거나, 지표의 현재 값을 모르면 그 스타트업은 문제가 있다고 판단했다. OMTM을 선택하면 더 통제된 실험을 빨리 실시하고 실험 결과를 더 효과적으로 비교할 수 있다."

하나의 핵심 지표는 창업자의 경영 철학으로 결정해야 하는 것이다. 그것을 결정하지 못하는 창업자는 아직 자신의 사업이 무엇인지 잘 모르고 있다는 말이다. 당연히 조직원들도 같이 모를 수밖에 없다.

사람들은 솔직하게 말하지 않는다. 사람들은 상대방이 어떤 생각을 하는지 고려해 말하고 행동한다. 고객의 마음을 알기 힘들지만 함께 일하는 직원의 마음을 알기도 또 얻기도 힘들다. 좋은 의미로든 나쁜 의미로든 서로를 배려하느라 커뮤니케이션에 오류가 생긴다. 속마음을 이야기하려고 노력하지 말고, 그냥 무엇을 원하는지를 직접 이야기하라. 빙빙 돌려 배경을 설명하면서 이해하고 알아서 자발적으로 일해주기를 기대하며 고문하지 말고 그냥 이것을 해달라고 요구하라.

'1만 시간의 법칙'으로 유명한 말콤 글래드웰$^{\text{Malcolm Gladwell}}$의 《아웃라이어^{Outliers}》에 등장하는 1990년 콜롬비아 항공사의 아비앙카 52편 추락 사건은 조직을 이끄는 리더들이 반드시 알아야 할 커뮤니케이션의 비밀을 담고 있다. 눈치를 보며 간접화법으로 대화한 참혹한 결과다. 그 내용을 자세히 살펴보자.

아비앙카 52편은 뉴욕 케네디 공항의 기상 사정으로 99대의 비행기가 연착해서 붐비고 있을 때 착륙의 기회를 얻지 못해 하늘에서 한 시간 반이나 맴돌고 있었다. 세 번이나 착륙을 시도한 후에야 연료가 부족하다고 관제탑에 이야기했고, 관제탑을 통해 들은 말은 '잠시 대기'와 '케네디 공항이 정리될 것'이라는 것뿐이었다. 부조종사 클로츠는 관제탑이 다른 비행기들을 제치고 자신들을 먼저 착륙시켜줄 것이라 믿었을 것으로 판단하지만, 사실 관제탑은 아비앙카 52편을 모든 대기하는 수십 대 비행기의 맨뒤로 보내버렸다. 그 이후 비행기 조종사들은 연료 부족을 관제탑에 다시 이야기하지 않았고, 비행기는 연료 부족으로 추락해 73명이나 사망했다.

그들의 첫 번째 착륙 시도 때 기장과 부기장의 대화를 보자. 이야기가 좀 길지만 상황을 이해하는 데 도움이 된다.

기장: 활주로 어디 있나? 못 찾겠는데, 못 찾겠어.
랜딩 기어를 넣고, 기장은 부기장에게 다음 착륙 신호 요청을 하라고 지시한다.
(10초 후)
기장: (혼잣말하듯) 연료가 없어…. 활주로에 무슨 일이 있기라도 한 건가? 안 보이는데….
부기장: 안 보입니다.
관제탑에서 교신이 들어와 왼쪽으로 꺾으라고 지시한다.
기장: 지금 비상사태라고 전해!
부기장: (관제탑을 향해) 1-0-8로 향하라고? 음, 알았다. 재시도하겠다. 아, 연료가 떨어지고 있다.

비상사태라고 말하라는 지시를 듣고 부기장은 관제탑을 향해 '아, 연료가 떨어지고 있다'고 말하고 있다. 관제탑에게 이 말은 아무 의미가 없는 말이다. 도착지에 도착하는 모든 비행기의 연료는 떨어지고 있는 것이 당연한 일이기 때문이다. 부기장은 간접화법으로 말하고 관제탑이 비상사태를 알아줄 것으로 기대했지만 관제탑에게 전달되지 않았다. 훗날 이 통화를 했던 관제사는 부기장이 '지나가는 말투'로 연료 이야기를 했다고 말했다. 다른 관제탑의 통신원도 '부기장은 대단히 일상적인 어투로 말했다. 비상사태에 놓인 사람의 목소리가 아니었다'고 증언했다.

부기장의 화법을 언어학자들은 완곡어법mitigated speech이라고 부른다. 전달 내용을 부드럽게 하거나 상대편의 감정을 고려하고 배려하거나 기분 상하지 않게 하려는 화법이다. 힌트를 줄 뿐 직설적으로 원하는 것을 말하지 않는다.

첫 번째 착륙 시도가 실패하고 선회할 때 부기장은 다시 관제탑과 교신을 한다.

기장: 저쪽에서는 뭐래?
부기장: 이미 말했는데…. 우리가 다시 접근할 건데, 그건 지금 우리가
　　　　더 이상….
(4초간 침묵)
기장: 비상사태라고 전달해.
(4초간 침묵)
기장: 저쪽에 말해봤어?
부기장: 예, 기장님. 이미 전달했습니다.
부기장: (관제탑에게) 1-5-0, 고도 2000 유지, 아비앙카 0-5-2 헤비.

기장: 연료가 없다고 전달해!
부기장: 고도를 높여서 3000으로 유지. 그리고 아… 연료가 떨어지고 있습니다.

또 다시 반복적으로 실수를 한다. 비상사태라고 직접적으로 말하지 않고 간접적으로 연료가 떨어진다는 상황만 진술한다. 관제탑이 알아주기를 바라는 듯이.

기장: 연료가 없다고 전달한 거 맞아?
부기장: 예, 기장님, 이미 전달했습니다.
기장: 부에노Bueno(스페인어로 '잘했다'는 뜻)

다시 1분이 지났다

관제탑: 아비앙카 0-5-2 헤비. 관제탑은 북동쪽 15마일로 인도한 후 진입로로 들여보낼 계획이다. 승무원과 연료 상태, 모두 괜찮은가?
부기장: 그런 것 같다. 대단히 고맙다.

괜찮은 것 같다고? 대단히 고맙다고? 추락하기 직전인 비행기 조종사가? 비상사태이니 지금 당장 활주로를 치워달라고, 들어가야 한다고 말해야 하는데 그러지 못하고 북동쪽 15마일이나 돌고 있다. 그리고 5분 후에 4번 엔진이 꺼졌다. 기장은 그때서야 다급하게 '활주로 나와라'라고 불렀지만 활주로는 이미 25킬로미터나 더 저 편에 있었다. 36초의 침묵이 흐른 후에 관제사가 묻는다.

관제탑: 음, 공항에, 공항에 들어올 수 있을 만큼 연로가 있는가?

녹취록은 여기서 끝난다.[28] 그리고 끝이었다.

당신은 상대방의 생각에 눈치를 보며 입장을 조율해 말하는 사람인가? 고객의 상황에 맞춰야 하는 영업을 하는 상황이라면 원만한 관계를 맺는 효과적인 장점이 된다. 상사의 의중에 맞춰야 하는 직장인으로서는 좋은 처세술이 될 수도 있다. 그러나 결정적인 곳에서 큰 사고를 잉태하는 위험 인자를 가지고 있다는 사실을 알아야 한다. 좋은 리더와 참모는 필요할 때 분명하고 직설적으로 말할 수 있어야 한다. 조직에 그런 직설적인 이야기를 수용하는 문화를 심어야 한다.

공동 창업자들끼리 사업 이야기를 하면 금방 지구를 뒤집는 데까지 간다. 친구들끼리 즐기는 서클 활동으로는 좋지만, 회사는 누군가 직설적으로 말하며 찬물 붓는 사람이 꼭 필요하다. 커뮤니케이션을 개선하면 생산성의 동맥경화가 해소된다.

믿고 함께 일한다는
의미를 전달하라

평가의 기술

10년간의 직장 생활 중 나는 두 번의 승진을 경험했다. 대리 승진 대상이 된 첫해에 입사 동기들 가운데 아주 소수가 예외적으로 승진했고 나는 탈락했다. 대상 첫해에 승진하는 것은 극히 드문 경우였음에도 불구하고 나는 승진하지 못했다는 절망감으로 힘들어했다. 한동안 업무에 집중하지도 못했다. 평가와 보상, 승진은 조직의 판도라의 상자와 같다.

평가는 엄정하게, 실행은 온정적으로 해야 하나 현실에서는 반대로 한다. 평가는 온정적으로 하고 나서, 정작 직원에게 기회를 주어야 할 때는 그동안 온정적으로 해준 것에 대한 배신감과 보상 심리로 극단적이고 감정적인 태도를 보이고야 만다. 자주 하는 실수다. 평가는 엄정한 기준이 있고 그 기준으로 평가를 한 후에 융통성 있는 양보와 배려가 있어야 진짜 양보와 배려가 된다. 엄정한 기준과 평가가 없으면 양보와 배려는 단지 당사자의 권리로 이해되고 만다. 친절한 것만으로는 조직을 운영하고 목표를 달성할 수 없다. 평가에 대해 대부분의 사람들이 오해하고 있는 것은, 평가는 자기통제를 위해 필요한 도구이지 사람을 외부에서 또는 위에서 통제하거나 지배하기 위해 사용하는 도구가 아니라는 것이다. 평가는 직원의 동기부여를 위해 사용할 수 있도록 제공하는 도구다.

능력 있는 직원에게 평생을 책임지겠다는 약속을 남발하는 CEO를 본다. 신중하지 못한 태도이거나 책임질 수 없는 달콤한 약속으로 이용하려는 것이 아닌가 의심해봐야 할 문제다. CEO는 직원의 인생을 의리로 책임지는 사람이 아니라, 함께 일하는 사람이 성장해 스스로 자립할 능력을 갖도록 기회를 주고 도와주는 사람이다. 다시 한 번 버스 비유로 이야기해보자. 인천으로 가야 할 사람을 잘못 태운 춘천행 버스 운전기사가 의리와 신념으로 조금만 더 가면 목적지라며 그를 내려주지 않고 계속 태우고 간다면 어떻게 되겠는가? 운전기사야 춘천으로 계속 가면 되겠지만 목적지가 다른 그를 언젠가는 버스에서 내려줘야 할 텐데 인천에서 많이 멀어진 채 버스에서 내린 그의 인생은 누가 책임질 것인가? 목적지가 다르다면 빨리 내려줘서 인천행 버스로 갈아타도록 도와주는 것이 서로에게 최선의 길이다.

회사에는 두 종류의 사람이 필요하다. 이미 하고 있는 일을 지속적으로 잘하는 '연장선의 능력'을 가진 사람, 그리고 이미 하고 있는 일보다 더 좋은 방법을 찾아내는 '변곡점의 능력'을 가진 사람이다. 이들이 앞에서 이야기한 조직의 '대포'와 같은 사람이다. 많은 CEO들이 후자를 선호하고 전자에 대해서는 회의적이지만 연장선의 능력을 가진 사람도 중요하다. 후자는 소수만 있어도 충분하지만 다수의 성실한 전자는 회사의 성장을 지켜갈 것이다. 주어진 일을 잘하는 것도 최고의 처세술로 인정해야 한다.

직원에 대한 두 가지 가설이 있다. '직원이란 일하기 싫어하고 감시하고 강제해야만 일을 하고, 능력보다 많은 급여를 가져간다'는 가설과

'직원들은 일을 즐기며 성취에 보람을 느끼고, 믿고 맡기면 열심히 일해 회사에 기여하고 싶어 한다'는 가설이다. 둘 다 상당한 근거가 있다. 그리스 신화에 나오는 피그말리온^{Pygmalion}은 자신이 조각한 여성상을 너무나 사랑한 나머지 아프로디테 여신에게 간청해 조각상을 인간으로 만들어 결혼했다. 믿고 바라는 그대로 이루어진다는 심리학 용어 피그말리온 효과의 배경이다. CEO의 직원에 대한 믿음과 가치관 방식대로 직원들이 일하게 될 것이다.

병적일 정도로 통제하기를 좋아했던 헨리 포드$^{Henry\ Ford}$는 회사를 위해 자기 혼자서 모든 사고를 할 수 있다고 생각했다. '근로자들의 두 손만 있으면 되는데 왜 머리까지 고용해야 하느냐'며 두고두고 불평했다. 하지만 피터 드러커는 헨리 포드의 말을 빌려 '단순히 손만 빌릴 수 없다'고 썼다. 손을 빌리면 당연히 전체로서의 한 사람이 같이 따라온다. 그러므로 사람을 손만 가진 기계로 취급할 수 없다. 그의 생각, 자발성, 자율적 성향은 따로 떨어진 별개의 것이 아니다. 사람의 생각까지 통제할 수 없다는 사실을 받아들이면 조직을 어떻게 운영할지 알게 된다. 더 높은 경지가 있다. 사람을 관리하는 일에 있어서 궁극적인 목표는 사람을 관리하지 않는 것이다. 가장 뛰어난 실행가는 스스로를 관리할 수 있는 능력이 있는 사람이다.[29] 자발성의 힘을 믿는 자만이 시도할 수 있는 경영의 모험이다.

그래도 커뮤니케이션은 필요하다. 알아서 일할 것으로 기대하며 기다리지 말고 직접적이고 구체적으로 요청하라. 믿고 기다리되, 결과를 엄정하게 평가하고 보상하라. 대화는 부드럽게 하고 필요하면 양보하고 다시 도전할 기회를 주라. 이게 믿고 함께 일한다는 말의 의미다.

조직 키우기와
직원 늘리기는 별개다

직원 수는 늘어도 일이 느려지는 이유

스타트업이 일을 빠르게 진행하려고 직원을 급하게 채용하는 것은 다이어트 신기루와 비슷하다. 바다에 표류하던 사람들이 목이 말라 바닷물을 마시면 소금기 때문에 더 심한 갈증을 느끼듯이 조직은 더 심한 인력 부족을 느낀다.

영국의 경영 연구가인 노스코트 파킨슨 Northcote Parkinson 은 제2차 세계 대전 당시 해군 사무원으로 근무하면서 이상한 현상을 발견한다. 1914년에서 1928년까지 해군이 14만 6000명에서 10만 명으로 30퍼센트 가량 줄었는데, 같은 기간 해군 소속 공무원은 2000명에서 3569명으로 80퍼센트 가량 증가한 것이다. 영국 식민성 행정 직원 수도 마찬가지였다. 1935년 식민성의 행정 직원은 372명이었지만 관리할 식민지가 크게 줄어든 1954년에 1661명으로 약 5배가 늘어났다. 공무원의 수와 업무량은 관계가 없으며, 업무의 경중과 상관없이 공무원 수가 늘어나는 모순이 '파킨슨의 법칙 Parkinson's Law'을 탄생시켰다.

파킨슨의 법칙은, 정부뿐 아니라 관료화되고 비대해진 모든 조직에 그대로 적용될 수 있다. 우리는 왜 조직을 키우는 것을 자연스러운 현상으로 받아들이는 것일까?

"제2차 세계 대전이 끝난 후부터 1970년까지 오랫동안 '발전'이란 좀 더 큰 조직을 만드는 것을 의미했던 것이다. 사회 모든 분야에, 예컨대 기업, 노동조합, 병원, 학교, 대학, 기타 모든 분야에 좀 더 규모가 큰 조직을 만들려는 그런 추세가 25년간 지속된 데는 많은 원인들이 있다. 그러나 그 가운데서도, 우리가 큰 것을 경영하는 방법은 알고 있고, 규모가 작은 사업을 경영하는 방법은 실질적으로 모른다고 하는 믿음이 그런 추세를 형성한 한 주요 요소였음이 분명하다. (중략) 그다음 그것은 소규모 사업 단위보다는 오직 대규모 기관에서 운영할 때 효과가 있다고 주장되었던 것이다."

피터 드러커의 분석이었다.[30] 지금도 사람들은 조직을 키우는 것을 여전히 발전하는 것으로 생각하고 큰 조직이 효율적이고 경영하기 쉽다고 생각한다. 현실은 그렇지 않은데 말이다. 그렇다면 직원은 늘었는데 정작 일은 더 느려지는 이유는 무엇일까?

스타트업이 10명 이하 규모일 때는 무엇이든 생각하면 금방 구현하고 실행해 효과를 본다. 재빠르게 많은 시도를 했기에 결과도 많다. 오히려 30~40명의 규모가 넘으면 10명이었을 때보다 실행 속도가 느려진다. 결과물의 절대량도 줄어들고 무슨 일을 해도 지지부진해진다. 많은 사람이 아이디어를 모으면 더 좋은 결과물을 얻는다고 생각하지만 현실은 반대다. 회의의 단위가 커지면 좋은 효과보다 나쁜 효과가 커진다. 집중력을 잃고 시간도 낭비하며 심지어 좋은 아이디어도 자주 죽여버린다. 결정이 어려워지고 결정해도 서로 눈치를 보며 산으로 올라가는 결정을 하도록 압력을 받는다.

애플의 어느 마케팅 회의에서 스티브 잡스가 새로운 얼굴이 보이자 물었다.

"당신은 누군가요?"

"마케팅 프로젝트를 함께 하고 있는데, 참여를 부탁받아 회의에 참가했어요."

그녀가 답하자 스티브 잡스는 잠깐 생각하고 바로 회의에서 퇴출시켰다고 한다.

"이 회의에서 당신이 필요하다고 생각하지 않아요. 감사해요."

회의에서 자신이 해야 할 일이 분명하지 않은 상태로 누군가가 '참석하라고 해서 참석한' 참가자들은 그냥 하던 자기 일을 계속하라고 자리로 돌려보내라. 작고 단순하며 결정에 필요한 사람만 모이는 것이 좋은 회의다. 그러나 대부분의 CEO들은 그 반대로 하고 있다. 내용을 잘 모르는 사람을 회의에 참석시킨다. 참석자들은 무언가 기여를 해야만 한다는 생각으로 반드시 다른 의견을 내고 싶어 한다. 혹은 그 전에는 잘 몰랐는데 회의에서 듣고 생각난 즉흥적인 이야기를 던지기도 한다. 엉뚱한 이야기를 한 그 사람의 입장 때문에 토론은 합리적인 길을 가기보다 충돌의 지뢰를 피하며 험한 길을 걷는다. 대규모의 자본 투자를 받은 스타트업의 경우는 효율이 떨어지더라도 인원을 늘리며 힘으로 전진할 수 있지만, 그렇지 못한 스타트업은 조직을 확대할 때 땅을 다지고 주춧돌을 놓듯이 원칙을 가지고 확대해야 한다.

초기 직원을 채용할 때, 창업자는 자신이 경험하지 못한 부분과 부족한 부분을 보강하는 목적으로 해야 하는데, 조직과 시스템을 갖추는 것을 선망하는 초보 CEO는 성급하게 중간 관리자를 세워 시스템을 구축하려는 실수를 범한다. 중간 관리자가 필요하긴 하지만, 도저히 버틸 수 없을 때까지 회사는 수평적이어야 한다. 수평적 조직이란 직급 없이 이름을 부르는 것으로 이루어지는 것이 아니라, 직원 한 사람 한 사람이 누구도 대체할 수 없는 독립된 업무 권한과 책임을 갖는 것을 말한다. 직원에게 줄 권한을 뺏어 중간 관리자에게 주지 마라. 게으른 CEO는 중간 관리자의 요약 정리된 보고를 좋아하고, 용기가 없는 CEO들은 조직의 문제를 정면으로 마주해 해결하려 하기보다 중간 관리자 뒤에 숨거나, 사람을 새로이 충원해 문제를 피해가려고 한다. 그런 회사는 CEO뿐만 아니라 중간 관리자들도 또 중간에 사람을 넣어서 CEO가 하는 방식을 흉내 내는 악순환이 형성된다.

9강

실패로부터 배워라

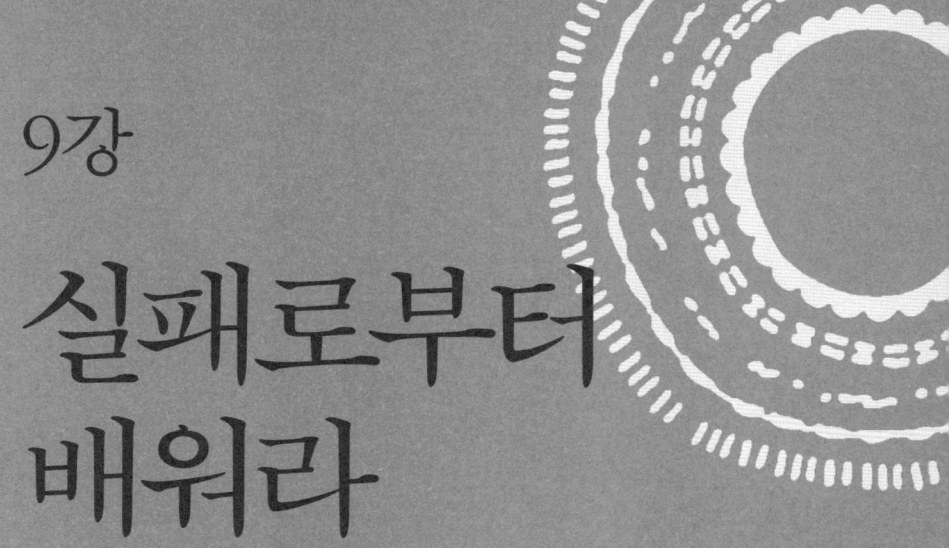

HOW TO START A STARTUP

스타트업 경영자가 하지 말아야 할 것들

'첫 번째 성공 증후군'을
주의하라

당신 손은 미다스의 손이 아니다

어느 해 봄엔가 지인을 통해 어떤 회사를 소개 받았다. 코스닥에 등록된 회사이고, 시가총액도 상당한 회사였다. 일주일 내에 100억 원이 넘는 자금을 수혈해야 하는 상황이었다. 그 돈을 못 갚으면 회사도 넘어가고 대주주 개인도 신용 불량자가 되는 상황이었다. 어떤 금융기관도 일주일 만에 그런 큰 금액의 대출이나 투자를 결정할 수 있는 곳은 없다. 그 회사의 대주주이자 사장은 자신의 모든 주식을 걸고 자금을 빌리러 다니고 있었다. 자신의 전문 분야에서 오랫동안 노력해 사업을 일구고 키워서 코스닥까지 등록시켰지만, 여유가 생기자 창업자가 잘 모르는 분야의 새로운 사업을 공격적으로 펼쳤다. 여유 자금으로만 사업을 벌인 것이 아니라 나중에는 개인 주식을 담보로 빚을 내면서까지 벌였다. 그리고 그 신규 사업이 회사와 대주주 개인까지 위험하게 만들었다. 결국 회사는 넘어갔고 대주주는 엄청난 빚을 진 채 신용 불량으로 퇴진했다.

당신은 그런 멍청한 짓은 하지 않는다고 생각하고 자신과 상관없는 일로 생각이 되는가? 언론에 드러나지 않았지만 내가 가까이서 접한 사례도 상당히 많다. 규모와 내용은 다르지만 비슷한 증상과 과정을 거친다. 오랜 기간 고생하고 사업이 성장해 이익도 나고 규모도 커져 자리를 잡으면, 창업자는 사업이 쉽다고 생각한다. 새로운 사업 아이디어도 많이 떠오르고, 뭐든지 잘할 수 있을 것 같은 착각에 빠진다. 주변에서도 칭찬하고 부추긴다. 자신의 손이 '미다스의 손'처럼 느껴진다. 무엇이건 자신이 시도하면 성공하고 돈을 벌 길이 훤하게 보이는 것 같다. 그래서 자신이 잘 모르는 분야에 무리하게 발을 담근다. 성공한 창업자뿐 아니라 이익도 내지 못하면서 조금 유명해진 창업자나 어쩌다 정치권 주변에서 놀게 된 창업자들이 거치는 홍역과 같은 질환이다. 이를 앓는 과정에 상당수는 고비를 넘기지 못하고 사망한다. 모두 쉬쉬하고 감춰서 도대체 이게 무슨 병인지도 모른 채 죽어간다. 나는 이를 창업자가 대부분 걸리는 질병인 '첫 번째 성공 증후군'이라고 이름 지었다.

나 역시 '첫 번째 성공 증후군'을 앓아서 대가를 톡톡히 치른 경험이 있다. 창업 초기에 사회적 분위기 덕분에 대규모의 투자 자금을 유치해 회사의 자금 사정이 넉넉해질 때였다. 우리도 투자를 받은 벤처 입장이었지만 당시 벤처 투자가 열풍이었던 1990년대 말에 나도 수십 개의 벤처에 많은 자금을 투자했다. 사업으로 돈 버는 것보다 투자로 돈을 더 잘 벌 것처럼 보였다. 어느 날 투자로 돈 버는 일이 내 본업이 아니라는 것을 깨닫고 투자를 중단하였을 뿐 아니라 기존에 투자한 회사 주식도 모두 정리했다. 그리고 원래 하려던 제품과 서비스 사업에 집중하기 시작했다. 약 2년의 사업 시간을 낭비 했다.

한국과 실리콘밸리의 스타트업을 비교해보면 기술에서나 초기 성장 측면에서는 차이가 없다. 시장의 규모가 작은 것을 고려하면 오히려 한국 스타트업이 더 잘하는 면도 있다. 그런데 막힌 천장이 있는 것처럼 한국 스타트업은 일정 수준에서 성장의 한계를 만난다. '첫 번째 성공 증후군'을 앓고 벗어나느라 성장 엔진이 꺼져버리거나, 회사와 경영자에게 장애 같은 후유증이 생기기 때문이다.

어떻게 해야 하나? 모든 기업에도 필요하지만 특히 스타트업에는 강력한 견제 장치가 필요하다. 투자자가 이사회에 참여해 사업의 내용을 깊이 이해하며 함께 경영에 참여하거나, 투자 계약서에 이를 예방하는 조항을 명시해둘 수 있다. 동시에 직언을 하고 브레이크를 밟을 수 있는 회사 내의 인적 시스템이 필요하다. 외부 멘토 정도로는 창업자가 '첫 번째 성공 증후군'에 빠지는 것을 막기 힘들다. '첫 번째 성공 증후군'을 앓는 대신 본업에 집중할 수 있다면 한국의 스타트업이 더 많이 세계적인 벤처가 될 것이다.

패기와 열정 뒤에는
미숙함과 교만이 있다

재능 있는 스타트업이 무너지는 이유

'고객이 최다 1400만 명까지 불어나고 투자 자금이 6000만 달러나 들어오고 직원 수도 170명으로 늘어나는 등 급성장을 거듭했고, 주식도 액면가의 640배까지 치솟았다. 그들은 미국 내 거의 모든 언론에 소개되는 등 실리콘밸리의 명사가 됐다. 하지만 빠르게 비상한 만큼 추락도 가팔랐다. 창업 2년 10개월 만에 법정 관리 신청을 하기에 이르렀다. 실패 이유는 여러 가지를 꼽을 수 있지만, 무엇보다 경험 미숙과 그에 따른 교만이 가장 큰 원인이었다고 그는 지적했다.'

1990년대 말 실리콘밸리에서 창업했던 다이얼패드에 대한 기사의 일부다.

1999년에 창업한 아이러브스쿨 iloveschool 은 '친구 찾기 열풍'을 선도하며 회원 수가 급격히 늘어갔다. 서비스를 오픈한 지 채 1년도 안 되어 회원 수 500만 명을 넘어섰다. 2000년 10월에는 사이트 방문자가 한국 2위(1위는 야후코리아)까지 올랐다. (중략) 아무리 벤처 광풍이었다지만 어떻게 아이러브스쿨은 출시 1년도 안 되어 회원 500만 명을 모을 수 있었을까? 김 씨(창업자)는 냉정한 얼굴로 '아이러브스쿨은 소 뒷걸음치다 쥐 잡은 격'이라고 잘라 말했다.

"사업을 시작하면서 명확한 계획이 없었어요. 당시 박사 과정 1년차였는데 부모님은 제가 졸업하면 당연히 교수가 될 줄 아셨지만 현실은 쉽지 않잖아요. 그때 창업이 돌파구로 보였어요. 단순히 인터넷에서 사람을 모으면 광고가 붙고, 그러면 돈이 되지 않겠느냐 하는 생각뿐이었죠. 사업에 목표가 없었어요. 그냥 돈 많이 버는 게 목표였죠."

'얼떨결에' 만든 사이트가 대박을 치니 신이 났다. 수많은 언론에서 취재를 요청했다. 돈이 쏟아졌고 모두가 부러워했다. 김 씨는 '당시 언론에서 취재를 오면 마치 연예인이 된 것처럼 능숙하게 포즈 취하고 허세를 떨며 이야기했다'고 회상했다.

"2000년에 한 달 생활비가 2000만 원이 넘었어요. 일주일에 3번 이상 술을 마시는데 무조건 룸살롱 가고, 무조건 현금으로 계산하고요. 2000년 한 해 동안 술값으로 쓴 돈만 1억 원은 넘을 거예요. 옷도 늘 알마니 같은 명품 브랜드에서 맞춤 양복으로 입었죠. 당시 총선 때 '비례대표 주겠다'는 정당도 있었어요. 구름 위를 붕붕 떠다녔죠."

그는 가장 큰 실패 원인으로 '실패만 대비한 채 성공을 대비하지 못한 것'이라고 자탄했다.

"저는 늘 실패만 대비했어요. 여기서 실패하면 학교로 돌아가야지. 이 서비스 실패하면 다음엔 무엇을 해야지. 그런데 잘되면 어떻게 할 건지는 생각을 못했어요. 막연히 잘되면 좋은 거 아닌가 하고 넘어갔죠. 그런데 그때 배웠어요. 컵에 물이 너무 많이 담기면 그냥 물이 넘칠 것 같은데, 사람의 경우는 컵이 깨져버리더라고요. 제 그릇이 담을 수 없는 압박이 오니까 저라는 인간이 그냥 깨져버렸어요."

이 이야기는 2000년도 초 아이러브스쿨 창업자의 인터뷰 일부다.

'패기와 열정'이라는 동전을 뒤집으면 '미숙함과 교만'이라고 쓰여져 있다. 재능 있던 스타트업이 첫 번째 문턱을 못 넘고 넘어지게 만드는 이유다. 많은 실패들의 진짜 이유가 능력이나 돈의 부족이 아니라 욕심과 교만이라는 것을 아는가? 짐 콜린스$^{Jim\ Colins}$는 《위대한 기업은 다 어디로 갔을까》에서 기업이 몰락하는 다섯 단계를 정의한 바 있는데, 그 첫 단계를 기업이 순조롭게 잘 운영되며 언론의 반응 및 재무 상태가 매우 좋아 기업의 경영진과 직원들이 지나치게 자신만만해지기 시작하는 현상이라고 했다. 무엇보다 성공을 이룬 근본적인 요인을 보지 못하고 '우리는 너무 훌륭해서 무엇이든 할 수 있다'고 느끼며 자신들을 과대평가하는 것이라고 했다.

사람들은 창업가들이란 위험을 감수하고 모험을 하는 사람이라 한다. 틀린 말이다. 창업가들이야말로 진짜 위험을 싫어하고 피하려고 전전긍긍한다. 욕심을 절제하고 최악의 상황을 고려해 위험이 없는 가능성을 지향한다. 누가 위험을 감수하면 성공한다고 부추기는가? 욕심과 교만으로 기꺼이 위험에 자신을 던진 사람들이 더 크게 실패한다.

대부분 사업이 잘나가다가 갑자기 어려워져 실패했다고들 한다. 실패는 순간에 일어나는 것이 아니라, 연속된 실패가 누적된 과정의 결과다. 피하거나 만회하거나 일부 손실을 감수하고 중단할 기회가 항상 여러 번 있다. 그럼에도 연속된 실패의 과정을 걸어서 수렁으로 들어가 회복할 수 없는 순간이 와서야 갑자기 어려워진 것처럼 외부에 드러난다. 그래서 사업가들이 자기 사업이 잘 된다고 하는 말은 언제나 그대로 믿어서는 안 된다. 지금도 어떤 사업가는 연속된 실패의 고리를 끊지 못하면서 겉으로는 잘된다고 말하며 절벽을 향해 달려가고 있을 것이다. 욕심과 교만 그리고 허세의 족쇄에 매여 깊은 바다로 끌려

들어가면서도 기존에 투자한 돈과 기회를 아까워하며 그 족쇄를 끊지 못한다. 이것을 경영학 용어로 매몰 비용이라 한다. 매몰 비용을 아까워하지 말고 과감히 버려야 한다.

 실패로부터 배운다고 하지만 한계가 있다. 실패한 것까지만 배울 뿐 그 너머는 보지 못한다. 실패는 자랑도 아니고 실패의 용납은 권리도 아니다. 실패로부터 배우지 못한 실패도 많다. 실패는 같은 과정을 반복하기 쉽다. 실패를 숭배하지 말자. 스타트업은 작은 성공 경험을 통해 성장하는 것이 더 중요하다. 피터 드러커는 어느 인터뷰에서 '한 가지만 당부하자면 다른 사람의 실수로부터 배우려 하지 말고, 다른 사람의 성공으로부터 배우도록 하라'고 충고했다. 그러면 실패로부터 배우는 길은 없는가? 실패를 인정하고 받아들이는 자가 과정의 작은 실패를 결과적인 큰 실패로 끌고 가지 않는다. 성공도 역시 수많은 실패와 회복의 반복적인 과정의 결과다. 작은 실패에서 배우고 회복하는 작은 성공들이 모여서 결과적인 큰 성공을 만들어낸다. 꿀벌이 꿀을 모으듯 작은 성공들을 차곡차곡 모아라.

내가 틀렸을 가능성을
받아들여라

반성적 사고의 필요성

스타트업 창업자들은 '내가 틀렸을 가능성이 있다'는 생각을 하는 데까지 시간이 너무 오래 걸린다. 내가 '맞다'는 생각만으로 사업을 하다가 실패하면 결국 무엇이 잘못되었는지 모른 채 단지 틀렸다는 것만 알고 경험의 문을 닫는다. 내가 틀렸을지 모른다는 생각은 창업 시작 때부터 가져야 하는데, 멋지고 환상적인 아이디어에 매몰되는 바람에 기회를 잃는다. 오히려 확신이 너무 강해서 다만 자기 확신을 계속 강화하는 과정을 밟을 뿐이다. 스타트업이 가야 할 길의 반대 방향으로 달리는 것이다. '내가 틀렸을 가능성이 있다'는 생각에서 출발하면, 결과가 좋지 못해도 틀린 것이 구체적으로 무엇인지 파악할 수 있다. 스타트업은 이런 배움에 시간과 돈을 쓰며 창업의 길을 걸어야 한다. 물론 이렇게 한다고 해도 돈이 다 떨어지고 회사 문을 닫을 때까지 방향을 제대로 잡는다는 보장이 있는 것은 아니지만 성공의 가능성은 높아진다.

다른 분야에도 마찬가지이지만 창업가가 가져야 하는 좋거나 나쁜 사고의 차이는 쉬운 답에 안주하는지 혹은 답이 없는 불편한 상태를 오래 견딜 수 있는지에 달려 있다. 내가 틀렸을지 모른다는 불안한 생각이 들 때 할 수 있는 가장 쉬운 길은 그럴듯한 아무 가정이나 받아들이고, 정신적으로 불편한 상태를 끝내는 것이다. 이와 반대로 좋은 태도는 반성적 사고를 하는 것이다. 반성적 사고는 지속적으로 탐구를 하는 동안 판단과 결론을 보류하는 것을 의미한다. 이런 식의 긴장은 불편하고 고통스럽다. 좋은 정신적 습관을 훈련하는 데에는 두 단계를 거쳐야 하는데, 첫째는 결론을 보류하는 태도를 갖는 것, 둘째는 내 생각의 가정이 무엇인지 알고 그것을 증명하거나 부정하기 위한 방법을 습득하는 것이다.

현대 교육 철학의 근간을 세운 존 듀이^{John Dewey}는 100년도 더 전에 쓴《하우 위 싱크^{How We Think}》라는 책에서 "의심 상태를 유지하면서, 체계적 탐구를 계속적으로 수행하는 것이 사고의 핵심 사항이다."라고 말했다. 1910년에 이미 린 스타트업 방법의 근간이 되는 생각을 터득한 분이 있었던가? 창업가는 고뇌하는 철학자여야 한다.

그들의 찬사는
잘 모른다는 표시다

CEO의 착각 1: 고객을 안다

친한 중견 기업 CEO와 만나 회사 이야기를 나누면 그의 에너지와 박식함에 놀라게 된다. 모르는 것이 없다. 최신 기술부터 고객과 시장 흐름, 경쟁사의 전략까지 청산유수같이 이야기한다. '와!' 뭔가 대단한 전략을 실행해서 조만간 시장점유율을 뒤집고 엄청난 성장을 이룰 것 같은 획기적인 이야기를 한다. 안타깝게도 비슷한 이야기를 수년간 계속 듣게 되지만, 그 회사의 성과에는 큰 변화가 없다.

스타트업의 사업 이야기도 비슷하다. 하는 이야기와 언론 인터뷰 기사로 보면 곧 그 회사가 대박이 날 수밖에 없을 것처럼 보인다. 그런데 자세히 들여다보면 안타깝게도 회사 실적 이야기보다는 시장 동향과 트렌드 이야기와 각종 경영 이론과 기술 이야기들이 계속 된다.

CEO의 착각 첫 번째는 바로 사업과 고객에 대해 자신이 뭔가 알고 있다고 믿는 것이다. '고객과의 대화' 이벤트나, 제삼자로부터 전해들은 한두 번의 예외적인 사례로 고객을 알았다고 오해한다.

맥도날드는 한때 밀크셰이크 판매를 늘리기 위해 마케팅 전략을 고심했었다. 밀크셰이크 시장을 세분화해 각각에 해당하는 고객을 초청해 설문 조사를 했고, 여러 테스트를 통해 고객이 선호하는 스타일의 밀크셰이크를 출시했지만 판매량은 늘지 않았다. 그러던 중 제럴드 버스텔Gerald Berstell이란 마케터가 매장에 죽치고 앉아 밀크셰이크를 사는 고객을 관찰했다. 그는 아침 출근 시간에 드라이브 스루Drive Thru를 통해 밀크셰이크의 40%가 판매된다는 것을 발견했다. 고객들에게 밀크셰이크는 아침식사 대용이자 먼 거리 출근길에 자동차에서 지루함을 달랠 수 있는 음료였던 것이다. 이런 생각을 바탕으로 밀크셰이크에 곡물을 첨가해 빨대에서 더디게 통과하도록 걸쭉하게 만들었고, 그 결과 판매량은 급속히 증가했다.

전문가들의 방법으로 하는 시장조사와 그 결과물들을 가지고 고객을 이해할 수 있다고 잘못 생각한다. 컨설턴트들이 만든 프레임으로 고객을 삐뚤게 보고 있을 뿐이다.

고객의 진짜 속마음은 많은 시간과 관심과 애정을 들여 관찰하고, 실험하고 직접 대화를 해서만이 볼 수 있다는 것을 스타트업 CEO는 모른다. CEO가 고객을 직접 만난다 하더라도 고객 간담회와 같이 기획되고 준비된 환경에 선별된 고객을 초청해 고급 요리를 공짜로 먹으며 했던 이야기와, 이벤트 경품을 받고 즐거워하며 한 행동과 반응을 보면서 고객을 만나고 이해했다고 오해하기 쉽다. 혹은 일부 주변의 친구들이나 지인들의 찬사를 고객의 찬사로 보편화하는 오류를 범한다.

사실 고객의 진정한 말과 행동은 컴퓨터 서버에 고스란히 담겨 있어서 CEO가 확인해주기를 기다리고 있다. 그곳에는 설문 조사나, 돈을 들인 고객 간담회나, 포커스 인터뷰보다 더 좋은 알짜배기 정보가 쌓여 있다. CEO가 보고 듣기를 기다리며 잠자고 있는데, 정작 CEO는 밖으로만 돌며 잡음에 취해 자신의 사업을 오해하며 착각한다.

조직은 말보다
실행으로 이뤄진다

CEO의 착각 2: 전능한 말

'최근 좋은 사업 아이디어가 생겨서 기획, 개발, 영업 부서에서 각각 한 명씩 차출해 테스크포스 팀을 구성하라고 지시했어요. 일주일에 한 번 방향만 잡아주면 스스로 알아서 잘 준비하고 진행해요. 인력이나 도움이 필요하면 해당 업무의 다른 부서들과 협력해서 일을 처리하라고 했어요'

조금 성장한 스타트업의 CEO는 점점 자신이 하는 말이 현실적인지, 아닌지를 구분하지 않고 그냥 말하는 경향이 생긴다. 뭐든지 말만 하면 다른 사람 혹은 조직을 통해 그 말이 실현될 것으로 믿는다. 꿈 깨기 바란다. 아직 대기업 회장이 된 것이 아니다. 말로 남에게 일을 시키는 버릇은 전염성이 강해 조만간 조직의 모든 중간 관리자들도 따라 할 것이고 조직에는 지시와 보고가 넘치게 될 것이다. 마케팅 황제라 불리던 펩시의 사장 존 스컬리 John Scully 가 스티브 잡스를 쫓아 내고 애플을 장악한 후, '훌륭한 아이디어만 있으면 사업의 90퍼센트는 진행된 셈'이라는 사고방식으로 애플을 위험에 빠트린 바가 있다. 직원들에게 '이 훌륭한 아이디어를 실행시켜보라고 주문하면 당연히 구현해줄 것'

이라는 존 스컬리의 생각을 스티브 잡스는 '질병'이라고 칭했고, 그 질병은 다른 사람들에게 쉽게 감염된다고 했다.

CEO의 착각 두 번째는 자신이 하는 말이 '전능한 말'이라고 오해하는 것이다. 회의나 모임에서 CEO들의 '말 점유율'이 점점 높아질 뿐 아니라, 자신이 말로 지시하면 100% 전달되고 이해될 것이고 조직이 자신의 생각과 말한 대로 완벽히 동기화되어 움직일 것으로 기대한다. 조직에게 자신이 하는 말의 아바타가 되기를 기대한다.

많은 CEO들이 '살아 있고 유기적인 조직' 이야기를 자주 한다. A 조직, B 조직, C 조직 그리고 D 조직이 함께 일하며 밀접하게 의사소통하고 협력해 모든 문제에 대해 조화를 이뤄 완벽하고도 효율적인 결과를 만들어낼 것으로 기대한다. 어쩌면 이렇게 묘사된 조직은 살아 있고 유기적인 인간의 조직이 아니라, 로봇 혹은 톱니바퀴로 이루어진 기계의 작동을 묘사하는 것이 아닐까? 조직은 자율적인 의지와 감정을 가진 불완전하지만 주도적인 인간의 집합체라는 사실을 잊지 말자.

CEO들은 조직과 조직원들을 통제해낼 수 있으며, 현재 잘 통제하고 있다고도 믿는다. 정말 조직원이 자신의 생각과 말처럼 잘 통제되고 있을까? 성경에 나오는 하나님도 인간을 창조하면서 신의 뜻을 거부하고 선악과를 따먹을 자유의지를 주면서 사람의 마음까지 통제하려는 시도를 하지 않았다는 사실을 잊지 말자. 말과 권력과 힘으로 조직을 통제하고 움직일 수 있다고 믿는다면 신의 경지를 넘어선 것이거나 지독한 오해이거나 둘 중 하나다.

스타트업은 CEO의 솔선수범이라는 엔진으로 달리는 기차다. 말보다는 행동이 더 효과적인 커뮤니케이션 도구다.

직원들의 본업을
방해하지 마라

CEO의 착각 3: 간단한 검토 지시

스타트업의 회사 분위기는 사장에서 직원까지 서로 스스럼없이 대하는 관계가 형성된다. 하지만 중견 기업이나 대기업 경력이 있는 직원들이 합류하기 시작하면 스타트업의 분위기가 많이 달라진다. 경력이 있는 직원은 직원들과의 대화는 자연스럽게 잘하면서도 정작 임원이나 사장 앞에서는 예의와 격식을 차린다. 말로 해도 되는 이야기를 굳이 보고서를 작성하겠다고 하고, 편하게 어울릴 수 있는 자리에서도 어려워한다. 여기는 스타트업이니 괜찮다고 해도 안 고쳐진다. 스타트업 조직에 직원이 많아지면서 이런 분위기를 현실로 인정하고 받아들이게 되는데, 시간이 지나 뿌리가 깊어지면 관료적인 조직의 동맥경화에 시달릴 위험이 있다.

 세월호 사고 직후 사고 수습으로 바쁜 상황에서 고위 공직자 의전을 위해 구조 헬기를 운영한 것이 문제가 된 바 있다. 모 지역의 신임 교육감 당선자가 지역 학교를 방문하기로 했다가, 해당 학교가 방문에 대한 준비를 많이 한다는 이야기를 듣고 그 방문을 취소했다고 한다. 상급자에 대해 부담을 가지는 것은 당연하긴 하지만 본말이 전도될 만큼 경직된 조직이 많다. 상급자들은 단순한 방문인데 현장의 실무자들에게는 쓰나미와 같은 부담을 준다.

이런 조직에서 CEO들이 잘 빠지는 착각 세 번째는 '시간 쓰지 말고 간단하게 검토하라'며 업무 지시를 하면 임원과 직원들이 진짜 자투리 시간에 간단하게 그 일을 완수할 것으로 착각한다. 이 '간단한 검토'에 '사장님 지시 사항' 딱지가 붙어서 회사의 핵심 업무를 중단시키며 조직 하부로 흘러가면서 진행된다는 사실은 모른다. 더 큰 문제는 이런 '비상 훈련'을 자주 한 것이 아니라 가끔 했던 것으로 생각하는 건망증이다. 관료적으로 경직된 조직에서는 사장, 임원의 지나가는 말 한마디, 관심 표명과 같은 것들도 수집되고 해석되어 하부 조직의 의사 결정에 사용된다. 회사가 추구하는 가치나 사업과 고객의 필요와 모순되어도 상관없이 더 높은 우선순위로 실행된다. 그래서 실무 직원들은 자주 회사가 이랬다저랬다 한다고 불평한다.

CEO가 즉흥적으로 생각난 아이디어, 있으면 좋을 것 같은 사소한 일, 다른 회사 흉내 내며 하는 일, 체면 때문에 지시하는 일, 외부 지인들이 부탁한 일, 자의적으로 회사에 도움이 된다고 합리화하며 추진하는 '비상소집 훈련'들만 제거해도 어쩌면 지금 인원의 절반으로도 회사가 더 잘 운영되지 않았을까? 혹은 지금의 두 배의 속도로 일이 실행되고 있을 것이다. 간단히 검토하는 식의 효율성을 추구하지 말고, 회사 업무의 본질을 알고 이와 연관되지 않은 즉흥적인 일을 줄이면 더 큰 효율성을 얻을 수 있다. 부지런하기보다는 스마트한 CEO가 회사를 살린다.

평화로운
의사 결정은 틀렸다

CEO의 착각 4: 좋은 CEO

현대 정치인들은 공약 개발과 실천보다 대중매체를 통한 이미지 선거에 열을 올린다. 투표를 통해 선출하는 민주주의 방식의 한계다. 창업가들 역시 직원이나 대중들에게 인기가 있으면 성공에 도움이 될 것이라 생각한다. 중심에서 빗나간 생각이다. 고객과 조직 그리고 이해관계자의 의사를 반영하고 조율하는 것이 CEO의 중요한 일 가운데 하나이긴 하지만 경영은 빌보드 차트나 민주주의가 아니다.

 초보 창업가들은 '좋은 CEO'가 되고 싶어 한다. 당연히 CEO는 선하고 정직해야 하지만, 좋은 사람처럼 보이기 위해 하는 일은 종종 옳지 못한 일이 되기도 한다. 이미 좋은 경력의 배경을 가진 창업가들은 자신의 평판에 걸맞는 행동을 하려고 한다. 핵심이 아닌 일의 명분을 만들어 벌이거나 정작 해야 할 결정은 주저한다. 더 높은 인기를 얻기 위해 하는 의사결정은 종종 얻고 싶어 했던 인기조차 놓치게 만든다. 창업가들에게 인기란 결과가 좋기 때문에 얻어지는 결과의 산물이다. 그러므로 창업가들은 연예인이 아니라는 사실을 알고 인기에 대해 절제해야 한다. 좋은 관계 역시 약간의 도움이 되지만 그것이 허상이라는 사실을 빨리 깨달을수록 진짜 추구해야 할 일이 무엇인지 발견하고 집중할 수 있다.

리더는 종종 생산적인 불일치를 견디기 힘들어한다. 대신 순탄한 회의 과정과 불만 없는 결정을 내리고 싶어 한다. 평화는 좋은 것이긴 하지만 조직의 의사 결정에서는 암적인 존재다. 관료 출신 국무총리가 자신은 '전국에 호형호제가 2만 명이 있다'고 말했다고 한다. 그 많은 친구를 사귀고 적을 만들지 않는 인내심과 지혜는 존경할 만하지만 그러느라 희생했을 업무의 효율과 합리성을 생각해보면 그것은 자랑이 아니라 죄악의 고백이다. CEO는 필연적으로 자신에게 맡겨진 회사를 책임감 있게 발전시킬 청지기의 임무를 받은 사람이다. 선택 때문에 오는 이해관계의 불일치와 고통 그리고 미움은 기꺼이 감당해야 한다.

체면 때문에 실수나 실패의 위험이 있는 의사 결정을 미루거나, 피하고 안전한 결정을 하기도 한다. 스스로 틀린 것을 인정하지도 않고, 책임지지도 않으며, 직원의 책임도 묻지 않는다. 친구로서는 좋은 자질일지 모르겠지만 창업자나 경영자로서는 최악의 자질이다. 정치인이나 관료의 선심성 행정을 비판하면서도 CEO도 역시나 선심성으로 보너스나 복지 정책을 결정한다. 좋은 복지로 주변 사람들에게 인심을 얻은 것 같지만 만일 회사가 어려워져서 급여를 지급하지 못하고 투자자들에게 손실을 끼치면 주변 사람들로부터 '회사 경영이나 제대로 잘하지, 잘난 척하느라 엉뚱한 곳에 돈을 쓰고 망해서 죄 없는 직원들 길거리 나앉게 만들고 주주들에게 손실을 끼쳤다'라고 비난을 받을 것이다. CEO가 줄 최고의 복지는 수영장이나 탄력 근무시간제 등과 같은 인기성 정책이 아니라, 장기적으로 오래 고용하고 승진시킬 건강한 회사의 성장이다.

기업 문화는
암묵적 규율이다

인간관계와 조직 문화

수영장과 카페 그리고 넓은 잔디 마당을 가진 회사가 TV에 소개되면서 유명해졌다. 어떤 직원은 '날씨가 너무 좋아서 갑자기 놀고 싶어졌다'며 당일 아침에 이메일을 보내고 휴가를 쓴다. 근무시간에도 수영하고, 기타 치며 놀아도 된다고 자랑한다. 신문과 언론을 통해 알린다. 회사를 알리고 또 직원들이 친구들에게 자랑하기에는 좋은 주제이긴 하지만, 이것을 과연 기업 문화라고 부를만한 것일까? 또 이렇게 하면 과연 회사가 성공할까? 물론 이것은 기업 문화의 일부이긴 하지만, 기업 문화 그 자체는 아니다. 돈을 벌면 당연히 기여한 직원들의 복지에 투자해야 한다. 직원이 회사의 간접 고객이긴 하지만, 직원 복지를 성공의 중심 원리처럼 이야기한다면 틀린 이야기다. 성공의 원천인 진짜 고객은 언제나 조직 안이 아니라 조직 밖에 있기 때문이다.

기업 문화란 무엇일까? 기업 문화는 규율의 성격을 갖는다. 상벌과 같은 조직 경험을 통해 구성원이 특정한 상황에 특정한 행동을 하도록 만드는 가치들의 모음이다. 일부는 명시적인 규정으로 만들어져 시행되지만, 암묵적으로 규율화되어 조직 내에 뿌리내린 것이 훨씬 더 많다. 조직 문화란 '조직 구성원들로 하여금 다양한 상황에 대한 해석과 행위를 불러일으키는 조직 내에 공유된 정신적인 가치'라고 정의할 수 있다. 회사의 목표를 위해 조직원이 해야 할 일이 무엇인지 가르쳐준다면 조직 문화는 그 일을 기꺼이 수행하도록 동기를 부여하고 그가 헌신적으로 노력하게 한다. 그리고 갈림길에 섰을 때 무엇을 선택해야 하는지 결정을 할 수 있도록 하는 것은 바로 조직의 정신이다.

벌써 15년도 더 오래된 이야기다. 아침에 회사로 출근을 하자 경영지원 담당 임원이 내 방에 들어와서 불평을 터트렸다.

"사장님, 어제 도대체 직원들에게 뭐라고 하신 거예요?"

"무슨 소리야? 난 아무 이야기도 안 했는데?"

"어제 사장님께서 뭐라고 하셔서 밤에 직원들이 주변 식당에서 1차, 2차 하면서 회사 성토 대회를 했답니다. 도대체 무엇을 이야기했나요?"

나는 지금까지도 내가 한 이야기가 무엇인지, 또 왜 그런 일이 일어났는지 모른다. 별 의미 없이 지나가는 말로 한 이야기가 와전된 것으로 짐작할 뿐이다. 조직 내에서 이런 일은 빈번히 일어난다. 조직은 민감하기 때문이다. 그 이야기가 꼭 사장의 입에서 나올 필요도 없다. 직원들끼리 직원과 팀장, 임원들 간에 조직 사이에서 하는 말, 행동, 표정 모두가 서로가 서로에게 영향을 끼치며 하나의 암묵적 규율로 쌓여간다. 문서로 만들어진 규정보다 CEO의 지나가는 말 한마디, 표정, 행동(결정) 하나가 더 큰 신호가 된다. CEO의 행동과 결정이 일관성이 없으면 조직이 어떻게 행동해야 할지 혼란스러워 한다. 그래서 직원들은 CEO가 이랬다저랬다 한다고 불평한다.

형식적으로 따르는 규율과 실질적으로 믿는 규율이 다른 이중성이 깊어지면서 조직은 정렬되기보다 각자 살길을 알아서 찾으면서 무법천국이 된다. 직장은 냉혈한들의 게임장이 된다. 생존자만 있을 뿐이지 진정한 승자가 없다. 현대 직장에서 이런 스트레스 요인은 스콧 애덤스Scott Adams의 만화 주인공 딜버트가 자주 애용하는 주제다(한국의 경우 〈미생〉이라는 웹툰과 드라마의 주제로 등장한다). 비록 이런 만화나 드라마를 통해 조직의 모순을 냉소적으로 배설할 수는 있다. 그러나 대부분의 사람들은 조직에 기여한 자신의 성과와 신뢰로 자신을 평가하는 그런 조직에서 일하길 간절히 바라고 있다.[31] 신뢰가 없으면 명시적으로 만들고 구축한 모든 것들이 무너진다. '실력은 없는데 줄 잘 선 친구가 승진했다' 혹은 '사장과 학교 선후배들끼리 모든 것을 결정한다'는 식의 믿음이 퍼지면 훌륭한 인사 평가 시스템은 무용지물이 되고, 사내 정치와 든든한 조직의 동아줄을 붙잡는 게 그 기업의 문화가 된다. 자율적으로 일하라고 말하면서도 정작 직원이 동의하지 않는 일을 시키거나, 자율적으로 한 일의 결과에 대해 불평을 하면 시킨 일이나 열심히 하고 자발적으로 일하지 않는 것이 그 기업의 문화로 자리 잡는다.

사람들은 좋은 조직 문화를 '좋은 인간관계'로 오해하기도 한다. 다른 사람들과 싸우지 않고 잘 어울리는 조직을 좋은 문화를 가진 조직으로 생각한다.

"좋은 조직 문화를 가지고 있는지 여부에 대한 판단 기준은 조직이 달성하는 성과이지 상호 조화가 아니다. 우수한 성과에 대한 만족, 그리고 회사에서의 여러 업무들 사이의 적절한 조화를 바탕으로 하지 않는 '좋은 인간관계'는 실질적으로 좋지 않은 인간관계다. 이는 사람들이 무조건 순응하도록 하고 또 사람들을 위축시킨다."

피터 드러커는 이야기했다. 그는 어느 대학 총장이 한 말을 영원히 잊을 수 없다고 하면서 인용했다.

"일급의 교수가 강의를 제대로 하도록 여건을 마련해주는 것이 나의 업무다. 그가 자신의 동료들이나 나와의 관계가 좋은가 하는 것은 중요하지 않다. 사실 진정으로 훌륭한 교수들 가운데 두 가지 일을 모두 잘하는 교수는 소수에 지나지 않는다. 분명히 말하건데, 대학에는 이런저런 문제가 없는 교수들이 별로 없다. 하지만 그들이 잘만 가르친다면야, 그것 말고 대학에서 달리 무슨 문제가 있겠는가?"

후임 총장이 이 정책 대신에 '인간관계와 상호 조화'를 강조하자 교수의 업적과 대학의 분위기는 빠르게 엉망이 되고 말았다고 한다.

조직 문화를 한마디로 말하라고 하면 '신뢰'라고 말할 수 있다. 〈하버드 비즈니스 리뷰〉 편집장이었던 조안 마그레타는 이렇게 이야기한다.

"경영에 신뢰성이 없다면 직원들은 가장 좋은 아이디어를 공유하지 않을 것이고 최선을 다해 일하지 않을 것이다. 신뢰가 없다면 조직은 구성원들에게서 믿음을 얻지 못할 것이며, 개인은 동료들에게서 믿음을 얻지 못할 것이다. 사람들이 다른 사람을 신뢰하길 꺼린다면 팀워크와 협조를 기대할 수 없다. 다시 말해 신뢰가 없다면 성과 달성은 점점 멀어져 갈 것이다."

조직 문화의 신뢰의 정점은 CEO다. 사람들은 친절한 CEO를 원할 것이라고 생각하지만, 친절한 성격보다 일관되며 원칙을 따르는 CEO를 원하고 더 신뢰한다. 사장의 자리는 인간의 욕망과 속마음이 드러나는 위치. 나도 모르게 베일 뒤에 가려 있던 탐욕이 가면을 벗고 등장한다. 나는 잘 모르지만 옆에서 보는 조직원들 눈에는 다 보인다. 훈수 두는 사람이 더 잘 보이는 것과 같다. CEO가 조직 문화의 방향과 회사가 추구해야 하는 가치를 결정하지만 스스로가 거기에 가장 먼저 복종해야 한다. 직원을 속일 수 있는가? 잠시 속기도 하지만 똑똑한 직원들은 CEO의 말과 행동과 표정의 미묘한 차이를 간파하고 통합성integrity을 체크하고 간파한다. 감추고 싶어도 드러나는 것이 CEO의 인격과 욕심과 통합성이다. 조직 문화는 CEO의 인격에 대한 신뢰다.

10강

지식의 배움에서 행동의 배움으로

HOW TO START A STARTUP

스타트업 경영자가 반드시 해야 할 것들

수집, 측정, 분석보다 설계가 우선이다

스타트업도 코호트 분석까지 하라

코호트 분석^{Cohort analysis}은 특정 그룹의 고객(특정 기간에 가입한 고객 집단 등)의 행동을 서로 비교하는 분석이다. 전체 매출이나 전체 가입자와 같은 누적 데이터를 분석하는 데서 발생하는 오류를 피하기 위해 해야 하는 분석이다. 많은 스타트업 팀들이 누적 앱 다운로드 숫자, 누적 회원 숫자, 페이지 뷰^{PV} 숫자들에 대한 측정에서 그친다. 《린 스타트업$^{Lean\ Startup}$》의 저자 에릭 리스$^{Eric\ Ries}$는 이런 누적 지표를 '허무 지표 vanity matrics'라고 부른다.

"총 고객 수 같은 허무 지표를 사용하면 혁신 회계는 동작하지 않는다. 모든 제품, 실패한 제품들마저도 사용자가 아무도 없지는 않다는 것이다. 대다수의 제품은 많든 적든 사용자가 있고 성장하고 크든 작든 긍정적인 결과를 만들어낸다. 스타트업에서 가장 위험인 일은 이런 상태에서 서서히 죽어갈 수 있는 것이다. (이런 허무 지표에 집중하면) 경영자들은 자신의 회사가 성공적이라는 것을 보여주고 싶어서 광고를 사거나 과도한 혜택을 제공하고 억지 매출을 올리거나 화려한 발표에 신경을 많이 쓰는 등 누적 지표가 좀 더 좋게 보이게 하는 데 많은 노력을 들인다. 이렇게 성공한 것 같은 착각을 불러일으키는 데 들어가는 노력은 당연히 지속 가능한 사업 구조를 만드는 데 들어가야 옳다."

시간이 지나면 자연스레 회원은 증가한다. 방문자 숫자도 증가한다. 당연히 PV도 증가할 수밖에 없다. 문제는 재방문자^{retension}의 비율이다. 만일 그 비율이 매우 낮다고 한다면, 그 말은 성장의 이면에는 단지 열심히 홍보한 결과로 호기심에 들어온 첫 번째 혹은 초기 방문자들이 대부분이라는 말이다. 한 번 와보고 다시 오지 않는다는 이야기다. 누적 회원은 계속 증가하니 겉보기에는 성장하고 있는 것 같지만 돈을 써서 열심히 홍보하거나 광고하지 않으면 금방 꺼지는 허상과 같은 지표다. 밑 빠진 독에 물을 열심히 붓고 있는데, 빠지는 물보다 더 많은 물을 붓고 있는 동안은 성장하는 것처럼 보이는 착시 현상이다.

이런 성장은 제품이나 서비스가 좋아서 성장하는 것이 아니라 홍보와 마케팅을 잘해서 성장하는 것으로 봐야 한다. 제품이나 서비스가 좋지 않는데 홍보와 마케팅이 좋아서 들어오는 사람들은 금방 속았다는 것을 알고 다시는 방문하지 않는다.

허무 지표상의 방문자 숫자 중 신규 방문자와 재방문자 비중만을 비교해봐도 문제의 징조는 알 수 있다. 신규 방문자 비중이 너무 높다면 뭔가 잘못하고 있다는 증거다. 재방문자 비율이 높아야 고객들이 제품과 서비스에 관심이 있다는 것이 검증된다. 허무 지표 혹은 누적 지표보다 재방문자 비율을 측정하고 높이려고 노력해야 한다. 재방문자 비율에 대해 코호트 분석까지 하면 누적 지표로는 보이지 않는 개선의 효과나 제품과 서비스의 문제점을 빠르고 구체적으로 확인할 수 있다.

고객의 생애 주기가 있다. 모바일의 경우 앱을 다운로드, 회원 가입, 그리고 소위 '눈팅'만 하다가 글을 남기기 시작하고, 아이템을 구매하고, 시들하다가, 탈퇴한다. 이들 생애 주기별로 고객의 행동을 코호트 분석하며 각각의 주기별로 고객을 구분해 서비스를 개선하고 발전시켜야 한다.

열심히 회의하고 밤을 지새며 디자인하고 개발했나? 열심히 한 것만으로 만족해서는 안 된다. 그렇게 만든 결과물이 고객에게 가치를 제공해 효과가 있었는지 확인해야 한다. 개선 이전의 고객의 행동과 개선한 이후의 고객의 행동을 어떻게 비교할 것인가?

여기에도 코호트 분석이 필요하다. '코호트 분석으로 늦기 전에 현황을 파악하라' 하면 많은 스타트업들은 어려워한다. 맞다. 덧셈 뺄셈을 하다가 갑자기 미적분을 푸는 것과 같이 어려운 일이다. 최근 코호트 분석을 하라는 이야기가 부쩍 많아졌다. 누적 지표 수집과 분석조차 버거운 스타트업들에게는 새로운 부담인 것은 사실이다. 그러나 당신의 경쟁자들은 너무나 똑똑하고 영민하다. 수집, 측정, 분석 도구들이 많이 제공되고 있어서 코호트 분석을 하는 것은 이제 스타트업의 기본이 되었다.

그러나 코호트 분석 방법 자체가 만능은 아니다. 코호트 분석 방법보다 무엇을 어떻게 서로 비교할 것인지를 결정하는 것이 더 어렵다. 엑셀의 x축, y축에 숫자를 넣어 계산하고 표와 그래프를 만들면 경영의 지혜가 저절로 나오는 게 아니다. 오히려 반대다. 경영의 지혜가 있어야 측정과 분석을 시작할 수 있다. 분석을 위한 설계가 우선이다. 어떤 지표를 어떤 기준으로 측정하고 비교할지 결정해야 하는데 이것은 왜 이 사업이 잘될 것인지에 대해 잘 정리된 가설을 스스로 알고 있어야 가능한 일이다.

자신의 사업의 독특한 속성과 제공하는 고객 가치가 무엇인지를 알아야 코호트를 설계를 할 수 있다. 사업이 성공할 수밖에 없는 이유가 '우리 제품은 환상적이어서 개발만 하면 고객이 몰려 올 거야'라거나

'경품, 이벤트로 많은 고객을 모으기만 하면 서비스가 활성화될 거야'와 같이 모호한 가설을 바탕으로 하면 코호트 설계가 어렵다. 아니 자료 수집과 분석이 필요 없다. 그냥 잘될 수밖에 없는데 무슨 측정과 분석이 필요한가? 멋진 아이디어에 매몰된 대부분의 스타트업이 측정과 분석에 소홀한 주된 이유가 바로 이렇게 자신의 사업의 가설이 무엇인지 잘 모르기 때문이다.

쇼핑몰, 마켓 플레이스, 게임, 프리미엄, 무료 콘텐츠 서비스, 미디어 서비스 등등 사업 모델마다 다른 가설 위에 다른 지표로 설계한다. 그러므로 측정은 보고서를 치장할 표와 숫자를 수집하기 위해 하는 기업의 보조적인 활동이 아니다. 측정은 회사 활동의 목표를 설정하는 것 그 자체다.

"진정한 어려움은 우리가 필요로 하는 목표를 결정하는 것이 아니라, 그것들을 어떻게 설정하는가이다. 그것을 결정하는 데 유익한 방법이 단 하나밖에 없다. 그것은 각각의 분야에 무엇을 측정해야 할지를 결정하고, 측정 기준을 결정하는 것이다. 왜냐하면 우리가 사용하는 측정 기준은 우리가 주의를 기울일 분야를 결정하기 때문이다. 그것은 대상을 눈에 보이도록 하고 또 구체적으로 드러내준다. 측정 기준에 포함된 사항은 관심의 대상이 되고 제외된 것들은 무시하게 된다. '지능이란 지능 검사 도구가 측정하는 바로 그것이다'라는 심리학자들이 사용하는 이 케케묵은 말은 자신이 사용하는 측정 도구가 전지전능하지 않다는 것과 오류가 없지 않다는 것을 인정할 때 사용하는 경구다."

이 내용은 피터 드러커의 이야기다. 기업의 목표는 그 기업이 무엇을 측정할 것인지, 또 어떻게 측정할 것인지를 결정하는 순간 결정된다고 한다.

내가 운영하는 스타트업 엑셀러레이터 프라이머는 투자할 팀들을 선발하면 맨 먼저 하는 것이 워크숍이다. 그 워크숍 목표 중 하나가 바로 KPI^Key Performance Index(핵심 성과 지표)를 정하는 것이다. 무엇을 측정할지를 결정하는 것은 사업의 본질에 대한 혜안에서 나오고, 그것을 지속적으로 측정하면서 개선하려는 노력이 바로 사업의 본질에 포커스하는 일이기 때문이다.

측정과 분석을 좀 더 거시적인 관점으로도 적용해볼 수 있다. 기업의 성장률을 단순한 공식으로 계산하는 것은 쉬운 일이다. 매년 10퍼센트 성장하는 기업이 있다면 참 좋은 기업이다. 그러나 성장률의 증가율을 측정하고 분석해 다시 사업에 적용하는 것은 매우 어려운 일이다. 성장률의 증가율이 매년 5퍼센트라면 위대한 기업이다. 복리의 승수효과를 가진 기업이다. 이를 수학적으로는 계산할 수는 있겠지만 그것이 경영 현장에서 어떤 의미를 갖고 그렇게 하려면 실제 사업 현장에서 어떤 의사 결정을 해야 하는지, 조직원들을 이해시키고 정책으로 실행하는 일은 어려운 일이다.

사업은 관성이 있기 때문에 한 해를 그냥 쉬어도 작년과 같은 매출을 달성하는 회사가 많다. 심지어 인플레이션과 경제성장률이라는 파도의 도움으로 가만히 있어도 매년 3~5퍼센트 성장한다. 이런 경우 많은 영업 직원들이 1년 동안 열심히 일했는데 자연 성장과 같은 성장을 기록했다면 그동안 도대체 무슨 일을 한 것인지 물어봐야 할 것이다. 일을 하지 않았다는 의미는 아니지만 같은 매출을 내는 것이 목표였다면 최소한의 운영 인력만으로도 이런 자연 성장에 도달할 수 있다고 생각해볼 수 있다. 조직 내에서 어떤 인력과 어떤 활동이 성장의 변곡점을 만드는지를 알기 위해 코호트 분석을 조직의 성과에도 적용할 수 있다.

로켓을 쏘아올리고 싶은가? 슈퍼컴퓨터로 계산해 로켓을 쏘는 시대에 주판알을 튕기며 계산해서는 위성을 궤도에 올릴 수 없지 않은가? 좋은 창업가가 되고 싶은가? 공부하고 측정하라.

숫자의 의미를
파악하라

측정 지표 설정하기

이나모리 가즈오 회장이 일본항공을 경영할 때의 일이다. 어떤 임원이 예산에 잡혀 있다는 이유로 사업 타당성이나 방향에 대해 언급하지 않은 채 돈을 투자하겠다고 결재를 받으려 했다가 퇴짜를 맞았다는 일화가 있다. 당시 상황을 기록한 《이나모리 가즈오 1155일간의 투쟁》을 살펴보자.

'숫자를 세세하게 파악하는 것이 경영의 목적은 아니다. 이나모리 가즈오는 그 숫자를 바탕으로 어떤 판단을 내리고 어떻게 움직일지에 대해 묻는다. 여기까지 보고를 하지 않으면 이나모리 가즈오는 끝까지 물고 늘어진다.'

직장 경험은 사람들에게 전문적인 능력을 길러주지만 동시에 매너리즘으로 물들이는 단점도 있다. 건성으로 현상을 이해하고 해석하는 데 쉽게 익숙해진다. 피상적으로 그럴듯한 해석만 하면 더 이상 따지지 않는다.

상사도 관심의 깊이가 얕은데다가 한두 번 이상 깊게 따져 물었다가는 이상한 사람, 믿지 않는 사람, 꼬장꼬장한 사람, 성격 나쁜 사람으로 낙인찍히기 때문에 그렇게 하지 않는다. 상사의 권위란 지표의 분석과 내용의 의미 그리고 판단과 결정에서 나와야 하는데 정작 오늘날 직장 상사의 권위는 품의서의 오타를 발견하는 일에서 주로 세워진다. 권위와 권력을 혼돈하고 가치에 정렬하는 것과 통제를 뒤바꾸고 공적인 우선순위와 개인의 취향을 뒤섞는다.

이나모리 가즈오 회장은 말한다.

"모든 숫자에는 반드시 이유가 있다. 이것을 알아야 다음에 어떻게 해야 할지 답이 나온다. 하지만 날씨나 불황 탓으로 돌리면 대책을 세울 방도가 없다. 그래서야 경영이라 할 수 없다."

숫자를 해석할 때 작은 예외적인 현상이나 숫자는 무시하고 피상적인 해석과 결론에 쉽게 안주한다. 지표를 중요하게 여기기는 하는데 숫자 자체가 목표가 되어서도 안 된다. 회원 숫자, 월간 재방문율 등을 측정하지만 그 숫자만을 목표로 하면 의미 없는 지표를 추구하는 함정에 빠지기도 한다. 숫자를 만들려고 하지 말고 그 숫자를 통해 의도하고 얻고자 했던 고객의 자발적인 행동을 만들도록 노력해야 한다.

1990년대 뉴욕 경찰국의 시스템을 개혁할 때 측정 지표 자체를 바꿨다. 관할지역에 얼마나 많은 경찰이 순찰을 도는가와 같은 경찰의 활동을 측정하는 것을 버렸다. 대신 이런 경찰들의 활동을 통해 거둔 결과들을 측정하는 것으로 전환했다. 활동과 측정의 원래의 목적은 사실 범죄를 줄이는 것이었다. 측정의 설계는 그 일이 추구하는 궁극의 목표에 대한 결과물에 집중하라.

경영자가 세세한 것을 알아야 한다는 것은 전부 다 알아야 한다는 말이 아니다. 포괄적이고 거시적인 흐름과 현상을 가지고 해석하면 작은 예외 사항이나 예외적인 숫자와 현상을 보지 못하거나 무시하기 쉽다. 쉽게 피상적인 해석과 결론으로 도달한다. 자신의 해석에 맞지 않아 무시하려던 그 작은 예외적인 현상과 숫자가 '왜 발생했는지' 도대체 그런 예외적인 것까지 포용할 수 있는 '새로운 해석은 없는지' 끊임없이 질문하고 질문해야 한다. 나중에 알고 보면 포괄적인 숫자는 아무것도 말해주는 것이 없거나 틀린 이야기를 해준 것이고 그 예외적인 구체적인 작은 사례가 정반대의 진실을 알려주는 경우가 많다. 현상의 원인이 '이것인지', '이것일 것 같은지', '누가 이것이라고 말한 것인지'를 구분해야 한다. 자신이 '확인한 것인지', '단지 짐작인지', '남의 이야기를 들은 것인지'를 구분할 수 있는가? 스스로에게 물어봐야 한다. '진짜 그런가?', '정말 그런가', '왜 그런가?', '내가 잘못 알고 있는 것이 아닌가?' 그리고 주변 사람의 피상적인 해석을 확인해봐야 한다. 파고들어야 한다. 논쟁해야 한다. 누군가가 어떤 것이 전부인 것으로 말하면 그 반대 대척점을 만들어 반대 관점으로 물어봐야 한다. 이것이 비판적 사고의 훈련이고 창업가에게 반드시 필요한 사고 능력이다.

　남들이 이야기하면 액면 그대로 듣고, 믿고 '그런가 보다' 하는 사람은 창과 칼로 전쟁하던 시대에는 훌륭한 성인군자로 평가받았을지 모르겠지만 숫자를 기반으로 마케팅을 해야 하는 스타트업의 창업자로는 부족하다. 세상은 보이는 것과 다르게 돌아가기 때문이다. 세상은 사람들이 말하는 것과도 다르게 돌아가기 때문이다.

행동으로 답하게
물어보라

올바른 측정 지표

측정, 측정만이 스타트업의 살길이다. 측정이 중요하다고 강조해도 '재무제표'를 읽는 능력 정도로 오해하거나, 홍보용으로 쓸 단편적 데이터 수집 정도로 평가절하 한다. 결론을 가지고 끼워 맞추거나, 잘못된 기준과 조작된 숫자와 통계로 가득 찬 수많은 쓰레기 보고서들로 CEO들은 질려버린다. '의도와 선입견' 없는 측정과 해석 능력은 인간에게서 퇴화되어 사라진 능력인가?

   고객과 시장을 안다고 가정하고 어떤 제품을 만들 것인지를 먼저 결정하고 회사를 창업한 CEO는 사업이 아니라 버킷리스트$^{bucket\ list}$ 지우기를 하는 것일 수 있다. 고객을 단지 자신의 능력 검증의 보조적인 들러리로 전락시킬 위험이 있다. 고객의 필요와 고통에 대해서 관심이 없으면 질문도 없고 측정도 필요 없다. 열심히 일하더라도 바른 측정 지표가 없으면 무엇을 위해 하는 것인지도 모르는 끈 떨어진 연에 불과하다.

   페이지 뷰, 방문자^{UV}, 체류 시간, 다운로드, 등록 회원, 포스팅 숫자 등등을 측정하는가? 에릭 리스는 《린 스타트업》에서 이런 누적 지표를 허무 지표라 부른다고 앞에서 이야기했다. 누적 지표는 자랑하기는 좋은 숫자다. 수도꼭지가 점점 잠기고 있어서 나오는 수돗물은 점점 줄어드는데도, 욕조물의 총량만으로 보면 계속 늘어나고 있는 것처럼 보인다. 신규 회원이 하루에 500명 등록하던 것에서 400명, 300명으로 줄어들고 있는데도 총회원 수는 어제 400명 늘어났고 오늘은 300명 늘어났기 때문에 사업이 여전히 잘되는 걸로 오판한다. 문제가 있다는 것을 발견할 때가 되면 게임은 끝나고 되돌릴 수 없는 상황이다. 허무 지표를 측정하고 있었는가? 회사의 목표가 그런 실속은 없고 허무한 외형의 성장에 두고 있었다고 말할 수 있다.

그럼 무엇을 측정할 것인가? 모든 것을 다 측정할 수는 없다. 관심을 가지고 꾸준히 관찰할 지표가 있어야 한다. 좋은 지표는 간단하면서 사업의 본질을 강화하고 전체를 조망하는 지표다. 앞에서 이야기했듯이 왓츠앱은 발신 메시지 숫자, 에어비엔비는 숙박 수 그리고 페이스북은 가입한 지 14일 이내에 10명의 친구를 만든 비율과 같이 간단하지만 사업의 아킬레스건을 건드리는 지표를 정해야 한다. 창업자의 철학과 혜안이 거기서 드러난다. 지표의 선정과 동시에 과거와 현재를 비교하고 미래를 추측할 수 있도록 구성되어야 한다. 지난달과 이번 달을 비교하지 않은 채 스냅샷과 같은 정적인 숫자를 가지고 무엇을 해석하고 예측할 수 있겠는가?

통계 숫자 자체를 지표라고 오해하지 말자. 사실 나는 통계 자료나 수에 어두울 뿐 아니라 확인은 하지만 그 자체에는 별로 관심을 가지지 않는다. 많은 통계와 수치들이 특별한 환경 혹은 특정한 전제를 가진 상상력의 산물이라는 것을 잊지 말아야 한다. 통계 수치를 믿기보다 믿을만한 수치를 근거로 거시적 방향을 확인하고 방향을 잡는 것이 더 중요하다. 그래야 길을 잃지 않는다. 잭 웰치는 '모든 사람이 같은 사실을 알고 있으면, 대체로 같은 결론을 내리게 되는 법'이라고 이야기했다. 측정을 통한 정량적인 숫자는 조직의 자연스런 규율이 되고 조직원들이 그 덕분에 현실을 제대로 알고 사업에서 일어나는 일들을 제대로 이해해서 같은 방향으로 정렬할 수 있게 한다. 직관으로 경영하는 것으로는 할 수 없는 일이다.

조안 마그레타의 《경영이란 무엇인가》에 있는 예를 하나 들어보자.[32]

"측정은 필요조건이긴 하지만 충분조건은 아니다. 결국 중요한 숫자라는 것은 어떤 조직이 어떻게 굴러가고 있는지에 대한 얘기를 들려줄 수 있는 것들이다. 데이터 하나를 의미 있는 이야기로 만들기 위해서는 맥락에 맞도록 가공해야 한다. 다시 저울 이야기로 잠시 돌아가보자. 만일 타일러라는 사람의 몸무게가 약 66킬로그램이라는 것을 알았다면 우리는 뭔가 객관적인 사실을 알게 된 것이지만 경영 용어로 '쓸모 있는' 것을 안 것은 아니다. 다음으로 타일러가 183센티미터 키의 남자라는 데이터를 하나 더 갖게 되면 이제 하나의 이야기가 시작되는 것이다. 물론 타일러가 152센티미터 키의 여자라고 한다면 전혀 다른 얘기가 된다. 자, 여기서 새로운 맥락을 하나 더해보자. 타일러가 3개월 전에 몸무게가 90킬로그램이었던 사실을 알았다고 생각해보자. 그렇다면 이것은 단지 이야깃거리일 뿐만 아니라 우리가 즉각적으로 개입해야 할 일인 것이다. 최소한 타일러가 남자라면 말이다. 타일러가 여자인 경우 우리는 그 뉴스가 좋은 것인지 나쁜 것인지 알기 위해 좀 더 많은 정보가 필요할 것이다."

고객의 '말'은 틀릴 수 있지만 '행동'은 항상 옳다. 그래서 고객의 칭찬의 말보다 행동을 관찰해야 한다. 제품을 완성하기도 전에 제품에 대한 고객의 행동을 어떻게 측정하나? 린 스타트업적인 접근법이 있다.

가설을 확인할 실험 도구인 최소 기능 제품^{MVP}을 가지고 고객의 행동을 유도하고, 이를 측정하고 분석해 의사를 결정하는 경영이다.

나는 법 제도에 대해서는 잘 모르지만 스타트업 발전을 위한 극단적인 법을 하나 제정하라면 '스타트업 CEO를 2년간 회사에 감금하는 법'을 만들고 싶다. 특히 인터넷도 안 되고 오직 회사의 고객 데이터에만 접근되는 데이터룸에 감금하는 법을 만들고 싶다. 스타트업을 확연히 발전시키는 법이 될 것으로 확신한다.

스티브 잡스는 인터뷰에서 "포커스 그룹(잠재 고객)에 맞춰 제품을 디자인하는 것은 정말 어렵습니다. 많은 경우 사람들은 제품을 보여주기 전까진 자신들이 원하는 게 뭔지 정확히 모릅니다."라고 말했다. 설문 조사, 포커스 그룹 인터뷰 같은 전통적인 고객 조사로는 고객을 알기 어렵다는 말이다. 많은 사람들이 스티브 잡스의 이 말을 오해한다. 이는 고객이 무식하고 몰라서가 아니라 그 고객의 잠재적 의사를 확인하기 위한 측정 방법이 적절치 않았기 때문이다. 고객에게 말이나 글로 대답하도록 물었으니 오류가 많을 수밖에 없었다. 행동으로 답하게 물어야 한다. 자주 하는 농담이 있다.

'주먹으로 해도 될 일을 말로 하고 있네'

하지 않을 것을
결정하고 절제하라

사탄의 유혹을 이기는 법

내가 전자 지불 서비스 회사인 이니시스를 창업했던 시기에는 우리나라에 쇼핑몰도 몇 개 없었고 주문 거래의 전체 규모가 크지도 않았다. 당연히 전자 지불 서비스를 제공해 얻는 수수료 매출은 매우 작았고 회사는 재정적으로 어려웠다. 반면 인터넷 쇼핑몰들은 빠르게 성장하고 있었고 매출 규모도 당연히 우리 회사보다 컸다. 이니시스는 쇼핑몰의 주문 금액에 2~5% 수수료만이 매출이 되는 사업으로, 미래에 생존할 수 있을지 불안했다. 회사 동료들은 전자 지불 사업 대신 쇼핑몰 사업을 하면 잘할 수 있고 돈도 많이 벌 수 있을 것이라고 제안했다. 귀가 솔깃했지만 힘들더라도 내가 원래 하려고 했던 전자 지불 사업의 미래를 믿고 본사업에 집중하기로 했다. 이니시스의 가장 큰 고객이었던 어떤 쇼핑몰 창업자와 나중에 좀 더 친해지게 된 후에 이런 이야기를 들었다.

"사실 옛날에 당신이 미웠어. 우리는 물건 하나 팔기 위해 물류 창고, 배송, 반품, 고객 서비스 같은 엄청나게 많은 일을 하고, 물건 하나 팔아도 얼마 남지 않는데, 당신은 지불 파이프 하나 우리 쇼핑몰에 연결해서는 금융기관들과 중간에서 컴퓨터로 자동으로 처리하면서 수수료를 쉽게 벌어가니 말이야."

충분히 이해됐다. 그런데 당시 우리 회사 직원 수가 그 쇼핑몰의 직원 숫자보다 더 많았다. 그냥 파이프를 연결만 하면 놀아도 저절로 돈이 벌리는 일이 아니었고, 전자 지불 서비스 역시 나름대로 그 분야만의 어려움을 감내하며 도전과 혁신을 위해 최선을 다하고 있었다.

전자 지불 서비스를 하던 중에 큰 사건이 있었는데, 그것이 바로 사기 쇼핑몰 사건이었다. 에어컨을 온라인으로 예약 판매하는 쇼핑몰이 있었다. 겨울부터 에어컨 예약 판매를 했는데, 유명 브랜드의 에어컨을 시중가의 절반 가격으로 예약했다. 배송은 여름이 시작되는 6월 1일부터 하기로 되어 있었다. 당연히 인기가 높아서 채 5개월도 안 되어 70억 원의 예약 판매가 이루어졌다. 그 쇼핑몰의 전자 지불 서비스는 이니시스가 제공하고 있었다. 그리고 5월 말에 이 회사 사장은 회사 문을 닫고 그동안 이니시스로부터 정산 받은 돈을 가지고 잠적했다. 에어컨 대금을 지불하고 에어컨을 받지 못한 피해자들이 문제가 되고 TV 뉴스에도 나올 만큼 큰 사건이 되었다. 결국 전자 지불 서비스를 제공했던 이니시스가 피해자들에게 모든 대금을 되돌려주고 사건을 매듭지었다. 이니시스로서는 1%도 안 되는 수익을 얻고 수십억 원의 거래 금액 전체를 손실로 떠안고 말았다.

그 이후로도 전자 지불 서비스를 통한 작은 사기 쇼핑몰 사건들이 있었다. 이를 대응하느라 리스크 관리 팀이 생겨 거래 쇼핑몰을 심사하고 관리하는 제도가 생겼고, 오늘날 전자 지불 서비스에 가입하기를 어렵게 만든 원인이 되었다. 자기 사업은 이렇게 힘든데, 남들은 항상 쉽게 사업을 하고 돈을 버는 것 같다. 내 길은 곳곳이 지뢰밭이고 오르막이고 힘든데, 다른 회사는 탄탄대로 평탄한 길처럼 보인다.

바로 그때, 내 옆에 돈이 쉽게 벌릴 것 같은 새로운 아이디어가 등장한다. 쉽게 가는 방법이 보인다. 누가 와서 이렇게 가면 더 잘된다는 이야기를 한다. 제휴하면 좋다고 한다. 빠르고 쉽게 갈 수 있는 길이 보인다. 이런 것들을 내가 만든 새로운 경영학(?) 용어로 '사탄의 유혹'이라 부른다. 모든 창업자들이 직면하는 유혹이다.

캐스 R. 선스타인$^{Cass\ R.\ Sunstein}$ 등이 지은 《넛지^{Nudge}》라는 책에 '대개의 경우 기존 일을 끝내는 것보다 새로운 아이디어를 생각하는 것이 더 재미있는 법'이라고 했다. 실제로 많은 창업가들이 자기 사업을 제대로 키워보지도 못한 채 엉뚱한 일들을 벌여 좌초했다. 코스닥 등록 기업들의 몰락 원인 상당수가 '신규 사업'이라는 것을 아는가? 아무리 좋은 아이디어 혹은 좋아 보이는 기회라 하더라도 자신이 꼭 해야 하는 것은 아니다. 핵심 역량에서 벗어날 위험이 있다. 회사를 위해 열심히 일한다고 주장해도 핵심이 아닌 일에 대해 절제가 안 된다면, 회사와 주주를 위해 일하는 것이 아니라 자신의 욕망을 만족시키는 취미생활일 수 있다.

사업을 하면서 '크고', '많고', '멋있고', '유명'한 것들을 만드는 것은 어떤 일에도 일차적 목표가 될 수 없고 되어서도 안 된다. 그럼에도 불구하고 이런 것들을 가져야 할 타당한 이유가 생긴다. 사탄의 유혹이자 속임수다. 목표와 동기에서 이 네 가지를 제외하고 다시 점검하라. 포커스는 어떤 것에 집중하는 것이 아니라, 하지 않을 것을 결정하고 '절제'하는 것이다. 절제의 미덕을 가진 자만이 '사탄의 유혹'을 이긴다.

아메리카 드림에서
깨어나라

아시아 시장도 크다

일주일 해외 관광을 통해서도 많은 것을 배운다. 가이드의 입담, 새로운 풍광과 음식, 다른 문화와 사람들을 통해 배우고 느낀다. 그래서 여행을 통해 사람들은 새로운 에너지와 지식이 충전되는 느낌을 받는다. 여행지 혹은 여행지에서 만난 이성과 쉽게 사랑에 빠지는 이유다. 실리콘밸리에 몇 주 혹은 몇 달 머무르며 느낀 것은 여행 경험 그 이상은 아니다. 관광에서 오는 매력은 강렬하지만 관광하는 것과 그곳에 뿌리를 내리고 사는 것은 전적으로 다르다. 한발 더 나아가 현지에서 현지인과 경쟁하며 현지인으로부터 돈을 버는 사업을 하는 것은 차원이 다른 장벽이 있다.

많은 사람들이 실리콘밸리를 이야기한다. 왜 미국만이 해외 진출의 대상이 되는 걸까? 원정경기의 핸디캡도 있지만 차별을 안고 굳이 오르막길을 가려는 이유가 무엇일까? 물론 실리콘밸리가 스타트업의 요람과 같은 곳이기도 하니 호기심이 들 수는 있다. 여러 경로를 통해 실리콘밸리에서 창업하는 것에 대해 쉽게 한 이야기를 들었기 때문이기도 하리라. 미국에서 살고 있는 사람들이 하는 미국 이야기를 그대로 들으면 안 된다. 미국을 경험한 많은 사람들은 청년 시절에 미국 대학에서 가난한 유학생 시절을 보낸 이들이다. 유학생들이 경험하고 볼 수 있는 미국 사회의 폭이란 매우 좁다. 학교라는 환경은 매우 단일한 환경이면서 외국인을 잘 받아들여주는 문화를 가지고 있다는 점에서 대부분의 미국 유학 출신들이 미국에 대한 인상이 좋고 희망적으로 이야기하는 것은 이해가 된다. 실리콘밸리에는 다수의 한국인 주재원 혹은 미국 대기업에 다니는 교포들이 있다. 미국에 살면서 가장 큰 도전인 신분 문제, 즉 체류 비자를 처리하는 일은 회사가 거의 다 해주는 상황에서의 미국 경험은 매우 제한적이다. 미국에 적은 돈을 들고 관광 비자로 와서 온 가족이 식당을 열거나 세탁소를 개업해서 아침부터 밤늦게까지 고되게 일을 하는 이민자들이 있다. 이들은 복잡한 세무 시스템이나 체류 조건을 연장하기 위한 이민국 서류 처리를 위해 잘하지 못하는 영어로 고군분투하며 어렵게 살아간다. 이들의 현실이 바로 스타트업들이 진짜 미국으로 건너오면 겪게 될 경험이다. 스타트업이 정식 비자를 받아 미국에 진출했다 하더라도, 비자 종류에 따라 사업 외적으로 겪을 고통과 체류 신분 유지를 위해 넘어야 할 것이 첩첩산중이다. 어떻게든 방법은 있겠지 하며 의욕만 넘쳐 미국 갔다가 10년, 20년 오도 가도 못하며 불안 속에 사는 한국인 불법 체류자가 미국에만 24만 명이 넘는다. 이들 모두 아메리칸 드림을 꿈꾸며 미국으로 갔었다는 사실을 기억하라. 자기만은 예외일 거라 생각하지 말고 신중하게 접근하라.

한국말을 모국어로 하는 한국 사람도 어떤 사람의 말은 천박하기 그지없고, 어떤 사람은 짧은 말을 해도 품위와 권위가 느껴진다. 영어를 유창하게 구사하는 미국인들도 마찬가지이다. 미국에서 원어민을 채용해 현지화하겠다는 스타트업들이 과연 이런 영어의 차이를 포함해 현지인들의 능력을 구분할 수 있을까? 2000년 초 벤처 열풍이 불 때도 수많은 벤처들이 실리콘밸리를 동경하며 큰돈을 투자해 미국 진출을 시도했고 성공했다는 사례들을 당시 신문에서는 대서특필했지만 지금까지 실리콘밸리에서 사업을 계속하는 회사는 거의 없다.

  이런 문제점들을 고려할 때, 시장도 크고 문화적 수용성도 높은 아시아 시장이 오히려 미국보다 우선적으로 고려할 중요한 시장일 수 있다. 하지만 어떤 어려움이 있어도 해외 진출은 해야 한다. 1970년대 삼성, LG, 현대 같은 당시의 스타트업들이 해외 수출만이 살길이라며 미국, 유럽과 같은 선진국뿐 아니라 동남아시아, 아프리카, 중동, 동유럽의 오지 구석구석을 방문하며 시장을 개척한 결과 오늘날의 삼성과 LG 그리고 현대 같은 세계적인 기업들이 된 것이다. 지금의 스타트업들도 해외 진출이 비전이라 생각하되 성공 무용담에 취하지 말고 겸손하게 발을 디디며 나아가자.

유효한 학습을
계속해라

지식의 배움과 행동의 배움

한국 인터넷의 대부인 전길남 교수가 한국과학기술원^{KAIST}에 재직했을 당시 여러 번 만날 기회가 있었다. 여러 나라에 살아서 한국말이 조금 어눌했지만 풍부한 지식과 경험에서 나오는 말 속에서 그동안 알지 못했던 이야기와 생각들을 얻을 수 있었다. 전 교수가 들려준 넷스케이프^{Netscape} 창업자인 마크 앤드리슨의 이야기가 떠오른다.

지금의 마크 앤드리슨은 좋은 투자를 많이 이룬 미국 벤처 캐피털 업계의 거물이지만, 당시 그는 20대 후반 청년이었고 넷스케이프를 창업해 전 세계 IT 지도를 바꾸며 마이크로소프트와 경쟁하던 중이었다. 미국 보스톤에 하버드, MIT 등 세계 최고 대학의 컴퓨터 관련 교수들이 '보스톤 컴퓨팅 클럽'이라는 이름으로 모여 정기적으로 세미나를 하는데, 당시에 마크 앤드리슨이 연사로 초청 받아 강의를 했다고 한다. 그리고 세계적인 학자들이 이 젊은 친구에게 앞으로 세계 컴퓨터 분야가 어떻게 바뀔 것 같으냐는 질문을 하고 함께 토론을 했다고 한다. 주고받은 구체적인 이야기가 무엇인지는 알려지지 않았지만 이런 장면은 매우 이례적인 일이 아닐 수 없다.

마크 앤드리슨이 박사 학위 과정조차도 마치지 못했을 나이였다. 당연히 거기 있는 학자들에게는 단지 까마득한 제자였을 것이기 때문에 감히 이런 토론의 장에 낄 수조차 없었을 것이다. 그가 창업을 하고 컴퓨터 분야에 미치는 영향력이 커지자 그의 지식보다는 그의 비전과 의지 그리고 만들어낸 결과물이 중요하고 이것이 세계적인 컴퓨터 분야의 석학들의 주요 관심사가 되었다는 이야기를 하셨다. 당시 30대였던 나는 직장 생활 이후의 진로에 대해 고민하며 대학원에 진학해서 공부를 더 할까 고민하고 있었는데 창업도 선택 가능한 하나의 옵션으로 생각하게 된 계기가 됐다.

배움에는 두 가지 길이 있다. 물론 이 두 길은 결국 한곳에서 만나지만 과정은 다르다.

첫 번째 배움은 '지식의 배움'이다. 학교에서 배우는 것들이다. 매우 중요하다. 덧셈 뺄셈을 잘하지 못하면 사회생활에 큰 어려움을 겪는다. 미적분을 잘하거나 빅데이터를 분석할 좋은 알고리즘을 잘 설계할 수 있는 수학적 지식을 가지고 있다는 것은 참 요긴하고 경쟁력이 있는 일이다. 5년 사이에 회사를 만들어 구글에 두 번이나 매각한 스탠포드 대학 컴퓨터공학과 요아브 쇼함Yoav SHoham이라는 교수가 있다. 그가 2015년에 매각한 두 번째 회사는 타임풀Timeful인데, 사용자의 스케줄링 행태를 분석해서 시간 관리를 잘 할 수 있도록 하는 기술을 가지고 있었다. 설립 1년도 안 되어서 구글에서 매입할 만큼 매력적이었다. 지식은 지식 자체의 발전, 즉 학문 분야에서도 요긴하지만 산업, 사회 발전에도 매우 중요한 자산이다. 남들이 도달하지 못한 깊은 분야에까지 도달하는 탁월한 전문적인 지식을 가진 사람은 학문 분야에서나 창업 분야 모두에서 큰 기여를 할 수 있다. 그래서 대학 연구실에서 교수들과 대학원생들이 밤낮을 가리지 않고 깊고 탁월한 지식을 얻기 위해 노력하는 것이 국가의 미래를 위해 꼭 필요하다.

두 번째 배움은 '행동의 배움'이다. 이 세상은 기계나 컴퓨터로만 구성된 곳이 아니라 사람들이 어울려서 함께 무언가를 만드는 곳이다. 사람들이 함께 일해야 하는 곳이다. 무수한 의사 결정을 하면서 일을 진행해야 한다. 학교에서 배우는 지식, 즉 미적분을 잘하는 지식은 미분과 적분적 수학으로 풀어야 하는 매우 협소한 영역의 문제는 해결할 수 있지만 그보다 더 넓은 인간관계와 사회적 문제를 해결하는 의사 결정에 도움이 되지는 않는다. 사람들의 행동을 결정하는 것은 수학이나 기계적 결정이라기보다 인문학적 가치에 의거한 가치관의 결정이다. 공부를 잘해서 좋은 대학에 입학해 세계적인 수준의 학문을 공부한 사람이라 하더라도 행동의 배움, 즉 가치의 배움이 부족해 비윤리적인 행동을 하거나 심지어 법을 어기는 경우를 보게 된다. 행동의 배움이 없었기 때문이다. 수영 이론을 독파했다고 물에 뛰어들어가 바로 수영을 할 수 없는 것과 같다.

창업의 과정은 일종의 행동을 배우는 과정이다. 고객과 제품에 대한 쉽고 간단한 문제를 풀면 일차적인 보상을 받고 다음 단계에서 사용할 수 있는 무기, 즉 팀과 자본을 얻는다. 다음 단계의 도전과 문제를 풀어내면 더 큰 보상과 더 좋은 무기를 얻는다. 창업자는 각각의 단계마다 새로운 행동의 배움을 경험하며 성장한다. 《린 스타트업》의 저자 에릭 리스는 이렇게 말한다.

"학습은 스타트업 발전에 필수 불가결한 부분이다. 고객이 무엇을 원하는지 알아내는 활동이 아니라면 하지 않는 것이 좋다. 나는 이것을 '유효한 학습'이라고 부른다. 스타트업 핵심 측정 지표에서 항상 성과로 거증擧證되기 때문이다. 고객이 무엇을 원하는지 우리가 마음대로 상상하는 것은 아주 쉬운 일이다. 그리고 아무 관련이 없는 것들을 학습하는 것도 아주 쉬운 일이다. 따라서 유효한 학습은 진짜 고객으로부터 나오는 실제 데이터로 증명되어야 한다."

　내가 어느 단계에 있는지는 오로지 창업자 자신만이 알 수 있다. 빨리 배우는 창업자들이 회사를 빠르게 성장시키고 큰돈을 투자받으면서 언론의 주목을 받고 승승장구하는 것처럼 보인다. 그러나 느리게 배우는 창업자들도 많다. 이들은 진득하고 뚝심을 가지고 있는 경우가 많다. 어느 경우이든 배움은 멈출 수 없고 멈춰지지 않는다.

11강

비전보다 생존이 우선이다

HOW TO START A STARTUP

스타트업 위기관리

돈의 힘으로
일하려 하지 마라

리스크를 줄이고 관리하라

 벤처 열풍이 불던 1990년대 말 채용 면접 중에 있었던 일이다. 20대 후반의 면접자 이력서에 자신이 주도해서 수십억 원의 예산으로 1년 반 동안 큰 성과를 냈다고 기록되어 있었다. 당시 우리 회사가 가진 돈 전부보다 큰 금액이었다. 그런데 왜 이직을 하려는지 묻자, '회사가 망했다'고 대답했다. 그 회사는 외부 기관으로부터 500억 원의 자금을 투자 받았다고 한다. '묻지마' 투자가 열풍이었던 당시에도 그 정도의 투자금은 엄청난 금액인데 회사는 2년 반 만에 문을 닫았다. 500억 원을 어떻게 그 짧은 시간에 다 쓸 수 있는지 물었더니 그의 답이 가관이었다.
 "돈 쓰는 것은 쉬워요. 돈이 금방 없어지던데요."
 돈이 많아지면 잘나가던 벤처들도 방향을 잃기 쉽다. 사업이 잘 안 되는 이유가 각종 기능이 부족해서라고 믿는 CEO는 돈이 생기면 직원을 뽑고 기능 확장에 집중한다. 기능이 많다고 잘되는 것이 아니라 핵심에서 강해져야 하는데 다른 것에 눈을 돌리는 것이다. 제품-시장 궁합product-market fit 공식을 알기 전에 기능을 확장하면 고객의 행동을 측정하고 이해하는 데 제곱으로 어려워진다. 더 큰 문제는 고객을 혼란스럽게 만든다는 데 있다. 기능이 많아진 제품을 접한 고객은 '이 제품이 제공하고자 하는 것이 많은데, 내가 원하는 것을 제공하는 서비스가 맞을까?'라는 의문을 가지고, 자신이 원했던 것 외에 더해진 많은 기능 때문에 불편을 느끼며 제품을 떠난다.

경력 직원을 채용하면 창업자는 소위 '시스템으로 일한다'는 사치와 게으름에 빠지고 대외 활동이 더 중요하다고 말하며 밖으로 다니는 것을 즐기게 된다. 대외 활동 중에도 고객을 만나는 일은 영업 직원이나 콜 센타에 맡겨버리고 자신은 고객과 상관없는 사람들을 만나는 데 시간을 소비한다. 고객을 만나는 일이 모든 회사의 가장 중요한 업무라는 점을 잊지 말자. 중간 관리자가 많아지면 회사가 추진하는 일도 암묵적으로 서로 미루면서 믿고 관망하는 사각지대가 늘어나고 실행이 느려진다.

CEO들은 스스로 아이디어가 많다고 자주 자랑하는데, 그 말은 돈만 많으면 하고 싶은 '취미 활동'이 많다는 말이다. CTO 역시 누리고 싶은 기술적 유희는 끝이 없다. 모두 '비전'이라는 탈을 쓰고 본업의 발목을 잡으며 돈과 시간을 낭비하게 만든다. 그동안 돈이 부족했던 행운(?) 때문에 어쩔 수 없이 핵심에만 집중하고 있었을 뿐, 돈이 많아지자 이제 그 행운은 종말을 고한다. 대기업이 돈으로 시장을 왜곡한다고 비판하면서, 정작 스타트업들도 돈만 많으면 공격적으로 마케팅하고 공격적인 경영을 해서 성공할 수 있다고 말한다. 둘 다 똑같은 약탈자본주의의 신념이다. 불완전한 비즈니스 모델이 돈 몇 억 원 더 있다고 성공하지 않는다.

작은 개미는 10층 빌딩에서 떨어져도 다치지 않는다. 그러나 코끼리는 3층 빌딩에서 떨어져도 중상을 입거나 죽는다. 돈이 많은 회사가 리스크를 관리하지 않은 채 실패하면 수십억 원 정도의 부채는 쉽게 생긴다. 상실감 때문에 우물쭈물하던 창업자의 때늦은 결단과 회사의 관성 때문에 빠른 속도로 부채가 늘어나고 창업자가 회복하기 어려운 상황에 빠진다. 돈이 많았던 것이 재앙이 되는 과정이다. 배경과 경력이 화려한 창업자들일수록 초기 투자로 많은 돈을 받게 되지만 이것이 수렁에 빠지는 관문이 되기도 한다. 사업은 금방 성장할 것 같지만 생각보다 느리게 성장하고 오래 걸린다. 절대적인 시간이 필요하다. 좋은 배경 덕분에 설립 초기에 벤처 투자사로부터 수십억 원의 자금을 일시에 투자 받았다가 사업의 속도가 생각보다 느려서 자금이 거의 소진되었는데도 성과가 만족스럽지 않아 추가 투자 유치에 어려움을 겪던 창업자들이 뿔뿔이 흩어졌다. 이런 경우가 주변에 의외로 참 많다.

예를 들면 30억 원의 투자를 받았다면 회사 가치는 100~150억 원의 가치를 인정받았을 것이다. 사실 100억 원의 기업 가치를 인정 받으려면 여러 기준이 있어 다르지만 개략적으로 연간 이익이 15~20억 원 정도는 된다고 가정해보자. 스타트업이 이 정도의 이익을 내는 회사로 성장하려면 상당한 시간이 걸린다. 짧게는 5년, 길게는 10년이 걸리기도 한다. 그런데 30억 원이라는 돈은 큰돈 같지만 막상 회사를 운영하면서 써보면 아주 작은 돈이라는 것을 알게 된다.

앞에서 면접을 본 직원이 한 말처럼 돈 쓰는 것은 쉽고 돈은 금방 없어진다. 나는 돈을 휘발성 물질이라 부른다. 사업이 빨리 일어날 것으로 생각해 적극적으로 직원을 채용하고 마케팅을 하면 2~3년 내에 20억 원이 소진된다. 자, 이렇게 2~3년이 지났다고 치자. 이제 회사는 다시 자본 투자 유치를 해야 한다. 이때 회사는 이전에 투자 받았던 가치보다 낮은 가치로 투자 받을 수는 없다. 기존 투자자, 즉 기존 주주에게 손실을 입히는 일이 되기 때문이다. 만일 2~3년이 지나서 회사가 돈을 벌지 못하거나 기업 가치에 걸맞는 성과를 내지 못하면 어떤가? 매우 곤란한 상황이 된다. 후속 투자를 받지 못할 가능성이 높아진다. 사업 모델도 좋고 고객 반응이 있더라도 후속 투자를 받을 수 없는 수렁과 같은 상황에 빠진다. 정작 요긴할 때 필요한 돈을 수혈 받지 못하는 경우다. 앞서서 너무 높은 기업 가치로 너무 많은 돈을 투자 받았기 때문이다. 그래서 스타트업의 창업 초기에는 높은 기업 가치를 인정 받고 많은 돈을 투자받는 것이 무조건 좋은 것은 아니다.

스타트업에게는 단계별로 걸맞는 돈의 규모라는 것이 있다. 투자 역시 단계를 밟아가면서 엑셀러레이팅^{Accelerator} 투자, 시리즈 A 투자, 시리즈 B 투자 등의 과정과, 거기에 따른 기업 가치에 맞게 투자를 받는 것이 정상적인 과정이다. 물론 예외는 있다. 그런데 내가 여기서 말하고 싶은 예외는 단계에 걸맞지 않는 큰돈을 받는 예외가 아니라 투자를 받지 않는 예외가 성공에 더 가까이 가게 만드는 경우가 많다는 것이다. 돈이 힘이 된다고 생각하는가? 돈이 스타트업에게는 재앙이 되기도 한다.

대기업에
기대지 마라

스타트업이 대기업을 이길 수 있는 이유

영화 〈후크Hook〉(1991)에서 로빈 윌리엄스는 40대 나이 든 피터팬으로 열연했다. 후크 선장은 피터팬의 자녀 잭과 매기를 납치한다. 매기는 후크의 교묘한 논리와 유혹에 속아 피터팬을 떠나 후크에게 자발적으로 인질이 된다. 욕심과 자만 그리고 오해로 인한 증오심으로 부모를 떠나 스스로 자신을 위험 속에 던진다. 영화에 몰입한 관객들은 후크의 속셈에 속는 매기의 행동에 가슴 졸이며 안타까워한다. 성공적인 영화에는 이런 긴장이 필요하겠지만 실세계에서는 맞닥뜨리지 말아야 할 위험한 상황이다.

스타트업계에도 이와 비슷한 일들이 반복된다. 대기업이 다 그런 것은 아니지만 후크가 어린아이를 홀리듯이 경험 없고 순진한 스타트업들을 홀려 자신의 이익에 이용하려는 장면을 자주 본다. 영화를 보는 관객처럼 이런 장면을 볼 때마다 안타까워 가슴 졸이게 된다. 나도 사업 초기에 같은 경우를 여러 번 당했고, 똑같은 과정과 시나리오가 데자뷰처럼 지금까지도 반복되고 있다.

사기 범죄는 대체로 사기를 당하는 사람이 쉽게 돈을 벌고 싶은 욕심으로 사기꾼의 술수에 스스로를 빠뜨리면서 발생한다. 스타트업에게도 같은 원리가 적용된다. 대기업으로부터 무슨 큰 비즈니스 기회를 쉽게 얻고자 하는 기대감을 가지면 그때부터 위험한 상황에 빠진다. 지금은 나도 이렇게 냉정하게 이야기할 수 있지만, 창업 초기에는 대기업과 같이 일하면 뭔가 쉽게 비즈니스를 할 수 있을 것이라는 기대를 가지며 시행착오를 겪었다.

대기업 담당자가 투자, 제휴, 공동 사업, 전략적 관계, 그룹 전체 구매 같은 용어를 쓰면서 이야기를 하면 '나쁜 냄새가 나는데?'라고 먼저 생각하라. 그의 말을 대기업 '회장'의 약속처럼 듣고 김칫국을 마시지 마라. 위임 전결 권한으로 혼자 결정할 수 있다는 말이나 이번에는 싸게 일하고 다음번에 더 큰 비즈니스를 약속한다는 말에 속지 마라. 그가 속한 조직이 사회 공헌 조직이 아닌 한 자기 회사가 손해를 보면서 비즈니스 관계에서 스타트업을 도와주거나 이익을 줄 권한을 가진 대기업 담당자는 우리나라뿐 아니라 세계 어느 나라에도 없다. 스타트업 기술과 인력을 공짜로 혹은 싸게 이용하기 위한 교묘한 말일 뿐이다.

내가 투자한 스타트업이 사업을 시작한 지 불과 6개월도 되지 않은 시점에 국내 모 대기업 담당자가 연락을 해와서 만났다. 미팅 후에 창업 팀원들은 매우 고무되어 멘토링을 받으러 왔다. 대기업에서 관심을 가지고 협력하거나 투자에 관심을 가진다고 했다. 신중하게 접근하라고 수차례 조언해주었지만, 2~3개월간 그 대기업 담당자와 여러 번 만나면서 많은 시간을 들여 내부 자료와 전략을 노출시키는 것을 막을 수 없었다. 그 회사의 담당 임원이 직접 나와서 밥도 사고 술도 샀다고 했다. 결국 인수 합병을 하는 것으로 방향은 잡혔다. 나는 창업 팀에게 진짜 인수 합병을 하기를 원한다면 창업 팀이 기대하는 최소한의 가격을 결정해놓으라고 조언해주었다. 딜 브레이크 조건을 분명히 해놓는 것이 필요했기 때문이었다. 그러나 결론적으로 그 대기업과의 마지막 대화에서 확인한 대기업이 제시한 가격은 딜 브레이크 조건과는 턱도 없는 수준이었다. 인수 합병이 아니라 사실상 보너스 조금 받고 그 대기업으로 합류하라는 요청이었다. 스타트업 창업 팀들은 놀라고 실망하면서 돌아섰다. 그리고 불과 한 달도 채 되지 않아서 그 대기업에서 해당 스타트업과 똑같은 앱과 서비스를 출시했다. 디자인이나 앱의 기능과 메뉴도 똑같았다. 게다가 하루에 100만 원이 넘는 경품을 걸면서 장기간 공격적으로 마케팅을 지속해 스타트업을 고통스럽게 했다. 항상 들어왔고, 또 항상 있고, 지금도 계속 일어나는 일이다..

아쉬운 점은 많은 스타트업 창업 팀들은 지름길로 가면서 사업을 쉽게 하려는 생각 때문에 비슷한 함정에 반복해서 빠진다는 사실이다. 다른 한편에서는 대기업 담당자들은 적절한 금액을 스타트업 인수합병에 지불하기만 해도 그 건이 성사될 수 있을 텐데, 정작 그 돈은 너무 아까워하며 더 큰돈을 실패할 확률이 높은 독자적인 제품 개발과 마케팅에 버린다는 것이다. 그렇게 돈을 쓰고도 결국 그 대기업의 신규 사업은 문을 닫고 말았다.

대기업과 경쟁 때문에 어려워졌다는 이야기보다 대기업과 협력하다가 어려워졌다는 이야기가 훨씬 많다. 별들의 제휴를 많이 본 탓에 스타트업들도 제휴를 너무 쉽게 생각하고 환상에 빠져 구멍이 뻥뻥 뚫린 너덜거리는 계약을 대기업과 맺고, 다 털리고 나서야 분노에 사로잡힌다. 항상 반복된다. 대기업 담당자가 표준 계약서라고 말해도 고치지 못하는 표준 계약서란 이 세상에 없다고 앞에서 이야기했다.

스타트업은 경쟁을 두려워하거나 피하려고 해서는 안 된다. 어차피 조금만 성장해도 경쟁이라는 관문이 반드시 등장하고, 그 경쟁의 관문을 통과해야 성공의 문이 나오기 때문에 당연히 거쳐야 하는 문으로 생각해야 한다. 대기업과의 경쟁도 그렇게 두려워하며 피하려고 할 것은 아니다. 우리는 대기업을 너무 신격화하는 경향이 있다. 대기업이기 때문에 잘될 이유가 열 가지가 있다면, 대기업이기 때문에 잘 안될 이유도 스무 가지가 있다는 것을 알아야 한다.

대기업의 사업 역시 직장인들이 하는 것이다. 첩첩산중 옥상옥이 있는 조직의 구성원들이 하는 것과 직접 결정을 내릴 수 있는 창업가가 하는 것은 차이가 있다. 고객을 만족시키는 일이나 의사 결정을 하는 것 등 모든 면에서 스타트업이 빠르고 직접적인 효과를 내는 일을 할 수 있다. 전체 직원이 너댓 명인 쇼핑몰에서 전자 지불 서비스를 받기 위해 삼성그룹 계열의 전자 지불 회사에 전화해서 '이거 해달라, 저것은 안 되느냐? 내일 당장 우리 회사 와서 회의하자'를 요구하면 대기업에서는 대응이 잘되지 않는다. 하지만 내가 이니시스를 운영할 때 우리는 대학생 2명이 하는 쇼핑몰에게도 CEO인 내가 직접 달려가서 원하는 것은 뭐든지 다 서비스를 제공했다.

대기업에게 기대서 얻고자 하는 기대를 갖거나 내 노력을 넘어 대기업 득을 보려고 하지 않는다면 대기업이라는 호랑이는 단지 종이 위에 그려진 것에 불과하다. 몸집이 크다고 너무 두려워하지 마라. 크다고 이기는 것이 아니라 고객을 만족시키는 자가 이긴다.

돈을 버는 것에서
출발하라

용역의 일타삼피 효과

IT 분야 스타트업들은 '용역을 해야 하느냐, 하지 말아야 하느냐' 의견이 분분하다. 용역 때문에 본래 하려던 일을 하지 못해 회사가 실패했다면서 용역은 절대로 하면 안 된다고 한다. 용역에 한번 발을 들이면 계속 끌려들어가 벗어날 수 없는 개미지옥이라고도 한다. 일리가 있는 말들이다.

하지만 나는 조금 다르게 생각한다. 회사를 유지하기 위해 용역을 해야 하는가의 질문은 마치 '가장이 가족의 생계를 위해 직장에 나가야 하는가?'라는 질문과 같다. 회사가 직접 만든 제품이나 서비스로 매출을 내지 못한다면, 용역이라는 상품을 통해서라도 돈을 벌어야 한다. 내가 창업했던 회사들도 초기 2~3년간은 용역으로 유지했다. 심지어 다음커뮤니케이션의 창업자들도 외부 강의를 하고 받은 강사료를 보태 직원 급여를 지급하거나 홈페이지·인트라넷 개발 용역을 했다.

하지만 여러 대기업들을 통해 계속해서 용역 매출을 일으켰지만 용역 자체를 비전으로 삼지 않았고 별도로 온라인 서비스 개발·운영을 병행했다. 다음커뮤니케이션 창업자들은 용역 개발이 결코 장기적인 비전이 될 수 없다고 생각했다고 한다. 내가 창업한 회사의 초창기 직원들 역시 낮 시간에는 용역 회사에 출근해 용역 업무를 하고 밤에는 우리 회사에 출근해 우리 회사의 제품을 함께 고민하고 개발했다. 초창기 직원들이 그렇게 할 수 있었던 힘은 바로 용역보다 우리 회사의 제품이 우리의 비전이라는 것에 동의했고, 우리 제품이 있어야만 용역의 사슬을 끊을 수 있다는 것을 알았기 때문이다. 결과적으로 우리 제품을 완성해 판매할 수 있어서 용역을 중단할 수 있었다.

용역을 하되 의미를 잘 알고 하자. 용역의 첫째 목표는 '돈'이다. 용역 발주 회사와 좋은 관계를 맺어두면 나중에 추가적인 용역을 수주할 수 있을 것이라는 기대나, 이번에는 싸게 하고 다음 용역에서 보상한다는 말, 향후에 그룹 전체에 확산한다는 말, 장기적인 계약 같은 이야기에 속아서 이번 프로젝트 단가를 그런 기대감과 맞바꾸지 마라. 즉 이번 프로젝트 단가를 양보하지 말라는 이야기다. 스타트업의 비전이 다음번에 더 높은 가격의 용역을 다시 '수주'하는 것인가? 아니면 다음번에 더 높은 가격의 용역을 '거절'하는 것인가? 용역은 '단기적인 현금 확보'를 위한 것이어야 한다. 6개월 열심히 용역으로 돈을 벌어, 1년 동안 회사의 제품·서비스 개발과 마케팅에 집중하는 것이 목표다. 그리고 이번 용역이 마지막일 것이라고 생각하고 단가를 양보하지 말아야 한다.

둘째 목표는 '경험과 전문성'이다. 가능하면 회사의 제품과 서비스와 연관된 분야의 용역을 하라. 관련된 분야의 용역을 하면 기술 유출을 걱정한다. 용역 후 소스 코드를 다 줘도 괜찮다. 대기업이 그것 가지고 경쟁자가 될 수 있으면 용역을 맡기지도 않았을 것이다. 스타트업은 핵심 기술, 아이디어는 있어도 오히려 시장 경험이 부족하다. 용역 발주처의 깐깐한 요구 사항을 분석하는 과정과 프로그램 개발 과정과 유지 보수 과정을 통해 생각지 못했던 기능과 성능의 향상을 경험할 수 있다. 스타트업 직원들에게도 용역을 통해 남의 돈으로 훈련할 수 있는 좋은 기회가 될 수 있다. 대기업 담당자들과 회의하고 대화하고 같이 일하면서 스타트업에서는 경험할 수 없는 체계화된 조직 경험도 하고 눈도 넓어진다. 중요한 시장의 필요를 발견하기도 한다.

마지막으로 용역도 '기업 간 거래(B2B)' 비즈니스의 한 분야다. 전문성을 가진다면 이 분야의 사업도 대박은 아니지만 지속 가능한 좋은 사업 분야 가운데 하나다.

용역의 기회를 십분 활용하라. 돈도 벌고, 직원 교육도 시키고, 제품도 개발하고 '일타삼피'의 기회가 아닌가?

초심을
잃어버리지 마라

용역의 악순환

앞서 용역의 긍정적인 면을 이야기하고 적극적으로 권했지만 용역의 끝이 좋지 않은 회사들이 참 많다. 용역의 늪, 개미지옥에 빠졌기 때문이다. 용역의 과정을 통해 회사의 목적과 체질이 변질된 결과다.

용역은 더 큰 용역의 유혹을 부르는데 그 유혹을 이기지 못하면 회사 체질이 용역에 최적화되도록 변한다. 직원의 숫자가 적으면 단독 수주를 하지 못하거나 계약에서 을의 위치에서 밀려 병·정과 같은 약자의 위치로 밀리기도 한다. 재하청을 받으면 받는 돈은 적고 권한도 적어지지만 해야 할 일은 많아진다. 기를 쓰고 인원을 늘리려고 용역의 세계에서 갑의 자리에 올라서야 한다는 잘못된 목표가 생긴다.

그 세계에서는 상대적으로 잘하는 회사의 경우 일감이 점점 많아지고 높은 단가를 받아 쉽게 큰돈을 벌게 되면서 안주하려는 유혹도 받는다. 여기가 갈림길이다. 더 큰 용역을 수주하거나 매출을 늘리기 위해 직원을 추가로 채용하고, 또 이미 늘어나 있는 직원을 먹여 살리기 위해 다시 더 큰 용역을 찾아 다닐 수밖에 없는 악순환의 고리에 들어간다.

사업을 시작할 때 본래의 목적은 잊어버리고, 조직을 유지하고 먹고 사는 일이 목적이 된다. 미야자키 하야오みやざきはやお의 애니메이션 〈센과 치히로의 행방불명The Spiriting Away Of Sen And Chihiro〉(2001)에서 수상한 터널을 통과해 인간에게 금지된 신들의 세계에 들어선 치히로의 부모들이 산해진미에 현혹돼 음식을 먹다가 중단하지 못하고 돼지로 변하는 장면과 흡사하다. 정작 본인들은 돼지로 변한 줄 모른다.

조직과 일의 목적이 이웃이나 고객에게 가치 있는 것을 만들어 제공하는 데 있지 않고, 자신 혹은 조직 자체의 존립으로 전환된 조직의 뼈대는 녹이 슬기 시작한다. 능력 있는 직원들은 본래의 취지에서 벗어나 용역업체로 전락한 회사를 제일 먼저 떠난다. 그렇게 되면 좋은 조건의 용역을 얻을 기회도 줄어들고 값싼 용역을 통해 회사를 유지해야 하는 상황으로 빠진다. 이런 회사는 더 이상 스타트업이 아니다. 이런 수렁에 빠져 허덕이는 회사가 의외로 많다. 그런 상태로 몇 년만 지나면 급여를 지급하기도 어려워 수억 원의 부채까지 안고 고통 받는 안타까운 상태가 된다.

그렇다면 거듭되는 용역의 기회를 그냥 거절하고 버려야 하나? 아니다. 직원을 늘리지 않는 범위에서 말도 안 되는 높은 단가를 불러라. 혹시 말도 안 되는 높은 단가로도 용역 수주가 된다면 본업을 잠시 중단하고 외도해 총알을 든든히 채우고 돌아오는 것도 나쁘지 않다. 그러나 돈맛에 취해 탈영하지 말고 반드시 원대 복귀하라.

투자는
빚이다

스타트업에게 투자란?

제품 개발에만 매진하며 전력을 다하는 창업 팀들을 자주 본다. 완성도가 높은 제품으로 사업을 시작하면 좋긴 하지만 모든 자금을 다 소진하면서 완성도 있는 첫 번째 제품만 개발하려고 드는 것을 보면 의문이 든다. 제품이 완성되는 날을 독립기념일처럼 생각하는가? 그 즉시 매출이 일어나거나, 투자를 받을 수 있을 거라는 기대를 하는 것 같다. 그러나 제품 개발만 완성하고 회사 문을 닫아야 할지도 모른다는 생각은 꿈에도 하지 않는 것 같다. 모든 사업의 초점을 제품 개발을 완료하고 즉시 투자를 받는 것에 맞춘 위험한 도박을 하는 스타트업이 의외로 많다. 스타트업에게 투자란 무엇이고, 무엇이어야 하는가?

첫째, 투자는 구걸이 아니다. 투자를 요청하면서 '도와달라, 믿어달라'는 이야기를 자주 듣는다. 그 순간 사업과 기술에 좋은 인상을 가졌다가도 투자하고 싶은 생각이 싹 사라진다. 남의 도움이 없으면 스스로의 힘으로는 회사를 운영할 의지나 자신감도 없는 것처럼 보인다. 투자는 나의 취미 활동에 남의 돈을 기부 받거나 나의 어려움을 남의 돈으로 극복하는 용도로 있는 것이 아니다. 투자 요청은 투자자들의 자본을 다른 데서 운영하는 것(예를 들면 은행 예금)보다 더 높은 복리 수익으로 돌려받을 기회를 제공하는 일이다. 투자를 통해 도움을 받겠다는 생각은 버려라. 투자자들 앞에서 구걸의 태도를 가지지 마라.

둘째, 투자는 권리도 아니다. 투자와 관련해 다른 극단적 태도도 있다. '이렇게 좋은 제품과 서비스에 투자하지 않다니! 착하고 좋은 일을 하는 데 돕지 않다니! 대한민국 미래의 희망인 청년들을 위해 당연히 투자해야 하는데 하지 않다니!' 등등의 태도이다. 표현이 다소 과장된 측면이 있지만, 사업계획서의 내용이나 혹은 창업자의 입을 통해 종종 듣게 되는 이야기다. 사업에 너무 몰입한 나머지 이 사업으로 '세계의 평화'가 오는 것으로, 이 사업을 성사시키지 못하면 '지구의 종말'이 오는 것으로 과도하게 의미를 부여하고 그 속에 빠진 결과다. 사회적 가치를 주로 추구하는 창업가는 이 일이 단지 '좋은 일'이기 때문에 다른 사람이 돈을 내서 당연히 도와야만 한다는 생각의 함정에 빠진 경우도 많다. 돈이 있는데 돈을 내지 않는 사람은 좋은 일을 반대하는 나쁜 사람이라는 이야기도 한다. 내가 아무리 좋은 서비스와 좋은 세상을 만드는 일에 투신하더라도 다른 사람으로부터 받는 투자는 나의 권리가 아니다. 투자자의 권리다.

셋째, 투자는 필수가 아니라 옵션이다. 제품만 완성해 보여주면 투자를 받아, 그 돈으로 다음 단계로 진입할 것으로 기대한다. 돈이 고갈될 때쯤 되면 투자를 통해 회사를 유지하려고 노력한다. 사업의 기본은 '제품을 판매해 얻는 돈으로 회사를 운영하는 것'이다. 투자금으로 급여를 주거나, 제품을 개발하고, 마케팅을 하는 것은 덤이다. 실리콘밸리에서도 예외적일 만큼 탁월한 창업자가 이익도 나지 않는 사업에 거듭해서 거액의 투자를 받으며 사업을 키워가는 사례를 일반화해 자신에게 적용하지 말기 바란다. 영업과 마케팅으로 제품을 팔아 돈을 벌고, 조직을 가볍게 해 비용을 줄이는 일을 우선적으로 하지 않으면서, 투자 자금으로 문제를 해결하려고 하거나, 투자 받을 때까지 부채로 버티려고 하는 것은 위험한 도박이다. 투자 제안서를 보내고 미팅하고 투자자들의 질문과 자료 요청에 성실하게 응대해야 하겠지만 그것은 본업이 아니다. 투자는 없어도 괜찮고(사실은 괜찮지는 않고 힘들고 어렵지만) 있으면 속도가 더 빨라지는 자동차의 연료 첨가제라고 생각하라. 연료 첨가제만 계속 넣어서 달리는 자동차는 없다.

넷째, 투자는 빚이다. 투자 역시 이자를 붙여서 갚아야 하는 의무가 있는 돈이다. 이론적으로는 자본 투자는 부채가 아니다. 갚을 법적인 의무는 없다.[33] 그러나 투자자들을 다른 채권자들보다 더 소중하게 생각하고 우선적으로 반드시 갚아야 하는 빚으로 여겨야 한다. 투자자는 채권자보다 창업자를 더 믿어주면서 부채 상환권이라는 안전장치를 포기하고 돈을 제공해주었기 때문이다.

투자자의 입장에서 보면 투자하고 싶은 회사는 돈이 필요 없다고 하고, 돈이 필요하다고 투자를 요청하는 많은 경우는 투자하기 겁이 나는 아이러니한 속성을 가진다. '죽고자 하면 살고 살고자 하면 죽는다'는 명제가 사업의 여러 분야에도 적용된다. 투자도 마찬가지다. 반드시 투자를 받으려고 투자 유치에만 목을 걸고 몸부림치면 투자 성사가 더 어렵다. 투자에 초점을 맞춘 스타트업은 고객에게 가치 있는 제품·서비스를 제공하는 사업이 아니라, 남들에게 보여주거나 투자회사의 심사역의 기대와 질문에 맞추는 사업을 했다는 것을 나중에 깨닫고 후회한다.

돈이 있으면 뭐든 가능할 것 같은가? 신기루다. 돈이 아니라 고객이 있으면 뭐든 가능하다. 돈도 따라온다.

부채도
빚이다

스타트업에게 부채란?

갓 사업자 등록을 하고 아직 제품도 없는 스타트업에게 보증서를 발급받아 돈을 쓰라고 권유하는 정부 기관이 있다. 청년 창업을 권유하는 것을 위험한 일이라고 사람들이 이야기한다. 사업이 잘되지 않았을 때 과도한 빚으로 인해 신용 불량자가 되는 것을 위험하다고 한다. 사실 청년 창업은 큰 위험이 없다. 청년 창업가들은 하고 싶어도 과도한 빚을 얻을 수 없는 위치의 사람들이다. 금융권에서 청년 창업가들에게 과도하게 돈을 빌려주지 않는다. 기껏해야 신용카드로 돈을 빌리는 수준인데 취업해 1~2년이면 충분히 갚을 수 있는 규모다. 창업을 해서 신용 불량자가 되고 싶어도 될 수가 없도록 되어 있다.

하지만 우리나라 청년 창업가들을 가장 큰 위험에 빠트리는 것은 그들에게 과도하게 빚을 권하는 일부 정부 기관들일 것이다. 순기능이 있기도 하지만, 아마도 보증 건수나 실적으로 평가를 받아 실적을 채워야 해서 그러는지 모르겠다. 사회 경험도 없는 청년들을 빚이라는 절벽 끝으로 끌고가는 위험한 일을 정부 기관들이 하고 있다. 초기 창업가들에게 보증을 받으면 벤처기업 인증을 받을 수 있어 세금 감면을 받는다는 말로 설득한다. 매출도 없고 이익도 없는데 무슨 감면 받을 세금이 있나?

마이너스 통장만 만들고 돈은 쓰지 않으면 된다고 유혹하기도 한다. 마이너스 통장이 있으면 그 돈을 안 쓰고 못 배기는 것이 사업하는 사람들의 속성이라는 것을 잘 알면서도 그런 말을 하는가? 빚을 권하면서 '기술과 신용을 기반으로 하는 대출'이라는 멋진 말로 포장하지만, 결국은 '신용 불량을 걸고 한 빚'이 많다. 진짜 신용을 믿고 진짜 기술성을 평가할 자신이 있으면 '연대보증이나 신용 불량'을 걸지 말고 대출해줘야 한다. 그러면 나도 기술과 신용을 기반으로 한 대출을 창업가들에게 적극적으로 권할 것이다. 개인 부채는 평생을 따라다니고, 심지어 사망해도 자녀들에게 전가된다.

나는 스타트업 창업가들을 만나면 반드시 부채 여부를 묻는다. 내가 운영하는 프라이머에서도 인큐베이팅을 신청할 때에 반드시 회사 및 개인 부채 규모를 확인한다. 프라이머의 투자 계약서는 매우 간단하지만 반드시 부채 규모를 계약서에 명시하도록 한다. 다수의 창업가들이 성급하게 과도한 빚을 내서 다 써버렸는데 매출은 없어 빚을 갚을 길이 막막해지자 투자자의 돈으로 해결하려는 것을 여러 번 경험했기 때문에 넣은 장치다. 창업가의 빚만을 갚아주기 위해 투자를 하는 투자자는 없다. 혹시 회사나 개인의 빚이 있는데도 없는 것처럼 속여서 투자를 받고 그 돈으로 빚을 갚는 데 쓴다면 신용 불량보다 더 무서운 벌을 받을 수도 있는 큰 범죄가 될 위험이 있다는 것도 알아야 한다.

자신의 사업 계획이 너무나 확신되는가? 주변에서 좋다고 칭찬하는가? 시장조사에서 잠재 고객들이 제품을 꼭 사겠다고 응답했는가? 제품만 만들어 판매하기 시작하면 성공하고 큰돈을 벌 것 같은가? 그러나 그런 생각만 믿고 빚이라는 늪으로 풍덩 뛰어들지 마라. 본업에서 지속적인 매출이 없는 스타트업에게 부채는 잠깐 달콤한 독배다. 자금이 부족해 돈을 빌리게 되면 본업에만 집중하지 못하고, 하고 싶지 않은 일을 해야 할 수도 있다. 자기 자금이 있어야 '사업의 자유'를 보장받을 수 있다.

    기업의 부채를 무조건 반대하는 것은 아니다. 지속적인 매출이 있고 이익이 나는 회사가 생산을 늘리기 위해 얻거나, 현금 흐름의 일시적 간극을 연결하는 대출은 도움이 되고 요긴하다.

    나도 9년간 다녔던 회사의 우리 사주 주식을 팔고 퇴직금 등을 합쳐 1억 원으로 사업을 시작했지만 자금이 부족했다. 첫 번째 창업 회사인 이니텍^{Initech}은 연말 기준 결산으로는 적자를 내지 않았지만, 현금 흐름이 좋지 않았다. 초기에는 용역 매출이 많았는데, 용역의 속성상 용역을 수주하면 초기 계약금을 일부 받고 인력을 투입해 일을 완료해도 검수를 받는 데 시간이 걸리고 검수가 끝난 후에도 돈을 받기까지 두세 달 추가 시간이 소요된다. 6개월짜리 용역 일을 시작하면 돈을 받는 데 9~10개월이 걸린다. 그때까지 받은 돈은 계약금뿐인데 직원 급여는 매달 미리 지급해야 한다. 적자는 아니지만 현금 흐름에 구멍이 나는 구조다. 그래서 창업 후 2년 가까이 직원들 월급을 제대로 주지 못했다. 결국 가지고 있던 적금, 어머니 보험까지 다 해약하고 신용카드 현금 서비스도 한도까지 쓰면서 빚을 지지 않을 수가 없었다. 그러나 용역 업무 완료 후 시간은 걸리지만 발주 회사로부터 돈을 받으면 다 갚고 이익을 낼 수 있었다. 이런 현금 흐름의 간극을 메우는 경우 그 범위 내에서는 부채를 얻어도 된다.

    이니텍, 이니시스가 성장해서 두 회사 모두 코스닥에 상장한 후에도 극단적이고 보수적인 관점으로 회사가 가지고 있는 현금에 내가 소유한 회사의 지분율을 곱한 만큼만을 내 재산의 기준으로 생각했다. 주식 가격을 기준으로 내 재산이 얼마인지 계산하지 않았다. 회사가 보유한 현금 가치에 내 지분을 곱한 분량만큼은 내가 무슨 일이 있어도 갚을 수 있는 한도로 설정하고 거기까지만 부채를 지기로 결정했다. 이니시스Inicis가 대규모의 신규 사업을 펼칠 때도 가지고 있던 현금만으로는 부족해 내가 연대보증을 서면서 회사가 부채를 얻은 적이 있었다. 이때 내가 연대보증을 할 수 있는 부채의 상한선 기준을 정하고 딱 그 선까지만 부채를 얻어 사업을 추진하다가 그 선을 넘어가기 전에 브레이크를 걸고 신규 사업을 접은 적도 있다.

창업가로서는 다소 보수적인 태도라는 점을 인정하지만 모든 사업가들에게 분명하고도 단호한 임계점을 정해놓고 부채를 결정하라고 조언하고 싶다. 특히 초기 창업가들의 경우 부채의 기준은 현금 흐름의 간극을 메우는 수준이거나 혹은 창업가가 다시 취직해서 1~2년 동안 급여를 받아 갚을 수 있는 수준을 넘지 말아야 한다. 빚이 한계를 넘으면 금방 눈덩이처럼 불어나 감당하지 못하는 수준으로 가기 때문이다.

회사 자금이 바닥을 보이기 시작할 때 이미 채용한 직원, 진행하던 서비스, 이미 장기 임대한 사무실을 빚을 내서 계속 유지하려 하지 마라. 모든 것을 조직에 솔직히 이야기하고 직원들과 상의하라. 차라리 지분을 더 나누고 급여를 줄이거나, 직원을 줄이고 사업을 축소하더라도 빚을 내서 유지하지 마라. 곧 잘될 것 같은 신기루를 좇다가 아사餓死하고 만다.

혹시 부채를 고려한다면 가장 먼저 생각해야 하는 것은 그 돈을 어디에 쓸 것인가가 아니라 다 쓴 후에 어떻게 갚을 것인가를 먼저 생각해야 한다. 스타트업에게 부채란 사업을 도박으로 전환시키는 촉매제라는 점을 잊지 마라.

비전보다
생존이 우선이다

안전한 베이스캠프 짓기

 회사에서 목표를 달성하지 못했을 때 자주 하는 이야기가 있다. 사람이 없어서, 시간이 없어서, 예산이 없어서 등이다. 대기업조차 리소스는 항상 부족하다. 특히 돈은 더욱 부족하다. 스타트업은 부족한 것이 아니라 리소스가 아예 없다. 합리적인 관점에서 볼 때, 스타트업 환경에서는 아무것도 할 수 없다. 그럼에도 불구하고 없는 것으로 만들어 내고, 이가 없으면 잇몸으로 대신하고, 안 되는 것을 되게 하는 것이 스타트업이 할 일이다. 리소스가 풍족한 곳에서 일했던 대기업 출신들이 스타트업으로 옮겨와 적응하기 힘들어하는 이유다. 스타트업은 의사 결정 하나하나가 모두 생사를 걸고 하는 것이다.
 적은 자본으로 시작한 스타트업에게 있어서 가장 큰 위험은 CEO의 '과도한 열정'이다. 목표에 도달하는 것은 생각했던 것보다 훨씬 더 오래 걸린다. 손익분기 달성 목표가 1년이라면 실제로는 3~4년 이상 걸릴 수도 있다. 열정이 넘치는 창업자는 스스로 참지 못하고 과도하게 일을 벌이고 급하게 단기 승부를 보려 한다. 명을 재촉하는 일이다. 사업을 시작할 때의 자금 절반은 인출 불가능한 곳에 묻어버리고 절반만 가지고 첫 번째 도전하기를 권한다. 처음 사용하는 절반은 대부분 수업료다. 에릭 리스는 이것을 '활주로 측정'이라는 비유로 이야기한다. 남은 돈으로 몇 번의 시행착오를 더 시도해볼 수 있는지 계산하라는 조언이다. 첫 번째 도전을 시범 경기로 생각해야지 마지막 결승전처럼 덤비지 않아야 한다.

바둑은 두 집을 짓는 것을 우선 목표로 두어야 한다. 두 집을 지으면 절대 죽지 않는다. 두 집이 손익분기를 넘기는 것일 수도 있고, 지속 가능한 영업 사이클일 수도 있다. 베이스캠프를 만들고 나서야 적군을 향해 돌진할 수 있다. 본진도 없는데 시작부터 적진에 뛰어드는 것은 자살행위다. 자신의 베이스캠프는 어디인가? 자신의 포지션은 어디인가? 작지만 거기에서 일등을 해도 코스닥에 상장할 수 있을 만큼 성공하기도 한다. 또 작은 것에 충실하면 큰 기회를 얻는다. 폴 그레이엄$^{Paul\ Graham}$은 이런 원리와 그 장점을 '라면값 벌기$^{Ramen\ Profitable}$'라는 글에서 다음과 같이 설명했다.

"'라면값 벌기'는 그(앞에 이야기한 다른 사업 형태) 반대의 극단에 있습니다. 즉, 벤처가 2개월 만에 적자를 벗어나는 겁니다. 왜냐하면 비록 한 달에 3000달러(약 300만 원)밖에 못 벌어도, 직원이라고 해봤자 거의 돈이 필요없는 25살짜리 몇 명의 창업자들이기 때문입니다. 한 달에 3000달러의 매출을 올리는 게 회사가 성공했다는 것을 의미하지는 않습니다. 하지만 살아남기 위해서 자본을 투자 받을 필요가 없습니다. 라면값 벌기는 대부분의 사람들에게 아직도 낯선 개념인데, 왜냐하면 최근에야 가능해졌기 때문입니다. 여전히 이것이 불가능한 벤처 분야도 있긴 합니다. 바이오테크 벤처들에게는 가능하지 않습니다. 하지만 많은 소프트웨어 벤처에서는 가능해졌는데, 왜냐하면 사업 환경이 너무 싸졌기 때문입니다. 유일한 비용은 창업자들의 생활비입니다. '라면

값 벌기' 같은 수익을 얻는 것의 가장 중요한 점은 투자자들의 변덕에 휘둘리지 않는다는 점입니다. 당신이 적자를 내고 있다면, 언젠가 투자를 더 받거나 문을 닫아야 합니다. 라면값을 벌기 시작하면 이런 고통스러운 선택이 사라집니다. 투자를 더 받을 수 있지만, 당장 할 필요는 없습니다. 투자가 당장 필요하지 않는다는 것의 가장 명백한 장점은 더 좋은 조건을 받을 수 있다는 것입니다. 투자자들은 당신이 돈을 필요로 한다는 것을 알게 되면, 가끔씩 약점으로 이용하려고 합니다. 일부는 일부러 시간을 끌 수 있는데, 왜냐하면 돈이 다 떨어지고 나면 엄청나게 고분고분해진다는 것을 알기 때문입니다. 하지만 '라면값 벌기' 단계에 들어가면 세 가지 장점이 있습니다. 우선 투자자들에게 매력이 높아진다는 것입니다. 아무리 낮은 단계라도 해도, 적자를 벗어났다면 (a) 누군가 당신 제품을 돈을 내고 살 용의가 있다는 것, (b) 진짜 사람들이 원하는 것을 만들어가고 있다는 것, (c) 당신은 비용을 낮게 유지할 만큼 절제력이 있다는 것을 증명하기 때문입니다."

지속 가능한 매출이 없어 통장 잔고가 바닥을 보이기 시작한 스타트업이 가장 먼저 해야 할 일은, 돈 벌 일을 찾는 것이다. 둘째는 비용을 줄이는 일이고, 이는 인원을 줄이는 일도 포함된다. 셋째는 본업에서 획기적인 지표를 달성하는 것이다. 세 번째까지 완성이 되면 마지막으로 투자자를 접촉할 때가 된 것이다. 많은 스타트업은 이 순서의 반대로 실행한다. 스스로 자구책을 마련하지도 않고 투자금으로 위기를 넘기겠다는 생각으로 투자자를 만나지 마라. 투자 요청이 아니라 구걸이 될 위험이 있다. 너무 조심하면 기회를 놓쳐 비전을 달성하지 못할지 모른다고 우려한다. 그럴 수 있다. 그러나 비전보다 생존이 우선이다. 스타트업에서 의사 결정할 때 항상 고려해야 하는 공식이다.

12강

성공이 기다리고 있다

HOW TO START A STARTUP

사업의 본질에 다가서라

고객의 관점으로
사업을 정의하라

우리의 사업은 무엇인가?

비즈니스 모델을 정의할 때 꼭 질문해야 하는 것은 '우리의 사업은 무엇인가?'이다. 분명한 정체성이 없으면 트렌드와 유행에 따라 흔들리고, 매출의 달콤한 유혹에 넘어가고, 경쟁의 압박에 타협하면서, 끈 떨어진 연처럼 표류하다가 길을 잃게 된다. 이런 외부적 요인뿐 아니라 연속되는 수많은 의사 결정의 갈림길을 만나면서 갈 지_之 자를 그리며 왔다 갔다 하다 효과적인 경영을 하지 못한다.

우리의 사업이 무엇인가를 생각할 때 창업가 내면의 신념, 직원들의 기대, 우리 제품 자체에 집중하면 답을 구할 수 없다. 아이러니하게도 우리의 눈을 내부에 초점을 맞추지 말고 외부에서 우리를 바라봐야 한다. 우리의 고객이 누구인지 정의하고 그들의 관점에서 우리 사업이 그들에게 어떤 의미인지 정의해야 한다.

조안 마그레타는 이것을 제조업자적 사고방식과 마케팅적 사고방식으로 구분했다. 제조업자적 사고방식이 회사 내부에 초점이 맞춰 우리가 무엇을 만들 것이냐 또 어떻게 만들 것이냐를 더 많이 생각하고 질문하는 것이라면, 마케팅적 사고방식은 고객들의 눈으로 바깥에서 안을 보고 고객이 무엇을 가치 있게 생각하는지 이해하고 그들이 필요로 하는 것을 만족시키기 위해 노력하는 것이다. 비즈니스 모델이 '특정한 문제를 가진 특정한 고객'의 솔루션을 제공하는 것이 아니라면, 창업가는 도대체 왜 이 일을 하는가. 사업가는 예술가와 다르다. 예술가는 자신의 내면 정신과 욕구와 예술성에 집중한다면, 사업가는 외부 고객의 문제 해결에 집중하는 사람이다.

'우리의 사업이 무엇인가?'라는 질문에 답하기 위해 부차적으로 질문하고 답해야 하는 문제들이 있다.

첫째는 '누가 고객인가?', '그 고객은 지금 어디에 있는가?'이고, 즉 '나의 잠재적 고객이 어떤 대안 제품과 기존 제품에 머물러 있나?', '그들에게 어떻게 접근할 수 있는가?'라고 확대해서 물어야 한다.

둘째는 '그들이 실질적으로 구입하고 있는 것이 무엇인가?', '테슬라를 산 사람들은 자동차를 산 것일까? 진보적인 사회적 명예를 사는 것인가?', '제품을 구입하는 고객의 마음속 욕구와 기대는 무엇인가?' 등등에 질문하고 답해야 한다. 또한 '고객이 다양한 선택 가운데 가치 있게 여기는 것이 무엇인가?'도 질문해야 한다.

셋째는 '우리 사업의 궁극의 모습이 무엇이고, 무엇이 되어야만 하는가?', '목표를 달성한 이후에 우리는 어떤 모습이어야 하는가가?' 등에 대해서도 질문해야 한다.

피터 드러커는 우리의 사업 향방을 우연에 맡기지 않고 제대로 경영하려면 이런 질문을 하며 목표를 정하고 기업을 운전하면서 혁신의 항해를 해야 한다고 말한다.

30대 기혼 여성, 국민의 5퍼센트, 전자 상거래 시장, 스마트폰 사용자 10% 같은 집단은 논문에는 쓸 수 있겠지만, 스타트업 비즈니스 모델의 고객 집단은 아니다. '살아 있고, 이름을 부를 수 있고, 전화를 걸어 직접 만날 수 있는' 구체적인 사람들로 정의해보라. 내 친구 미정이, 내 고등학교 동창 길동이, 마흔 살 노처녀 우리 이모 같은 형식으로 고객을 정의해보라. 관념적인 체계 속의 고객이 아니라 살아 있는 사람들을 고객으로 정해야 그들의 실생활 속의 현실적인 문제와 필요를 꺼낼 수 있다. 고객의 실생활 속의 문제점과 필요를 이야기하면 듣는 사람들이 '맞다, 맞아!', '나도 그런 경험이 있어!' 하며 공감하기가 쉽다. 통계와 논리적 체계로 정의한 문제점은 학술 논문에서나 적합하고 사람들의 반대가 없을지 모르지만 비즈니스 모델의 대상이 되면 사업에는 위험하다.

전략 컨설팅 회사 레드 어소시에이츠는 빅데이터를 분석하거나 포커스 그룹 인터뷰를 하는 대신 소비자의 집이나 직장에 찾아가 삶을 직접 관찰한다. 전통 완구 회사 레고^{LEGO}가 2004년에 사상 최대 규모의 적자를 냈고, 위기를 벗어나기 위해 레드 어소시에이츠에 컨설팅을 의뢰한다. 이들은 문제의 원인을 찾기 위해, 레고의 핵심 질문인 '아이들은 어떤 장난감을 좋아할까?'를 '아이들에게 놀이의 역할은 무엇인가?'로 바꿨다. 그리고 가정에 조사 팀을 파견해 수개월간 아이들의 놀이 모습을 관찰하고 심층 인터뷰를 진행했다. 조사를 통해 아이들이 오랜 시간 집중해 어려운 문제를 풀어나가고 이를 자랑하는 것에 큰 즐거움을 느낀다는 것을 알게 됐다. 이를 착안한 레고는 조립하는 데 시간이 오래 걸리지만 더 근사한 결과를 만들 수 있는 제품을 만들었고 레고는 위기에서 벗어날 수 있었다. 살아 있는 구체적인 사람을 고객으로 규정할 때만이 그들을 만나볼 생각을 할 수 있다. 논리적 집단으로 고객을 규정하면 논문집이나 통계 자료만으로도 충분하다고 느끼는 실수를 범하게 된다.

패션 시장, 전자 상거래 시장, 모바일 광고 시장처럼 큰 단위 시장 전체를 고객으로 규정하는 실수도 자주 한다. 시장이 우리 제품을 사지 않는다. 구체적인 문제를 가진 구체적인 고객이 산다. 비즈니스 모델이 없는 창업자의 특징 가운데 하나가 포괄적인 시장 이야기와 트렌드 이야기를 많이 한다는 것이다. 비즈니스 모델을 가지고 구체적인 목표 고객이 정해지면 시장과 트렌드는 자신의 사업과는 거리가 멀고 상관없게 느껴진다. 지금은 한두 사람 혹은 일부 작은 집단처럼 보이지만 이 구체적인 집단이 바로 자신의 비즈니스 모델의 구체적인 고객이다. 그들의 눈으로 우리 사업이 무엇인지 정의하자. 그 작은 집단의 구체적인 문제를 해결하면 충성도가 높은 핵심 고객층이 생긴다. 여기서 사업이 시작되고 충분히 만족한 고객은 주변 고객을 끌어들인다. 결국 사업은 고객 만족 그 자체다. 그리고 고객의 관점에서 만족스런 제품이 바로 우리의 사업이다.

회원 수는 목표가 아닌
수단임을 잊지 마라

사업 목표는 확장이 아닌 본질에 있다

'음악 서비스' 사업을 한다고 말하고서는 정작 내용을 들어보면 '실리콘 광산 사업'을 한다는 식의 이야기를 하는 스타트업들을 종종 만난다. 하고자 하는 것과 현재 하고 있는 것의 차이가 너무 커서 자세히 물어보면 나름대로 분명한 이유가 있다. 음악 서비스를 잘하기 위해서는 거기에 걸맞는 MP3 플레이어 제조를 직접 해야만 했고, MP3 플레이어를 잘 만들고 최적화하기 위해 반도체 산업을 개혁해야 했다. 반도체를 잘 생산하기 위해 고민했더니 실리콘 광산도 제대로 된 것이 없었다. '산업' 분야 한두 개 정도 개혁하고 뒤집는 것은 덤으로 할 수 있는 만만한 일인 것처럼 여긴다. 이런 것이 바로 잘하기 위한 노력이 본질을 빗나가게 만드는 경우다. 사업을 잘하려 봤더니 음악 산업, 반도체 산업, 광산 산업이 다 마음에 들지 않는다. 하지만 창업가들이여, 다른 산업이 마음에 들지 않더라도 너그러이 용서(?)하기 바란다. 산업 전체를 바꾸려고 씨름하지 말자. 기존의 산업 환경 속에서, 자신이 원래 하고자 했던 음악 서비스에 한정한 혁신에 집중해야 한다.

팬시 용품 쇼핑몰 사업을 기획한다. 팬시 용품을 잘 팔기 위해 많은 회원이 필요하다. 회원을 많이 확보하기 위해 블로그와 팬시 정보 포털 사이트를 개설해 팬시 용품 사진과 정보를 제공하고 소통한다. 많은 회원을 확보한 후 그 회원들이 자주 방문하게 하려면 재미가 있어야 하므로 팬시용품을 활용한 캐주얼 게임 서비스도 운영할 계획이다. 이 경우도 쇼핑몰 분야와 커뮤니티 정보 포털 서비스와 게임 서비스 세 전선에서 동시에 전쟁을 치러 승리할 수 있다는 전략이다. 세계적인 군사 강국인 미국도 동시에 두 지역에서 일어나는 전쟁을 치르기 벅차 한다는 것을 생각하면 스타트업은 제발 국지전 하나에만 집중해서 하나의 전쟁에서 승리하는 것을 목표로 삼기 바란다.

A를 잘하기 위해 B 기능과 C 기능을 추가한다고, A가 경쟁력이 생기거나 잘되지 않는다. B가 필요한 사람은 B가 주력인 제품을 쓸 것이고, C도 마찬가지다. A가 주력이면서 A에 경쟁력 있는 제품이 되기 위해서는 B와 C를 덧붙이는 데 힘을 쓰지 말고 A의 본질에 집중하고 혁신해야 한다. 기능이 많으면 고객이 좋아할 것으로 기대하지만 정작 고객은 불편해한다. 고객이 어떤 제품이나 서비스를 사용할 때 하나 혹은 두 가지의 핵심 기능 때문에 그 제품을 사용한다. 사탕을 사 먹는데, 사탕 사는 금액에 포인트를 적립해준다고 맛없는 사탕을 사지 않을 것이다. 사탕은 사탕 자체가 맛있어야 잘 팔리지, 이벤트로 재미를 제공하거나 포인트를 주거나 경품을 준다고 잘 팔리지는 않는다.

'어떻게 하면 잘할 수 있을까?'를 너무 많이 생각하면 길을 벗어나 본질을 훼손한다. '본질'을 잘하기 위해 도입한 '수단'이 일차적 목표가 되고 본질이 이차적 목표가 되는 순간에 배는 산으로 올라간다. 많은 회원을 확보하는 것을 일차적 목표로 삼지 마라. 팬시 용품점을 방문한 고객은 경품을 원해서 여기 온 것이 아니다. 팬시 용품을 사려는 사람들은 예쁘고 싼 팬시 용품을 잘 검색해 구매하는 것을 원한다. 이것이 본질이다. 회원이 느는 것은 그 결과이다. 본질을 충족한 고객들로 회원이 늘어나야 한다. 본질을 통해 성장해야 한다. 성장 자체가 목표가 되면 안 된다.

회원이 많으면 사업이 잘되는 것이 아니라, 고객이 원하는 것을 충족하면 사업이 잘된다. 그리고 결과적으로 회원이 많아진다.

원래 하려던 그 일을 계속하기보다 어떻게 하면 잘할 수 있을까를 고민하는 것은 어쩌면 쉬운 편법을 찾는 것일 수도 있다.

"세상의 모든 지름길은 다 치러야 할 대가가 있다."

나폴레옹이 말했다. 원래 하려던 그 일을 하며 고객을 하나하나 만족시키는 일은 느리게 보일지라도 어쩌면 가장 빠른 지름길일 수 있다.

창업가여,
바람피우지 마라

신규 사업보다 기존 사업을 혁신하라

1787년 프라하에서 초연된 모차르트의 오페라 〈돈 조반니^{Don Giovanni}〉는 아름다운 아리아들로 가득하다. 일반적으로 오페라의 주요 역할들에게는 최소 한두 곡의 독창 아리아가 배정되는데 정작 〈돈 조반니〉의 주인공 조반니에게는 제대로 된 독창 아리아가 배정되지 않았다. 그렇지만 돈 조반니는 자신과 짝이 되는 수많은 상대역과 함께 아리아를 부르며 환상적으로 변신하며 연기한다. 하인이 부르는 '카탈로그의 노래^{Madamina, il catalogo}'에는 돈 조반니가 농락한 여자들의 리스트가 나온다.

"이탈리아 여자가 640명, 독일에선 231명, 프랑스 여자가 100명, 터키 여자는 91명, 홈그라운드인 스페인에서는 1000명 하고도 셋. 온갖 신분, 갖가지 생김새, 별별 연령층의 여자가 다 있죠."

결국 돈 조반니가 '기사장 귀신'에 의해 지옥으로 끌려가는 처절한 최후를 맞으며 극은 막을 내린다. 바람둥이 하면 또 그리스 신화의 제우스를 빼놓을 수가 없다. 신과 인간의 영역을 넘나들면서 변신을 거듭하며 수많은 여성의 마음을 속이고 환심을 사서 바람 피우기를 거듭

한다.

　창업가들 역시 바람둥이 기질이 많은 것 같다. 이성 친구(잠재 고객)를 애인(고객)으로 만드는 데까지만 공을 들이고(customer acquisition), 일단 애인이 되고 나면 딴 이성 친구를 찾기에 급급해한다. 사업의 성공은 사랑을 고백해준 애인을 감동시켜 확실한 관계를 만드는 것(customer retention & engagement)이 기반인데, 끈기 없이 새로운 애인만 찾아다닌다. 홈페이지 혹은 랜딩 페이지에 관심 있다고 이메일 주소를 남긴 잠재 고객 리스트는 보지도 않고, 다른 대기업이나 회사들과 제휴하거나 대규모 마케팅 이벤트를 기획하느라 미팅하고 인터뷰를 한다. 관심 의사를 밝힌 잠재 고객을 먼저 만나서 문제점과 기대가 무엇인지 물어야 하지 않을까? 기껏 관심을 갖는 것은 페이지 방문 숫자나 방문자 숫자 혹은 이메일의 숫자들뿐이다. 사람을 숫자로 치환해버리고 정작 고객과 고객의 마음에 대해서는 관심이 없다.

　제품 또는 서비스를 개시한 후에도 마찬가지다. 지금의 제품이나 서비스가 궁극의 사업이 아니라고 한다. 다음 단계와 또 그다음 단계로 갈 징검다리일 뿐이다. 신규 사업에만 관심이 있고, 기존 사업을 혁신하는 것은 따분해한다. 지금 파트너는 즐기는 상대일 뿐 결혼할 상대는 아닌가? 도대체 당신의 궁극의 파트너는 누구인가? 창업가들이여, 마음을 정하라.

잘될 것,
잘되는 것, 잘된 것

탐욕과 절제의 경계

실리콘밸리의 유망한 창업자 존 밀스^{John Mills}가 2014년 초에 FBI에 의해 체포됐다. 자신의 회사가 시스코^{Cisco}에게 인수 합병될 것이라는 거짓말로 사람들에게 투자를 유인했다고 한다. 그런데 그의 사기 혐의보다 더 놀라운 것은 돈 씀씀이였다. 그는 음악 축제에 친구들을 여러 번 초청하기도 했다. 여자 친구 생일 파티에는 두 대의 제트 비행기를 전세 내서 12명의 친구들을 태워 팜스프링에 데려가 파티를 즐겼다. 한 끼에 2000만 원짜리 저녁을 먹고, 미구엘^{Miguel}이라는 가수를 1억 원을 들여 초청해 자신이 묵는 호텔 스위트룸에서 공연을 즐기기도 했다고 한다.

2000년 초 벤처 열풍이 불었던 한국에서도 비슷한 신문 기사들이 종종 등장했다. 벤처 투자가 활성화되거나 스타트업 붐이 일어날 때 같이 호황을 누리는 업종은 강남의 룸살롱이라는 말이 있다. 실제로 잘 나가다가 어려워진 벤처 CEO의 과거 인터뷰를 보면 종종 한 달에 수천만 원을 술값으로 치렀다는 후회의 글들이 눈에 띈다. 종교적인 의미로서가 아니라 경영적인 관점에서도 술은 창업가들을 파멸의 문턱으로 이끄는 자석과 같다. 무엇보다도 시간의 싸움에서 지게 만든다. 경쟁 회사의 CEO는 깨어서 생각을 하거나 그 시간에도 일을 하며 제품이나 서비스의 완성도를 높이고 있을 것이다. 잠깐의 과시와 즐거움 뒤엔 오랜 고통과 절망의 나락만이 있을 뿐이다. 자신은 저런 부류의 사람이 아니라고 쉽게 생각하지 말자. 대부분의 창업자는 규모와 깊이가 다를 뿐 같은 사람이라고 생각하고 조심하라. 어쩌면 자가용 제트 비행기를 탈 만큼의 돈은 없기 때문에 지금 절제할 수밖에 없는지도 모른다. 지금 할 수 있는 수준의 과시와 겉멋을 이미 부리고 있는 것은 아닐까?

회사원과 사업가의 다른 점은 '운신의 폭'이다. 회사원은 회사의 규정과 시스템에 의해 통제된다. 만일 그런 장치가 없었다면 상상하지 못할 곳으로 뛰어들었을지도 모른다. 반면 창업가는 다르다. 통제 없이 모든 것을 다 할 수 있다. 밀스처럼 할 수 있다. 심지어 위법의 선을 아무 제재 없이 쉽게 넘어갈 수 있다. 옆에서는 관행이니, 어쩔 수 없는 일이라니, 큰 문제가 없다는 등 부추기는 사람들이 하나둘씩 늘어난다. 자신도 모르던 자기 안에 감춰진 자아가 등장할 문이 활짝 열려 있다. 그래서 창업가는 위험한 직업이다. 허영심과 과시에 빠지지 말아야 한다. 원칙을 지키느라 욕먹을 각오를 해야 한다. 이미 성공한 것처럼 느끼는가? 성공에 대한 자신의 느낌을 영점 조정하라. 성공의 느낌을 두세 클릭 뒤로 조정하라. 이 정도면 괜찮다고 생각할 때보다 2~3년 후에 그것을 하라. 비서와 큰 방과 기사를 쓸 때가 되었다고 느끼나? 지금보다 2~3단계 더 성장한 뒤에 하라. 주변에 비슷한 수준의 사장들이 하는 것보다 두세 단계 낮은 레벨을 선택하라. 자가용도 주변 사장들보다 낮은 단계의 것을 선택하라. 거기가 안전지대이다. 정말로 돈으로 하고 싶은 것이 있는가? 회사 돈이 아닌 개인 돈으로 하거나 엑시트

^{exit}한 후에 하라. '잘될 것'과 '잘되는 것' 그리고 '잘된 것'을 구분하자. 잘될 것 같을 때 이미 잘된 것처럼 말하고 행동했던 사업가가 밀스와 같은 뉴스를 만들 수 있다. 조심하자.

인도의 승려 법구^{法救}가 엮은 시집인 〈법구경^{法句經}〉에 이런 이야기가 있다.

"蓋屋不密 天雨則漏 意不惟行 淫洗爲穿(지붕 잇기를 성기게 하면 비가 새듯이, 마음을 조심하지 않으면 탐욕이 곧 마음을 뚫는다.)"

창업가들이여, 겉멋 들지 말자.

뿌리가 있는 사람은
넘어지지 않는다

사람에게 투자한다는 말은 무슨 뜻인가?

미국 최고의 벤처 투자회사인 클라이너 퍼킨스^{Kleiner Perkins Caufield & Byers}의 대표인 맷 머피^{Matt Murphy}는 '사람에게 투자한다는 것은 무슨 뜻인가?'라는 질문에 이렇게 답했다.[34]

"창업자를 만나면 우선 그가 어떤 인생을 살아 왔는지, 인생의 가치관은 무엇인지를 듣는다. 질문을 많이 하는 것보다 그들의 이야기를 듣는 것이 중요하다. 그리고 창업 멤버들이 창업자의 가치관과 경험을 공유하는지, 어떤 비전을 품고 있는지도 확인한다. 이런 것이 바로 우리가 확인하고 싶은 창업자의 스토리이고 사람에게 투자한다는 말의 뜻이다."

나 역시 처음 만나는 스타트업 창업 팀에게 가장 먼저 하는 질문이 있다. '왜 사업을 하려고 하는가?' 그리고 '왜 굳이 이 분야의 사업을 하려고 하는가?'이다. 나는 '어떻게^{How}'에 관한 질문이 아니라 '왜^{Why}'를 묻는다. 두 가지를 물으면 사업에 얽힌 그 사람에 대한 이야기가 나온다. 창업자가 과거에 무엇에 몰입하며 살아 왔고, 현재 사업이 자신의 인생과 어떻게 연결되는지를 들어보면 종종 놀라운 스토리를 만난다.

많은 경우 사업이 창업가의 인생과 분리되지 않는다. 그것이 창업가의 인생이고 소명이다. 돈만 벌고자 하는 동기에서 나온 것도 아니고, 유명한 창업가의 성공 무용담에 취해 급조된 즉흥적인 사업 모델이 아닌 경우를 만난다. 대기업과 직장 생활에 대한 혐오나 두려움에서 도피하는 수단으로 창업하려는 것도 아니다. 그것을 좋아하게 된 계기와 스토리가 있다. 그것을 해야만 하는 더 깊고 근원적인 동기의 뿌리가 있다. 그런 창업자를 만나 그만의 독특한 스토리를 듣게 되는 것은 행운이자 즐거움이다.

사업의 과정은 최악의 환경에서 엄청난 스트레스와 압력으로 밀어부쳐 자신을 벼랑 끝까지 밀어낸다. 가치관, 인격, 용기 등 모든 것의 한계에 내몰린 후에 남는 것이 무엇인가? 그게 바로 자신도 모르는 자기의 진짜 정체이다. 반대로 사업이 잘될 것처럼 보이기 시작만 해도 모든 이론과 지식, 이성적 판단을 무력화시키는 욕심과 교만의 화산이 분출하며 자아를 지배한다. 정말이다. 사업이 잘되는 것도 아니고 돈을 번 것도 아니고 다만 잘될 것 같기만 해도 인간의 내면에서 이런 현상이 벌어진다. 나는 창업가들에게 종종 이런 이야기를 한다.

"아직 고기 한 점도 맛보지 못했어요. 이제 고기 굽는 냄새만 솔솔 풍길 뿐입니다. 벌써 고기 다 먹은 것으로 생각하고 밖으로 뛰어나가고 싶은 심정이겠지만, 참기 바랍니다."

성공의 냄새만 날 뿐인데도 벌써 성공에 취해 앞서나가는 창업가들에게 하는 말이다.

사람에게 투자한다는 말은 이런 함정에 빠지지 않고 끝까지 중심을 잃지 않도록 만드는 뿌리가 자신에게 있는지 확인한다는 말이다. 좋은 투자자는 아이디어, 학력, 기술과 같은 것을 보기보다 살아 있는 스토리를 가진 반듯한 사람에게 투자하기를 좋아한다.

청개구리 창업자가
성공한다

경쟁을 안 한다는 말은 무슨 뜻인가?

겉보기에 비슷해도 동일한 사업은 없다. 코카콜라와 펩시도 얼핏 보면 같은 콜라 사업 같지만 타깃 고객, 가치, 접근법, 전략이 달라 다른 사업을 한다고 할 수 있다. 제품이 같아서 서로 경쟁하는 것처럼 보이지만, 어떤 타깃 고객의 어떤 가치를 채우는 것인지 따져보면, 사실 각자 자신만의 시장과 고객을 대상으로 독자 사업을 하고 있다. 굳이 경쟁이라는 관점에서 본다면 이런 비유를 들 수 있을 것이다. '각각 자기 땅에서 각자 더 빨리 개간하기'이다. 조금 더 과장하면 사업은 자기와의 경쟁이다.

필 리빈Phil Libin 에버노트Evernote CEO는 이렇게 말한다.

"누군가 나보다 낫다고 해서 내가 꼭 실패하는 게 아니에요. 반대로 내가 상대를 실패하게 할 수 있을 것 같습니까? 못합니다. 벽돌이라도 던질 수 있을 것 같나요? 안됩니다. 그럴 시간 있으면 자기 제품 더 잘 만들어야 해요. 가장 좋은 전략은 경쟁 자체를 하지 않는 겁니다."

경쟁을 하지 않는다는 말이 무슨 말인가? 성인군자가 되라는 요구인가? 항상 양보하라는 말인가? 아니다. 제품을 차별화하고 시장을 세분해 자신만의 시장을 만들고 그 시장에서 독점하거나 일등을 하라는 말이다. 그렇지 않으면 사업은 경쟁의 피를 흘리는 전쟁터로 내몰린다. 레드오션에 빠진다. 경쟁을 하지 않는 것이 아니라 차별화를 통해 자신만의 시장을 가져야 한다.

1994년 월드와이드웹[www]이 등장하고 인터넷이 보급되기 시작할 때 대부분의 사람들은 웹을 활용한 다양한 응용 분야에 대해 관심을 가졌다. 그때 나는 다른 사람들의 관심 밖의 영역이었던 전자 지불에 관심을 가졌다. 사실 1996년이 되어서도 우리나라에 쇼핑몰이 10개가 채 되지 않았을 때였으니까 전자 지불에까지 관심이 미치지는 않았던 것이다. 남들이 하는 것을 따라가는 게 아니라 작더라도 남들이 가지 않는 나만의 영역을 구축하는 것이 중요하다고 생각했다. 그래서 전자 금융 분야나 전자 지불에 집중했고 동시에 암호 인증 기술도 같이 배우게 됐다. 시간이 지나면서 전자 지불 시장이 부상했고 자연스레 이 분야에서 1등이 될 수 있었던 것이다.

극장에 오는 관객을 보자. 얼핏 보면 모두 동일한 영화를 보는 같은 종류의 관객으로 보이지만, 영화 마니아도 있고, 둘만의 호젓한 시간과 공간이 필요한 커플 그룹, 대작이 뜰 때만 찾는 뜨내기 관객 등 고객층도 다양하고 그들이 소비하는 영화의 의미도 다양하다. 사실 각각의 그룹들은 같은 영화를 보러 같은 극장에 왔지만 다른 상품을 구매했다. 착시를 일으키는 그림을 보는 것과 같은 현상이 각각의 고객 그룹들을 면밀히 관찰하면서 생긴다. 하나의 고객 집단을 보면서도 각각의 필요가 채워지지 않은 다양한 잠재 고객 집단이 보이기 시작한다.

"그 무엇으로도 대신하지 못하는 존재가 되려면, 늘 달라야 한다."

20세기를 이끈 가장 영향력 있는 여성 중 한 사람인 코코 샤넬이 남긴 말이다. 1910년 파리에 설립된 후 100년 이상의 시간이 흘렀지만 샤넬은 여전히 여성들에게 가장 사랑 받는 브랜드이다. 고객과 시장에 대한 관심을 집중하면 차별화의 틈을 볼 수 있는 매의 눈이 생기고 장수하는 기업이 될 수 있다.

잠재 고객인 사람을 관찰하는 대신 기존의 다른 제품을 보면 모방의 길로 빠진다. 억지 차별화를 가져다 붙여도 고객에게는 그게 그거다. 안철수 박사의 강의에서 누군가 '8:2 가르마의 헤어스타일은 언제 바꿀 거냐'고 질문하자 '나는 나름대로 매일 아침 샤워를 하고 머리를 빗을 때마다 변화를 주는데 이런 변화를 안 알아줘서 섭섭하다'는 농담을 했다고 한다. 그렇지만 고객은 그냥 8:2 가르마로 본다. 남들이 이미 하는 것을 조금 다르게 하는 기능적 차별화를 할 것이 아니라, 남들이 아예 가지 않는 곳을 가는 존재론적 차별화가 진짜다. 청개구리의 심사를 가지는 것이 차별화의 시작이다.

사장의 윤리는
회사를 비추는 거울이다

윤리는 비즈니스 목적 그 자체다

나는 학창 시절부터 탁구 치는 것을 좋아했다. 첫 직장 연수 시절, 입사 동기들끼리 저녁 내기 탁구 시합에서 선수로 명성을 날리기도 했다. 나의 장기는 강력한 스핀이 먹힌 서브와 수비 탁구다. 강력한 서브로 점수를 쉽게 따지만, 상대방이 서브를 받아넘기면 그때부터는 안전한 수비 탁구를 한다. 확실한 기회가 아니면 공격하지 않는다. 아마추어 선수들의 공격 성공률은 50%를 넘지 못한다. 성질 급한 상대가 연거푸 공격을 시도하며 실수한다. 결국 수비 탁구가 승리한다.

사업을 수동적으로 하거나 방어적인 투자를 하라는 비유는 아니다. 경영의 윤리에는 수비하는 자세가 필요하다는 것을 말하고 싶다. 창업가는 직장인과 다르게 선을 넘을 권한을 가질 뿐 아니라 선을 넘어갈 때 경보가 울리지도 않는다. 욕심에 따라 움직이면 마음은 오히려 즐겁고 신나기까지 하고 사업도 더 잘되는 경우도 있다. 주변을 자세히 둘러보면 다수의 창업가들이 이 선을 넘나들고 있는 것을 볼 수 있다. 나중에 이것이 문제가 되고 벌을 받으면 그들은 남들도 다 하는 '관행'이었다며 억울해한다.

윤리 의식은 후각과 같아서 오염된 향에 취해 조금만 시간이 지나도 감각이 마비되는 경향이 있다. 친한 변호사가 '사업하는 사람은 담장 위를 아슬아슬하게 걷는 사람 같다. 담장의 오른쪽으로 떨어지면 교도소 안이고 왼쪽은 그 밖이다'라고 말했다.

내가 5개의 회사를 창업해 십여 년 동안 경영하면서 하나도 망하지 않을 수 있었던 비결이 무엇일까 생각해본다. 열심히 그리고 잘한 것보다 단지 회사를 투명하고 건강하게 운영한 것이 주된 이유였음을 깨달았다. 회사를 정상적으로만 경영해도 그 회사는 경쟁력이 있다. 왜냐하면 많은 경쟁자들이 그렇게 하지 않는데, 그렇게 하지 않는 사업의 성공률이 높지 않기 때문이다. 나는 나쁜 짓 하지 않고 가만히만 있어도 경쟁에서 이기고 있는 것이다. 수비 탁구의 원리와 같다. 버진^{Virgin}그룹의 창업자 리처드 브랜슨$^{Richard\ Branson}$은 말했다.

"비즈니스에서 가장 중요한 것은 윤리다. 그것은 비즈니스의 목적 그 자체다."

일본에서 가장 존경 받는 경영자인 교세라 그룹을 창업한 이나모리 가즈오는 《카르마 경영》이라는 책에서 이렇게 말했다.

"우리는 사물을 복잡하게 생각하는 경향이 있다. 그러나 사물의 본질은 단순하다. 얼핏 보면 복잡해 보일지 몰라도 알고 보면 단순한 것들의 조합일 뿐이다. (중략) 나는 다른 사람들로부터 경영의 비법이나 비결이 무엇이냐는 질문을 자주 받곤 한다. 그에 대한 나의 지론을 말하면 다들 의아한 표정을 짓는다. 그런 것쯤이야 알고 있다는 식이다. 어떻게 그렇게 원시적으로 경영을 할 수 있느냐고 놀라기도 한다. (중략) 고민 끝에 나온 것이 바로 '원리 원칙'이었다. 즉 '인간으로서 무엇이 올바른가?' 하는 극히 단순 명료한 원리 원칙을 기준으로 삼고 그에 따라 옳다고 생각하는 것을 바르게 실천해야 한다는 것이 나의 결론이었다. 거짓말하지 않기, 정직하게 행동하기, 과욕을 부리지 않기, 다른 사람에게 피해를 주지 않기, 다른 사람에게 친절을 베풀기 등 경영도 어린 시절 부모나 스승으로부터 배웠던 인간으로서 지켜야 할 당연한 규범, 즉 인생을 살아가는 데 선험적으로 알고 있는 당연한 규범을 좇아서 실천해야 한다고 다짐했다. '인간으로서 옳은 것과 그른 것, 좋은 것과 나쁜 것, 해도 되는 것과 안 되는 것 등 인간을 인간답게 만드는 도덕과 윤리를 그대로 경영의 지침이자 판단 기준으로 하자. 경영도 인간이 인간을 상대로 하는 것이다."

사장이 하는 짓을 임원이 따라 하고, 임원이 하는 짓은 똑똑한 팀장과 직원들이 따라 한다. 모를 것 같지만 사장이 게으른 것, 딴짓하는 것, 개인적인 일에 회사 돈과 시간을 사용하는 것, 친인척이나 개인 회사에게 사업권을 빼돌리는 것들을 훤히 안다. 알면 그냥 있지 않고 흉내 내며 자신의 권한 범위 내에서 회사보다 자기 이익을 우선해서 챙긴다. 발각되지 않는 곳에서는 선을 넘는 일도 종종 있다. 반대로 사장이 투명하고 성실하며 공과 사를 구분할 줄 알고 개인을 희생하고 회사를 위해 솔선수범하면 임원과 직원들은 역시 그를 따라 한다. 사장의 윤리는 그 회사를 비추는 거울이 되는 것이다. 이 두 회사 가운데 어느 회사가 장기적으로 경쟁력이 있을까? 기업 윤리는 전염성이 강한 이타적 경영의 중심에 있는 정신이다.

용어 해설

이 책에는 수많은 스타트업 관련 용어들이 등장한다. 이해를 돕기 위해 자주 등장하는 주요 단어들을 모았다.

스타트업(Start-up) 혁신적인 기술이나 아이디어를 지닌 신생 기업
인큐베이션(Incubation) 초기 단계 스타트업에게 하드웨어를 지원하는 프로그램
엑셀러레이션(Acceleration) 초기 단계 스타트업에게 소프트웨어를 지원하는 프로그램
벤처 투자사·벤처 투자자·벤처 캐피탈(VC·Venture Capital) 벤처기업에 무담보 주식 투자 형태로 투자하는 기업이나 그런 기업의 자본
투자 회수(Exit) 스타트업에 돈을 댄 VC가 투자금을 회수하는 단계
코호트 분석(Cohort Analysis) 사용자를 전체 덩어리로 보지 않고 특정 사용자 그룹으로 나눠보는 분석법
손익분기점(BEP·Break-Even Point) 일정 기간 동안 나타난 매출액과 매출로 인해 생긴 총비용이 일치하는 지점
핵심 성과 지표(KPI·Key Performance Indicator) 조직이 추구하는 핵심 목표
데모 데이(Demo Day) 인큐베이션이나 액셀러레이션 프로그램에 참가한 스타트업이 투자자와 일반인 앞에서 서비스를 발표하는 행사
가치 평가(Valuation) 스타트업이 얼마나 수익을 낼 수 있을지 예상해 현재 시점의 가치로 환산한 수치
인수합병(M&A·Merger and Acquisition) 인수는 한 기업이 다른 기업의 주식이나 자산을 취득해 경영권을 얻는 일
기업공개(IPO·Initial Public Offering) 기업공개란 기업 주식을 증권거래소에 상장해 회사 재산 상태와 영업활동 등 주요 사항을 대중에게 공시하는 절차

주석

1강 | 문제는 경영이야, 바보야! _ 창업자에게 경영이 왜 중요한가?

1. http://www.purevc.com/pure_vc/2006/04/angel_investing_1.html
2. http://steveblank.com/2010/01/14/a-startup-is-not-a-smaller-version-of-a-largecompany/
3. 리처드 니스벳, 《생각의 지도》, 최인철 역, 김영사, 2004.
4. "다음 이재웅 대표, 사진작가 박건희 씨 위해 24억 출연", 〈동아일보〉, 2002년 2월 6일자 인터넷 기사(http://news.donga.com/3/all/20020206/7786264/1#).
5. http://ko.wikipedia.org/wiki/%EC%86%A1%EC%9E%AC%EA%B2%BD#cite_note-2
6. 에릭 리스, 《린 스타트업》, 이창수·송우일 역, 인사이트, 2012.
7. 소프트웨어 개발 방법의 하나로 과거에 사용하던 정형화된 개발 방법론, 즉 폭포수 모델, 나선 모델과 구분되는 방법이다. 기존의 모델은 소프트웨어가 구현하려는 기능 전체를 한꺼번에 분석, 설계, 개발, 디버깅 등을 적용하는 순서로 진행되었다면 애자일 방식은 기본 기능을 먼저 구현 및 사용해보면서 점진적으로 목표로 하는 기능을 완성해 나가는 방법론이다.
8. 핵심 기능만을 구현한 제품.
9. Steve Blank, "Why the Lean Start-Up Changes Everything", HBR, 2013.
10. 피터 드러커, 《기업가정신》, 이재규 역, 한국경제신문, 2004, 242쪽 참고.

2강 | 창업은 선택이 아니라 필수다 _ 스타트업이 가르쳐주는 것들

11. http://hcl.harvard.edu/libraries/widener/history.cfm
    http://asklib.hcl.harvard.edu/a.php?qid=31265
    http://courses.cornell.edu/content.php?catoid=14&navoid=3144#swim
    하버드대학교의 와이드너 도서관(Widener Library)은 타이타닉에 승선했다가 배의 침몰과 함께 목숨을 잃은 1907년 하버드 졸업생 해리 엘킨스 와이드너(Harry Elkins Widener)의 어머니가 아들을 기리기 위해 아들이 모은 도서들과 재산을 기증하여 1915

년 세운 도서관이다. 배의 침몰로 안타까운 죽음을 당한 아들을 생각해서 어머니는 모든 하버드 학생들에게 수영 과목을 필수로 듣게 하길 원했다고 한다. 학교 측은 어머니의 바람대로 수영을 필수 과목으로 지정했다. 하지만 지금은 수영 필수 과목 조항이 없어졌다.

12. http://biz.chosun.com/site/data/html_dir/2013/09/06/2013090601830.html
13. https://uwaterloo.ca/find-out-more/co-op
14. https://www.stylesha.re/

3강 | 기업가 정신과 창업가 자질 _ 누가 스타트업 경영자가 되는가?

15. 피터 드러커, 《경영의 실제》, 이재규 역, 한국경제신문, 2006.
16. https://clip.mn/video/yt-CBYhVcO4WgI
17. 조안 마그레타, 《경영이란 무엇인가》, 권영설·김홍열 역, 김영사, 2005.

4강 | 스타트업은 아이디어에서 출발하지 않는다 _ 누가 실패하는 창업으로 가는가?

18. 피터 드러커, 《기업가정신》, 이재규 역, 한국경제신문, 2004, 183쪽 참고.
19. 윌리엄 폴라드, 《서비스의 달인》, 김성웅 역, 낮은울타리, 2000, 17쪽 참고.
20. http://fortune.com/fortune500/wal-mart-stores-inc-1/

5강 | 흐르는 강물에 배를 띄워라 _ 창업했다면 성과를 만들어라

21. http://www.stanford.edu/class/ee204/ProductMarketFit.html

6강 | 지금, 당장 시작하라 _ 스타트업의 강력한 에너지

22. 피터 드러커, 《기업가정신》, 이재규 역, 한국경제신문, 2004, 243쪽 참고.
23. http://www.fastcompany.com/3045111/hit-the-ground-running/five-habits-of-creative-people

7강 | 이윤보다 고객을 사랑하라 _ 스타트업 마케팅 전략

24. http://www.statista.com/statistics/225426/us-market-share-of-the-dr-peppersnapple-company-since-2004/
25. "하버드 'FIELD' 프로젝트, 세계 첫 시도", 〈조선일보〉, 2013년 9월 7일자 인터넷 기사 참고(http://besuccess.com/2015/03/red-associates-what-is-your-essence/).

8강 | 직원이 아닌 협력자를 구하라 _ 누구와 어떻게 함께 일할 것인가?

26. "자포스 CEO의 최후통첩: 보스 없는 조직에 적응 못할 사람은 떠나라", 〈매일경제〉, 2015년 4월 10일자 인터넷 기사(http://news.mk.co.kr/newsRead.

php?year=2015&no=342351).
27. 조안 마그레타, 《경영이란 무엇인가》, 권영설·김홍열 역, 김영사, 2005, 276쪽 참고.
28. 말콤 글래드웰, 《아웃라이어》, 노정태 역, 김영사, 2009, 231쪽 참고.
29. 조안 마그레타, 《경영이란 무엇인가》, 권영설·김홍열 역, 김영사, 2005, 275쪽 참고.
30. 피터 드러커, 《기업가정신》, 이재규 역, 한국경제신문, 2004, 29쪽 참고.

9강 | 실패로부터 배워라 _ 스타트업 경영자가 하지 말아야 할 것들
31. 조안 마그레타, 《경영이란 무엇인가》, 권영설·김홍열 역, 김영사, 2005, 289쪽 참고.

10강 | 지식의 배움에서 행동의 배움으로 _ 스타트업 경영자가 반드시 해야 할 것들
32. 조안 마그레타, 《경영이란 무엇인가》, 권영설·김홍열 역, 김영사, 2005, 175쪽 참고.

11강 | 비전보다 생존이 우선이다 _ 스타트업 위기관리
33. 실리콘밸리나 한국을 포함해서 대부분의 벤처 투자 기관들은 보통주 투자보다 전환 우선주(Convertible Note) 형식의 투자를 주로 한다. 전환 우선주는 근본적으로 돈을 빌려주는 형식으로서 부채이고, 나중에 회사가 잘되면 보통주로 전환할 수도 있는 권리를 가지지만 경우에 따라서는 부채를 갚아야 하는 경우도 있다. 이 경우 부채 상환의 의무는 창업자가 아니라 회사다. 그러나 계약서에 창업자가 회사와 연대해서 보증을 서도록 맺었으면 부채 상환의 의무는 창업자에게까지 옮겨간다. 내가 2010년부터 운영하는 프라이머는 모든 투자를 보통주 투자로 한다. 이 경우 갚아야 하는 의무도 없는 온전한 자본 투자다.

12강 | 성공이 기다리고 있다 _ 사업의 본질에 다가서라
34. "벤처투자 25전 25승…수익모델보다 '창업자 스토리'에 베팅", 〈한국경제〉, 2011년 10월 18일자 인터넷 기사(http://www.hankyung.com/news/app/newsview.php?aid=2011101800111).

참고 문헌

단행본

가이 가와사키, 《당신의 기업을 시작하라》, 김동규 역, 랜덤하우스코리아, 2005.
동시야, 《피터 드러커의 경영블로그》, 김수연 역, 정쯔 그림, 미다스북스, 2009.
리처드 니스벳, 《생각의 지도》, 최인철 역, 김영사, 2004.
리처드 탈러, 캐스 선스타인, 《넛지》, 안진환 역, 리더스북, 2009.
말콤 글래드웰, 《아웃라이어》, 노정태 역, 김영사, 2009.
에릭 리스, 《린 스타트업》, 이창수·송우일 역, 인사이트, 2012.
앨리스테어 크롤, 벤저민 요스코비츠, 《린 분석》, 위선주 역, 한빛미디어, 2014.
이나모리 가즈오, 《카르마 경영》, 김형철 역, 서돌, 2005.
이영직, 《세상을 움직이는 100가지 법칙》, 스마트비즈니스, 2009.
오니시 야스유키, 《이나모리 가즈오 1155일간의 투쟁》, 송소영 역, 한빛비즈, 2013.
윌리엄 폴라드, 《서비스의 달인》, 김성웅 역, 낮은울타리, 2000.
조안 마그레타, 《경영이란 무엇인가》, 권영설·김홍열 역, 김영사, 2005.
존 듀이, 《하우 위 싱크》, 정회욱 역, 학이시습, 2011.
짐 콜린스, 《위대한 기업은 다 어디로 갔을까》, 김명철 역, 김영사, 2010.
피터 드러커, 《경영의 실제》, 이재규 역, 한국경제신문, 2006.
피터 드러커, 《기업가정신》, 이재규 역, 한국경제신문, 2004.
피터 틸, 《제로 투 원》, 이지연 역, 한국경제신문사, 2014.

언론 기사

"다음 이재웅 대표, 사진작가 박건희 씨 위해 24억 출연", 〈동아일보〉, 2002년 2월 6일자 인터넷 기사.
"자포스 CEO의 최후통첩: 보스 없는 조직에 적응 못할 사람은 떠나라", 〈매일경제〉, 2015년 4월 10일자 인터넷 기사.
"벤처투자 25전 25승…수익모델보다 '창업자 스토리'에 베팅", 〈한국경제〉, 2011년 10월 18일자 인터넷 기사.
"하버드 'FIELD' 프로젝트, 세계 첫 시도", 〈조선일보〉, 2013년 9월 7일자 인터넷 기사.

기타 자료
Steve Blank, "Why the Lean Start-Up Changes Everything", HBR, 2013.
다큐멘터리 영화 〈Steve Jobs: The Lost Interview〉(2011)

인터넷 사이트
http://asklib.hcl.harvard.edu
http://besuccess.com
https://clip.mn
http://courses.cornell.edu
http://fortune.com
http://hcl.harvard.edu
http://ko.wikipedia.org
http://steveblank.com
https://uwaterloo.ca
http://www.fastcompany.com
http://www.purevc.com
http://www.stanford.edu
http://www.statista.com
https://www.stylesha.re